中国应对老龄化问题研究丛书

中国老年教育新论

NEW THOUGHTS ON
THE ELDERLY EDUCATION IN CHINA

马伟娜　戎庭伟　等编著

ZHEJIANG UNIVERSITY PRESS
浙江大学出版社

国家一级出版社
全国百佳图书出版单位

前　言

　　《老年教育发展规划(2016—2020年)》中指出："老年教育是我国教育事业和老龄事业的重要组成部分。发展老年教育,是积极应对人口老龄化、实现教育现代化、建设学习型社会的重要举措,是满足老年人多样化学习需求、提升老年人生活品质、促进社会和谐的必然要求。"为实现老年教育的潜在功能,规划中提出了发展老年教育的五项主要任务:一是扩大老年教育资源供给;二是拓展老年教育发展路径;三是加强老年教育支持服务;四是创新老年教育发展机制;五是促进老年教育可持续发展。这五个方面的任务,是老年教育理论发展与实践探索的基本内容和主要方向。

　　本著作试图将老年教育的理论研究与实践探索紧密结合起来,以一种综合性视角、从不同维度和侧重点,对上述五大问题做出阐释性、基于现实实践的回答。这种回答既回应了发展老年教育的根本任务,又对这些任务进行阐述、论证、探索与实践,以典型案例——颐乐学院为实验样本,融老年教育理论于实践运用之中。这种探索体现了理念与实践、知与行的完美融合,或可成为其他机构发展老年教育的典型。

　　第一章"老年教育概述",阐述了老年教育的本质、老年教育的历史、老年教育的现状。老年教育不是普通教育,而是生命教育、自由能力教育和老年人自我完善的教育。老年教育有着较为悠久的历史,但随着老龄化社会的来临,人们更深刻地认识到开展老年教育的必要性和可能性。目前,老年教育在世界各国都取得了一定的成就,但也面临不少问题,需要从理念、保障机制、管理制度等多方面进行突破。

　　第二章"老年教育的理论基础",阐述了老年教育的哲学基础、心理学基础、社会学基础。哲学层面,关于人的本质论断、生命哲学的生命意义的启示、价值理论的真善美导向和后现代哲学对教育解放精神的追求,都为老年教育提供了精神给养。心理学理论中的毕生发展观揭示了老年教育的必要性和可能性,心理需求理论反映出老年阶段人的特殊精神追求。社会学理论从现实层面,揭示了在人的(再)社会化方面,在福利权利理论和亚文化群理论的实现方面,在冲突论和角色论的多重身份中,在功能论和整体发展论的全面发展中,老年教育的应然选择与现实取向。

第三章"老年教育对象的心理特征",阐述了老年教育对象——老年人的认知、情绪、人格特征及人际交往模式与特征,从而为老年教育的课程开发、教学实践、管理、评价提供依据。老年人的感知觉有一定衰退,记忆结构发生变化,晶体智力保持较好,思维弱化,体现出情绪体验强烈、情绪表达方式含蓄、性格类型有差异、人际交往对象稳定、人际交往内容深刻、人际交往范围缩小等心理特征。

第四章"老年课程建构",阐述了我国老年课程开发的发展历程、问题和发展趋势,老年课程开发的理论依据和老年课程建构的模块。我国老年课程开发的发展,主要经历了探索尝试、精细稳定和科学发展三个历程,体系渐趋多元,满足各层次学员的需求。老年课程开发的程序,可以遵循"泰勒原理"的思路,在课程目标的制定方面,老年个体的心理因素和个体的学习需求应该是主要出发点。老年课程的基本内容,总体上范围比较广泛,在汲取国内外课程开发经验的基础上,我们推出了颐乐学院的课程建构体系,体现出教育形式多样化、课程内容体系化、课程选择灵活化的特征。

第五章"老年教学实践",阐述了老年教学的过程、模式和策略。老年教学的过程也包括备课、上课和评价三个环节,但要体现出老年教学对象的身心特点和社会身份特征,发挥其参与合作、自主学习、奉献服务精神。老年教学的模式在坚持传统模式的同时,更要注重运用创新型教学模式,特别是基于现代信息技术的广泛普及与在教学中的应用,实现教学与信息技术的有机整合,增添教学过程的互动性和趣味性。注重运用老年学员养教结合的学习方式,让学习过程成为友情交往、增进交流的过程。根据教学任务的不同,老年教学的策略主要有知识讲授、活动组织和技能培养三类,每种策略的实施都要照顾到老年对象的身心特点和学习需求,体现教学策略的独特性和差异化。

第六章"老年教育管理"，阐述了课程开发与实施、老年教学活动、老年教学主体三个方面的管理。针对目前我国老年课程开发中尚存的一些问题，老年课程的开发管理要在课程目标的设计、课程内容的开发、课程实施的展开、课程评价的落实等方面做到科学规范、有据可依，实施过程尤其要凸显迭代优化、不断完善的原则。老年教学活动的有序进行，需要坚持常规管理和过程管理相统一的原则，对于教学活动的评价，要注重发展性、以评促教、多元标准原则，以符合老年人诸如"颐、乐、学、为"的多元需求。对于师资队伍的管理，同样要坚持常规管理与过程管理相统一的原则，建立有效激励机制，实现教师专业发展。老年学员的管理要突破常规管理理念，创新管理模式，如"以服务代管理"，以改善和提高长者的生活品质。

第七章"老年教育评价"，阐述了课程开发与实施、老年教学效果、老年教学管理三个方面的评价。老年教育评价应坚持整体性、多元性、过程性和多主体性原则，定量评价和定性评价必须彼此兼顾。在课程开发前，基于课程开发的原则编制老年需求调查表，可大大提高课程开发的针对性和老年学员的欢迎程度。教学效果评价是教育评价的重要内容，基于评价原则，教学效果评价应该多主体、多方法进行，评价内容要包括教学设计、教学过程和教学结果三大块。本研究对教学效果编制出科学规范、可资借鉴的评价表格。教学管理的评价要体现科学性、整体性、可行性和动态性原则，从内容上看，它包括常规教学管理评价和信息化教学管理评价两种类型。本研究编制出科学规范、可资借鉴的信息化教学管理评价表。

第八章"老年教育的未来发展趋势"，基于人口老龄化和老年教育必要性的关系原理，阐述了老年教育的四大发展趋势。第一，政府部门日益重视老年教育，在认识到老年教育的价值后，各国政府对于发展老年教育都有系统的构想和设计。第二，老年教育的内涵式发展逐渐深入，这从老年教学对象的年龄分布、区域分布和在教育过程中主体地位的彰显可见一斑。第三，老年教育模式不断创新。老年教育的目的走向多元，办学主体趋于多样，教育内容不断丰富，教学形式持续创新。第四，我国正逐步形成有中国特色的老年教育，正在逐步构建教育理念先进、教育体系独特、管理模式独立的中国老年教育新体系。

本著作在编写时,坚持以下基本原则:一是将理论探索与实践探索紧密结合,本着行动研究的精神,边研究边实践,以实践来改进和深化理论研究。颐乐学院就是这种研究范式的体现和创生物。二是将国际视野与本土实践相结合,积极借鉴吸收国际上老年教育实践的最新策略和先进理念,结合我国老年人的发展现实和心理需求做出创造性改变,让老年教育具有地方特色,符合中国人的文化心理。三是将管理与制度的沿袭与创新相结合。在老年课程的设计、开发、实施、评价和管理过程中,既汲取已有研究成果,同时又结合老年对象的差异性和需求独特性,进行深化、变形与拓展,让传统与创新共融共生、相得益彰。

本书是杭州师范大学人文社科振兴计划课题"中国老年教育的理论与实践的创新研究——以绿城颐乐学院为实践平台"及绿城房地产集团有限公司横向委托课题"有中国特色的老年教育模式研究"的主要研究成果。全书共八章,由课题组成员合作完成:第一章由严从根、李金鑫编写,第二章由胡怀利、严从根编写,第三、四章由马伟娜编写,第五、六章由戎庭伟完成,第七章由周丽清完成,第八章由张晓贤完成。全书由马伟娜、戎庭伟统稿,研究生江洁、沈祺青、曹艳菊做了大量的协助工作,且在全体参编人员不断修改中得以完成。感谢绿城集团王昕率领的老年教育研究团队,感谢浙江大学出版社编辑的辛勤付出。

马伟娜　戎庭伟

目　录

第一章　老年教育概述

随着居民生活水平的不断提高,平均寿命逐渐延长,人口老龄化已经成为全球性趋势。如何让老年人安享晚年,如何让老年人在退休之后还能有所作为,如何让老年人能够完成以往未能完成的梦想等问题已经成为时代迫切需要解决的问题。解决此类问题的一个重要途径就是开展老年教育。对老年人进行教育不仅能使老年人的知识经验体系更加丰富,而且还可以使老年人在教育中改变传统的老年观,能够在自己以后的生活中更加自信。

那么,如何理解老年教育? 老年教育在教育体系中处于何种位置? 老年教育的目的是什么? 我们应该构建什么样的老年教育? 这一系列问题的回答离不开我们对老年教育及其本质的理解。

第一节　老年教育的本质

我们通常认为老年是人的生命的最后阶段,但同时也是人更为全面自主的阶段。当人进入老年阶段,他/她会更倾向于摆脱职业、生活等方面的束缚。在教育领域,这体现为老年教育的内容与形式的丰富性、课程的个性化设置、老年人自身的自主性等特点。老年教育是整个教育体系的组成部分,但它是特殊形态的教育,具有自身的含义和本质。

一、老年教育的概念辨析

自 20 世纪 70 年代开始,各国学者在老年学和教育学的基础上开拓老年教育学研究领域,即将老年教育学视为研究培养老年人生存与发展能力及其规律的科学。关于老年教育的理解在此过程中应运而生,不断有相关成果问世。在各国不同学者的研究中对老年教育的表述不同,如高龄教育、老年教育、乐龄教育等,但是均给出了老年教育的定义。

老年教育究竟是什么性质的教育? 这是终身教育体系中的一个根本问题,也是研究老年教育首先应明确的问题。从老年教育承担的社会功能角度看,已有研究者认为"老年教育是以老年人为对象的教育体系,它融普通教育、高等教育与职

工教育于一体,是成人教育的一个组成部分,是终身教育的最后阶段。老年教育的目的在于满足老年人的学习要求,使老年人通过学习提高身心健康水平、更新知识,从而达到健康长寿,发挥余热,为经济社会的发展持续作贡献。"①在认可终身教育的前提下,此概念主要涉及老年教育的目的、老年的社会角色与使命,将老年教育视为成人教育的重要组成部分。

在综合老年、教育等概念的含义基础上,我国台湾学者提出,"高龄教育(senior citizen education)系指针对满 55 岁以上者,提供其有组织且持续性的教学,透过传授生活中的各种知识、技能和价值的活动,借以建构及重构其认知和情意世界之谓。"②出于确保老年教育权利的立场,以及使得老人进入高龄期能拥有持续地适应社会的知识、技能,该定义中将 55 岁视为高龄者、长者的年龄分界线。该定义注重从人生智慧的增长、社会权利的享有、精神生活的丰富等老年教育的主体视角澄清何谓老年教育。

国外研究者用"第三年龄教育"阐释老年教育思想,所谓"第三年龄指个人从退休到身心机能急剧衰退的时期,也称为退休期。从时间上看,它大概占据人生的三分之一"③。而第三年龄教育的主旨在于帮助老年人融入社会,减少他们生活的不适,为他们从事社会活动、学习、工作等提供方便,提高他们的生活质量。

同时,还有一种说法是将老年教育定位为"休闲"教育,教育的意义仅仅是老年人的一种社会福利,而不是一种社会权利或者福利权利。"因为它具备的条件是四'闲',即闲人、闲时、闲钱、闲所。闲人是指退休后可以自由选择生活方式,闲时是指有许多时间可供消磨,闲钱是指在满足生活需求之外的余钱,闲所是指有固定的活动场所可供使用。"④将老年教育的价值定位在"四闲"教育方面,这种价值定位与教育领域中的一般价值定位有所不同。老年教育具有休闲的性质,但这并不意味着老年教育就是休闲教育。休闲可能仅仅是指老年人在消耗生命、消磨时间,它不具有任何积极的意义。老年教育没有升学、学分、文凭等方面的压力,但老年教育有自身的价值取向。老年教育要提高老年人的生存能力和生活水平。因此,老年教育的"休闲性"指老年教育排除教育的功利性、关注老年的生命教育。从表面上看,老年人有四"闲"是以"闲"取乐,实际上,是学会利用四"闲",提升生活的品位。此处的"闲"并非是消极意义上的消磨,而是让老年人在自由的时间里,过自由的生活,在社会形成老年休闲文化。

①熊必俊,郑亚丽.老年学与老龄问题[M].北京:科学技术文献出版社,1990:75.
②朱芬郁.高龄教育概念、方案与趋势[M].台北:五南图书出版公司,2011:13.
③赵丽梅,洪明.英国第三年龄大学及其借鉴[J].成人教育,2007(8):95-96.
④董之鹰.老年教育学[M].北京:中国社会出版社,2009:229.

通过上述分析，我们认为老年教育应是以老年人为主体，以学校、传媒为平台，以满足老年人精神文化生活需求为目的的综合性社会教育。老年教育是一种将人类优秀经验、文化传递并贯通的培养老年人的活动，为老年人开辟了第二人生，促使其过一种高品质的生活。它与普通教育的相同之处在于都是有目的、有计划、有组织地传授知识技能、培养思想品德、发展智力和强健体魄的社会活动，是一种促进人的发展、提高人的素质的有效手段。

但是，老年教育与普通教育也有着显著的区别。区别之一在于教育制度不同。以我国为例，国家为保障从幼儿到成年人受教育的权利，制定了一整套较为完善的教育制度，形成了庞大的普通教育体系。而老年教育在国家层面尚未进行制度性安排，更没有专门立法，这在一定程度上制约着老年教育事业的发展，影响着老年教育的普及。区别之二在于教育目的不同。普通教育是为国家经济社会发展培养大批合格人才，使受教育者成为有觉悟、有文化的社会主义现代化建设的劳动者，这种教育主要表现为学历教育。而老年教育主要是为适应人口老龄化发展趋势，以满足老年人精神文化生活需求为主要目的而开展的非学历教育。在一般情况下，老年教育的教学方式表现出很大的灵活性和多样性，不论"教"还是"学"均具有很大的开放度和自由度。区别之三在于教育对象与价值取向不同。普通教育的对象是青少年，它是为个人、社会、国家创造财富作准备的。而老年教育的主要对象是老年人，他们接受教育的主要目的一般不是求职或谋生，而是充实晚年生活，提高生活质量，更好地享受经济社会发展的成果，开辟自我的第二世界，实现意义的提升。从与普通教育的区别可见，老年教育是人生最后阶段的补充性教育以及生命意义完善的教育。

老年教育要通过教育的方式让老人有幸福的晚年。幸福不是一个只蕴含单纯主观感受的主观幸福论范畴，它具有社会性、构成性等特质。同时，它要具体化为人们"生活得好或做得好"。人的幸福、好生活就构成了人们实践活动的目的，而这样的幸福也是灵魂合于完满德性的实现活动。

二、老年教育的本质之一：生命教育

老年教育虽隶属于人类教育的一部分，但因其教育对象在生理、心理和生活方面与我们经常所说的"教育"（通常指儿童及成人教育）有明显的差异，所以在教育本质上的特殊性更值得我们关注。同时，老年教育的本质不是单一的，我们可以从多角度、多层次展开探讨。

教育应该能够提高人的生命质量与生命价值。老年教育作为教育的重要组成部分，应该是以老年人为本位，给老年人以生命关怀的教育。生命教育是老年教育的本质之一。

如果我们接受斯普朗格的观点,认为"教育目的并非是传授或接纳已有的东西,而是从人的生命深处唤醒他沉睡的自我意识,将人的生命感、创造力、价值感唤醒"①,那么,老年教育作为一种生命教育是要唤醒老年人对生命的记忆。在记忆中带动已有的生命感,唤起新的生命感。老年人因其生活和阅历经验的积累,其经验的广度、阅历的丰富性普遍比年轻人见识多。老年人经常自诩说"我过的桥比你走的路都要多,我吃的盐比你吃的面都要多"。这无疑在表明老年人的见多识广,拥有丰富的生命体验与人生阅历。

在消极的意义上,生命教育首先要克服老年人在思想、判断、感情和想象等方面固执己见或墨守成规,以及老年人在接触新事物方面的落后。随着年龄的增长,老年人会在体力、智力等方面出现衰减,但这并不影响老年人对生命的体验,也并不意味着他们将被社会遗弃。老年教育使老年人摆脱"老顽固""老糊涂""老无知"等负面情绪的束缚,让他们能切身地体验不同阶段的生命特征与生命价值。

在积极的意义上,老年阶段是生命价值提升的阶段,且是自主地总结、提升生命价值的阶段。老年教育不仅是完成大部分老年人年轻时因为事业、家庭等原因而未完成的梦想的继续教育,而且也使老年人适应社会发展,融入社会,感受时代进步,与时俱进。"生命因教育的施加而升华,教育因生命的诉求而精彩。"此语道出教育与生命相互作用的密切关系。老年人虽然在记忆力和行动力上没有年轻人有优势,但是其丰富的人生阅历与实践经验相结合,在接受教育的效果上未必比青年人差。

生命教育中还包含着老年必然面临的问题——死亡。考虑到老年教育的受教育者——老年人特殊的生理和心理情况,我们实行老年教育的时候一定要时刻关注到老年人对生命的态度及观点。医学是治愈老年人身体的病痛,让人获得健康的体魄。与医学相比,老年教育则是启迪人心灵,在精神上对老年人生活质量及生活情趣起到作用。黑格尔说,生命本身即包含死亡的种子。死亡是人生的必修课。庄子也曾说,"不悦生,不恶死",生死就如同昼夜变化遵循自然规律一样。死亡会令人产生恐惧、孤独,但这也恰好证明了生的珍贵。"向死而生",在有限的生命中超越死亡,延续生的力量也就成为老年教育的应有之意。

按照齐美尔的观点,创造生命自身,从生理层面来说就是指生命的繁衍、生殖、生长,延续生命;从心理层面来说则是自我经验的不断获得与更新,发现和挖掘自己的潜能、完善自我。同时,人也创造非生命的东西,即生命作用外物时所产生的创造,人的生命体现为外物(如发明创造等)。老年人既可以在创造非生命的事物

---

① 鲁洁. 回归生活:"品德与生活""品德与社会"课程与教材探寻[J]. 课程·教材·教法,2003(9):2-9.

中获得自我经验,也可以运用自我经验创造非生命的东西。两者相互促进,相得益彰,共同携手不断将老年人的生命引向新的高度,达到新的境界,从而不断实现生命的超越。生命的特性不是机械的、物理的物质特性,也不是抽象的精神特性,而是生生不息、永无止境的运动性和创造性,而且生命的客观存在也只有通过连续不断的变化与创造才能够充分体现。"生命哲学向我们展示的是内含着无限生机和动力、且永远向着未来开放的生命态。"①这种生命的态势,即是教育展开之所为的根基。人拥有生命不仅在于人拥有感性、理性、肉体、精神,更在于人能够在自己的体验、体悟和活动中创造属于自己生命的独特价值。

三、老年教育的本质之二:自由能力教育

老年教育要培养老年人的自由能力,使他们能够在生活中自由存在、自主创造自己的人生并安享晚年。既然老年教育要使老人获得自由,那么老人就应该能在教育中提升自己的自由能力。这里的自由不是指人摆脱淳朴的自然性,而是指人能够摒弃世俗、自身加之于自己的身心束缚,净化自己的精神。

黑格尔在《法哲学原理》中曾对人的自由能力培养给出解释,并认为其首先包含的是劳动能力的培养。人的自由离不开人的劳动能力。一方面,人们通过劳动获得满足自身生活生存的基本物质保障;另一方面,人们通过劳动摆脱对他人的依附而成为独立的、自食其力的人。在这个意义上,劳动是人自由存在的必要前提。对于老年人而言,这种劳动能力的培养具有开放性与补需性,是一种修身基础上的劳动。

所谓开放性,是指老年教育的开放性和自由度很大,不以功利为目的。老年人通过自主学习保持或发展劳动技艺,但他们的学习已经不仅仅是为了谋生、自食其力,更是为了保持生命力,实现"老有所学、求知上进"。在现实实践中,许多国家的老年教育取消了学籍制度。什么时间上学,什么时间不去,选学什么专业,选听什么课程,以及选择什么班次,都相对自由与开放。在美国、法国等国家的老年教育中,还取消了学期、学年制度和考试制度,老年人可以完全自由地入学、退学、休学和复学,没有条件和手续的任何限制。正是由于老年教育的这种高度自由开放,符合了老年的身心特点,才使老年教育更具有吸引力和生命力。

所谓补需性,是指老年人的学习与教育具有特殊的需求,弥补年轻时的遗憾。老年人对技术、知识、技艺的学习有可能在于实现年轻时迫于生活和生存压力而没有实现的需要。因此,他们在晚年对技艺知识的学习更自由,更能彰显他们生命的价值。在弥补过去的同时,新生活有可能使老年人派生出新需要,即对新技术、新知识的渴求。老年教育面向所有的老年人,年龄跨度从 60 岁到 90 多岁,甚至更

①刘黎明.生命之于教育的启示[J].当代教育评论坛,2006(9)上半月刊:24-26.

大。从他们的文化程度上看,可以是大学甚至是研究生毕业,也可以是文盲、小学、中学文化程度。从职业上看,它面向离退休干部、退休工人和其他社会老人,城市的行,农村的也可以。他们之间的巨大差异性,形成了文化、职业、年龄、经济条件、兴趣爱好等方面明显不同的独特景象。

我们要注意,在新知识方面,老年人不如年轻人敏捷也是事实,老年人会受到一些生理衰老的局限,如听力、视力减弱,或体弱多病等,不能坚持长时间的学习;但在对知识的理解能力上,没有年龄上的太大差别,而人们对知识的积累会使他们的理解能力更强。老年人在接受教育时应排除心理障碍,乐于接受和参加各种知识的学习。在老年教育中,老年人在获得知识的同时要能正确认识社会道德现象、知识学习背后的道德价值之"真谛"。在日常生活中,老年人要将学知识付诸实践,具有行动能力,理性且积极主动地探索老年生活。

但是老年人毕竟面临生理衰老的事实,他们的知觉、推理、记忆和学习能力都在减退。特别是高龄老人,由于社会角色、社会活动的减少,他们容易产生负面的消极情绪。"研究资料表明,与生理衰老不同的是,心理衰老与年龄无关,而智力水平与其受教育的程度有关。65 岁以上的人心理机能出现急剧衰退,主要是疾病的影响。因此,提高文化修养,克服年龄心理障碍,保持心理健康,对高龄老年人来说,是十分必要的。医学界有句话说得好:'谁掌握了心理平衡,谁就掌握了健康的钥匙。'因此,正视心理发展功能的差异;用健康教育的钥匙去开启,缩小年龄增高带来的心理差距,也是差异性教育的重要方面。心理平衡是老年心理发展教育的核心内容。"①保持心理平衡,让他们尽可能避免自卑、患得患失、忧虑等情绪的困扰。尊重差异,让老年人有一个轻松乐观的态度。

克服恐惧、焦虑需要老年人拥有精神自由能力,即能够有属于自己的精神追求和生命态度。在老年教育过程中,老年人既可以学习技艺手工、时事政治、卫生保健、心理健康,也可以学习书法绘画、哲学艺术。有品质的老年生活一定能陶冶老年人的情操,怡情养性,使老年人更好地享受精神的自由、心灵的宁静。正是因为人有精神自由,人才能认识理想、应然,自主地获得自己想要的生活,也使得人能够在理想和应然中反思现实,发现差距。一方面,获得现实的、实际的自由。就如杜威所言:"自由的能力在于形成一种关于目的的理想和概念的力量。现实的自由存在于那种实际上使人满足的目的的实现……只有当那种被执行的目的确实发挥了更大的能量和品格的广泛包容性时,它才能产生实际的自由。"②另一方面,获得某

①董之鹰.老年教育学[M].北京:中国社会出版社,2009:176.

②杜威.杜威全集·早期著作(1882—1898):第 3 卷 1889—1892[M].吴新文,邵强进,译.上海:华东师范大学出版社,2010:291.

种超越的力量,在精神的世界里自由遐思,在现实的世界里处之泰然。人始终处于社会化的过程中,老年人亦是社会的建设者和参与者。但是随着信息技术的迅猛发展,老年人可能不了解时代的语言,甚至陷入代际沟通、人际交流的困境。通过老年教育,他们可以更好地开发他们的适应能力、控制能力,在精神上获得自由,创造精神财富,真正获得人生的幸福。

根据雅斯贝尔斯的观点,教育是人的灵魂的教育,而不是理性知识的堆积。这表明教育不只是理性知识的简单传授,而是要达到人的灵魂的教育的要求。有人曾概述雅斯贝尔斯所说的教育的本质:一棵树木摇动另一棵树木,一朵云推动另一朵云,一个灵魂唤醒另一个灵魂。"十年树木,百年树人。"虽然我们经常把受教育者比作树木、花等,但是人与动植物最根本的区别就在于人有意识。教育自它产生之日起就在教人摆脱蒙昧与无知,启迪人的思想、发挥人类的潜能。老年教育正是在老人获得更为广阔的生活空间、更为健全的自由能力的基础上,使他们不断地进行和实现自我完善。

四、老年教育的本质之三:自我完善的教育

老年教育属于终身教育的最后一个阶段。终身教育指一个人从生到死的整个一生所受到的教育。它产生于20世纪60年代的欧洲,现已发展成为国际上的一种教育思潮。其代表人物是法国的保罗·朗格朗,著有《终身教育引论》。人类社会变化迅速,科学技术、文化时时在发展,这就要求每个人应树立活到老、学到老的思想,不断地更新知识,以求维持和改善个人社会生活的质量。老年人享有继续教育的权利,他们在这个过程中逐渐完善自我,实现人格与人生的完整。

人生是一个自我完善的过程,而自我完善最终体现为一个人人格的完整、精神所处之境界。麦金泰尔在解释现代社会变迁问题时指出,现代人面临着身份的多重化、责任的多样化、生活的碎片化,而如果这种多重身份与多样责任之间没有统一性,那么人就无法获得一个完整的存在。而使得人的存在获得完整性与统一性的恰恰就是人的美德。"美德能够使人获得作为一个整体来设想和评价的生活,使得自我具有统一性。这种自我的统一性存在于一种将出生、生活与死亡作为叙事的开端、中间与结尾连接起来之叙事的统一性。"[1]麦金太尔在反思现代人的生活境遇和遇到的处境后提出"追寻美德"的意义,确立现代人的道德精神。老年人的精神面貌、道德修养关乎一个时代、历史和一个民族人格精神的传承。

老年教育不是强迫教育,不是被动教育,而是老年人自觉自愿接受的教育。老年人的意愿各有不同,如有的想学习专业技术,获取新信息、新理念,提高技术业务

①麦金太尔.追寻美德[M].宋继杰,译.南京:译林出版社,2003:259-260.

的能力,适应高新技术发展的需要,在职业生涯中有新的突破;有的则通过受教育学会科学养生,拥有健康的体魄,参与更多的社会活动;有的要充实自身的社会知识,总结人生经历,为后代留下精神财富。老年教育必须研究个性的需求,在接受生理、心理、智力、情感、安全和社会适应能力等知识方面,尊重个体差异,满足不同层次的老年人的需求。

虽然老年人各有所需、各有所愿,老年教育的形式也具有多样性,但从自我完善的角度而言,老年教育在抽象层面应包含理智德性与道德德性的统一,老人应该能够在实践生活中具有亚里士多德所言的实践智慧。

理智德性是一种思考、求知的德性,侧重于理性思维,它既可以指向理论思考,也可以指向实践反思。老年教育是鼓励老年人在享受生活的同时,又创造生活,使他们有新的用武之地。在信息社会中,靠知识运用和创造活力来提高自身生活质量,已形成以人为本的趋势。老年人参与社会的方式是多种多样的,老年教育鼓励老年人各尽所能,主动参与晚年生活实践。在追求老有所用的过程中,老年教育应该教导老年人能秉持求真的理智精神,不断地探索和开创生活的可能性。

道德德性是值得称赞的品质,也就是我们所说的道德品质。道德德性是一种高贵的品质,它养成于我们的习惯。通过不断做有道德事,人们才成为一个有道德的人。任何德性的获得都是一种实现活动,它需要具体的实践。就如同健康的身体来自合理的饮食与积极的锻炼,德性是来自具体实践活动中的道德判断、选择与行动,最终养成人的品格习性。西塞罗在《论老年》中指出,人们通常认为老年人不幸福有三个理由,"第一,它使我们不能从事积极的工作;第二,它几乎剥夺了我们所有感官上的快乐;第三,它的下一步就是死亡。"但是,西塞罗认为"完成人生伟大事业靠的不是体力、活动,或身体的灵活性,而是深思熟虑、性格、意见的表达。关于这些品质和能力,老年人不但没有丧失,而且益发增强了。"①换言之,与年轻阶段养成品格习性相比,老年阶段不但要运用正确的方法减轻因为年老带来的负担,更要提升自己的人格境界。

如果老年人要融入社会,那么他们就需要使自己的思想观念与积极老龄化的观念相结合。与传统消极的老年养生价值观不同,现代老年阶段仍是人生中重要的发展阶段,而不是消极等待人生终结的阶段。以人为本,是将追求人的自由发展贯穿于整个人生阶段。在人的晚年时期,面对贫困、疾病、孤独、悲观、抑郁、无所事事、代际冲突等种种烦恼,易受到歧视、虐待和暴力的伤害等,这些负面因素的转化既有客观条件,又有主观条件。老年教育应该发挥老年人的主观能动性,提高老年人的发展和综合生活能力。

---

①西塞罗.西塞罗三论:老年·友谊·责任[M].徐奕春,译.北京:商务印书馆,1998:10-11.

丰富的人生阅历和社会体验使老年人更具有实践智慧。有实践智慧的老人擅于在具体的变化中考虑对他自身是善的和有益的事情，运用理论知识与实践知识选择善的手段以实现善的目的。具体而言，亚里士多德用"明智"表达人的实践智慧。一方面，具有实践智慧的老人"善于考虑对他自身是善的和有益的事情。不过，这不是指在某个具体的方面善和有益，例如对他的健康或强壮有利，而是指对于一种好生活总体上有益"[①]。相比于年轻人的锐气、勇气，老年人考虑的是人生的总体，并从好生活这一总体目标权衡自己的选择。另一方面，"明智是一种同善恶相关的、合乎逻辑的、求真的实践品质"[②]。具有实践智慧的老人能够了解具体情境，对变动不居的实践做出正确的判断。通过正确的判断，道德上恰当的行为选择才能得以发生。

　　人的自我完善需要在有生之年实现出来。"德的真谛就在乎中庸。就是对于情欲适得其中，不听其侵陆理性，亦不沦于冷酷无情。"[③]具有实践智慧的老人所达到的中庸状态在于适度，即在于运用理性合理地节制欲望与情感，在感情与行为上做到适度。从好生活的角度，他们能按照某些正确的价值来思考、判断、选择，具有坚定的意志力与自我管理和自我约束的能力。老年教育的本质也在于能够使得老年人通过灵活多样的学习，不断地进行自我完善，让他们相互学习、相互启发。社会对所有老年人进行普及性教育，创造社会参与功能、健康保障功能和养老社会化环境功能等教育内容和形式，让老年人群体的生存和发展处于社会和谐发展之中，让老年人在一个积极健康的社会环境中完善自我。

第二节　老年教育的历史

　　老年教育并非自教育产生之时就已出现，而是随着生活水平的不断提高，人们的寿命不断延长，世界各地逐步进入老龄化社会，人们才意识到老年教育的必要性及可能性。通过老年教育，以提高广大老年人的综合素质，正确认识和积极对待老年期遇到的新问题、新矛盾，正确处理血缘、亲缘、地缘、职缘等方面的人际关系，为社会和谐贡献一份力量。也就是说，随着老龄化社会的来临，老年教育才普遍地、有组织地、大规模地开启。

　　①亚里士多德.尼各马可伦理学[M].廖申白,译.北京:商务印书馆,2003:172.
　　②亚里士多德.尼各马可伦理学[M].廖申白,译.北京:商务印书馆,2003:173.
　　③斯塔斯.批评的希腊哲学史[M].庆彭泽,译.上海:商务印书馆,1931:258.

一、老龄化社会的出现与老年教育的开启

老年教育的历史可谓源远流长,经历了漫长的历史年代。从中国古代思想来看,2500年前孔子就提出:"吾十有五而志于学,三十而立,四十而不惑,五十而知天命,六十而耳顺,七十而从心所欲,不逾矩"(《论语·为政》),并践行"活到老,学到老"。孔子还提出了人们经由"知之"到"好之",由"好之"到"乐之"的自觉学习境界。在西方,柏拉图提出人从出生开始接受教育,35岁之前接受课程教育,35~50岁在生活实践中接受历练,50岁可以培养成为哲学王。可见,古人虽然没直接使用老年教育概念,但是他们的思想中已经包含了教育、学习应该贯穿人生始终的思想。与此相比,我们对老年教育历史的梳理是在继承古典思想资源基础上,立足于现代教育。这样,我们对老年教育历史的理解就离不开其产生的社会背景——老龄化社会的来临。

老龄化社会是进行老年教育的社会事实基础,而人口老龄化是指总人口中老年人口比重上升的过程。同时,老年人口占总人口的比重表示了社会的老龄化水平。目前,国际人口组织和欧美大多数国家的人口学专家,把65岁作为人口老龄化的起始年龄,并按65岁和65岁以上老年人占总人口的不同比例,对人口类型进行划分,具体的划分标准是:65岁及以上老年人口比重低于4%的,属于年轻人型人口;65岁及以上老年人口比重在4%~7%的,属于成年人型人口;65岁及以上老年人口比重为7%和7%以上的,为老年型人口。按上述标准,1984年全世界人口属于老年型的国家共42个,大多数集中在工业发达地区。其中老龄化程度最高的国家在欧洲①。在这个意义上,老年教育是因世事、实时、事实变化而应运而生的新的教育。

在20世纪中期,根据世界人口老龄化趋势,联合国于1956年发表《人口老龄化及其经济社会的含义》,提出人口年龄结构的划分标准:65岁及以上老年人口比重达到7%及以上,属于老年型人口,老年型人口的国家和地区称为老年型国家和地区。按照该标准,1965年,法国65岁及以上人口占总人口的比重超过7%,成为世界上第一个进入老年型人口的国家。1982年,联合国第一届老龄问题世界大会发布了《老龄问题维也纳国际行动计划》,为适应发展中国家和地区的需要,确立60岁及以上的人为老年人,老年人口占总人口的10%以上为老年型国家,形成世界通行的老年人和老年型国家的双重指标。

老龄化社会是社会现代化的标志,也是人口再生产模式从传统型向现代型转变的必然结果。同时,人口老龄化给社会的经济、文化发展带来重大挑战。从生理角度看,老年人的生理功能日渐减退,各种慢性疾病直接影响着老年人的生活质

---

①贾岩.简明老年学辞典[M].北京:中国商业出版社,1990:509.

量。从经济角度看,老年人退出职场,家庭的经济收入开始减少,但生活开支却有可能增加。从心理角度看,老年人经常因为自身健康状况、配偶健康状况等承受巨大的心理压力。在应对老龄化问题方面,老年教育是切实可行与有效的方案。

在国际社会老龄化的过程中,现代老年教育在 20 世纪 70 年代兴起,其中,具有重要标志意义的事件是法国的皮埃尔·维拉于 1973 年在图卢兹创办了世界上第一所第三年龄大学。80 年代后期,在终身教育、学习型社会思想和国际社会组织的推动下,老年教育得到快速发展。

二、欧美及亚洲其他主要国家老年教育的历史

在老年教育发展的历史中,欧美国家较早做出有意义的尝试与探索,亚洲国家也直面老龄化的现实并积极发展老年教育。我们以法国、英国、美国、日本、新加坡为例,以这些国家老年教育的特色与成就为主线,尝试对欧美与亚洲老年教育的历史做出梳理。同时,我们并不对每一个国家的老年教育历史做详尽的、考据式的史料分析。

(一)法国

法国是世界上第一个老年型国家,也是最早开展老年教育的国家。1965 年,法国成为世界上第一个进入老年型人口的国家。之后,瑞典、英国等发达国家先后进入这一行列。

1. 第三年龄大学的建设与发展

起先,法国将老年称为"第三龄",老年教育称为"第三年龄教育",教育的场所称为第三年龄大学。法国将儿童及少年称为第一年龄,青年及中壮年称为第二年龄,老年即为第三年龄,也称"第三龄"。法国第三年龄大学创始人之一彼得·拉斯里特(Peter Laslett)认为,第一年龄是人开始社会化和接受教育的阶段,第一年龄人口一般指未成年人口(0~14 岁);第二年龄是立业、成家、养育子女和赡养父母的阶段,这是人生精力最充沛的时期,但由于社会的压力和家庭的牵制而使这种力量的发挥受到一定的制约,第二年龄人口为劳动年龄人口(15~59 或至 64 岁);第三年龄是人生的顶峰,人在这一年龄阶段,一方面具有丰富的知识和经验,另一方面拥有供自己安排的足够时间,可以按照自己的愿望,发挥自身潜力,达到自我实现的境界,第三年龄人口为老年活动年龄人口(60 或 65 岁以上);第四年龄才是生活不能自理,依赖他人照料直至死亡的阶段。第四年龄人口为高龄生活不能自理人口(因地区人口平均预期寿命而不同,个体差异较大)。第三年龄大学的提议是在 1972 年由皮埃尔·维拉教授向法国图卢兹教育研究管理委员会提出的,其目标是:①提升老年人的社会身心健康水平;②提高老年人的生活质量;③实现对老年人的终身教育计划及老年学的相关研究;④实现老年学初始及永久教育计划。此

提议建议成立一个由教授、学员、管理人员代表组成的第三年龄大学,它还建议将国际组织世界卫生组织、国际劳工组织及联合国教科文组织的成员囊括进来。

在法国老年教育的演进过程中,直至20世纪七八十年代,其招生对象主要是老年人,经历了起先只关注退休老年人到提前退休、家庭主妇、失业者以及一些残疾者的变化。因此,到90年代,出现了混龄大学,其名字也变更为"休闲大学""全民大学""三分之一时间大学""自由时间大学",以此来昭示第三年龄大学并不是垂垂暮矣的象征,而是全新的符合世界发展趋势的终身学习和终身教育。其老年教育都以"返老还童""老当益壮"为目的。法国的老年教育在世界上都很有影响力。第三年龄大学协会在1975年成立、第三年龄大学法兰西联盟在1980年成立都是受到法国第三年龄大学的影响。

2. 制定和完善老年教育的相关法规政策

1962年,面对65岁以上老人迅速增长的趋势,法国发布了《拉洛克报告》。该报告指出了老年人备受孤立的问题,并认为政府应该为改善老年人的境况提供相应的服务,提倡社会建立帮助老年人参与社会活动的组织。该报告的发布使老年人的教育问题进入公众视野。1971年,法国发布《盖斯迪沃报告》,对老年人的需求做出解释,对政府应该采取的措施给出建设性意见,提出建立老年俱乐部、老年大学等相应组织机构。与此同时,法国分别于1968年通过了《高等教育方向指导法》、1971年颁布了《职业继续教育法》。两部法律虽然没有直接涉及老年教育问题,但是它们为老年教育的发展提供了理论支持。

3. 法国老年教育的实践探索

第三年龄大学是法国老年教育探索的基地。以图卢兹第三年龄大学的课程设计为例,该校在1977年提出了老龄教育方案,围绕老年人的年龄特点、心理特点展开课程设计,涉及老龄人口的医疗、社会参与、旅游等内容。进入21世纪,里尔的自由时间大学则增设了网络课程、艺术史、美学、戏剧以及企业管理等相关课程,老年教育的课程呈现多元化。而除了课程学习,法国还积极发展第三年龄俱乐部。第三年龄俱乐部根据老年人需要开展活动,使老人们在俱乐部的活动中找到自我定位和生活的价值,在俱乐部的活动中找到与外部环境沟通和和谐相处的渠道。

(二)英国

英国也是较早进入老龄化社会的国家之一。随着人口老龄化的不断加剧,老年人的教育问题在英国逐渐成为重要议题。1960年,英国全国成人继续教育协会发表的《教育与退休》论文,引起了公众对老年继续教育问题的关注①。

①岳瑛.英国的老年教育概况[J].中国老年学杂志,2009(15):1993-1995.

1. 发展多样化的老年教育机构

英国老年教育机构具有多样性,其主要有三种类型。第一种,专业教育机构提供的老年教育。英国的高等教育为老年教育提供业余就读机会,让老年人以非注册学员身份旁听大学课程;开办针对老年人的非学历继续教育。除传统大学外,英国于1969年开办以远程教育为主的英国开放大学(Open University),它规定,凡20～70岁有能力接受大学教育的英国公民,不论性别、学历和社会地位都可以申请入学。第二种,地区当局提供老年教育。地区当局以社区为基础,开设老年教育课程,方便老人的参与。第三种,志愿性团体提供老年教育,它包括各种正规的和非正规的组织,针对老年人教育开设相关课程。

2. 发展具有自身特色的第三年龄大学

1981年,皮特·拉斯莱特和尼克康尼在剑桥地区成立了一个委员会,开办了英国第一所第三年龄大学①。到1986年,英国已有115所第三年龄大学。英国的第三年龄大学大都是学员资助、自己管理的"自下而上"的模式,这与法国依托于大学而建立的第三年龄大学运行模式大相径庭。1993年,英国建立第三年龄大学国际委员会,此后英国的第三年龄大学得到了多方的资金支持,第三年龄大学迅速发展,学员人数剧增。英国第三年龄大学的特色还表现在为了增进各地学员的沟通交流,创办了《第三年龄通讯》杂志(*Third Age News*)。它还得到多维的支持服务,包括法律顾问、资源中心、年会、暑期课程。英国将自己的高福利惠及老年教育,为老人们提供了多种选择。

(三)美国

美国也是较早进入老龄化社会的国家。老年教育在美国受到高度重视,在其发展历史中,美国政府重视终身教育体系的构建和为老年教育提供健全的法律保障。社会各界广泛参与老年教育,并逐渐发展出自己的特色。

1. 从社区成人教育活动到政府提供法律保障

美国的老年教育从成人教育活动,尤其是社区成人教育活动中开始发展。在20世纪50年代已经有很多活动或课程可供老年人参与,并非专门为老年人开设。后来佛罗里达州开办了第一个专为老年人设计的课程。从此以后,专门满足老年人诉求的课程逐渐增多。1965年,美国制定了《高等教育法案》和《美国老年人法》。该法案规定:老人可以参加公立学校社区学院的学习;图书馆要对老年人开放。由此,美国政府满足老年人学习的需求,使得美国老年人学习热情大增。被誉为"老年教育之父"的美国成人教育家霍华德·麦克拉斯基(Howard McClusky)曾研究了老年人对教育的需求后,提出5个层次的教育需求,即应付需求(Coping

---

①齐伟钧.海外教育[M].上海:同济大学出版社,2014:30.

needs)、表达需求(Expressive needs)、贡献需求(Contributive needs)、影响需求(Influence needs)、超越需求(Transcendence need)①。他的观点指出老年教育除了满足老年人的兴趣爱好外,有必要研究老年人的深层次需求。麦克拉斯基的理论促使老年教育从社会服务为主转变为帮助老年人实现自我价值为主。

2. 在法治传统中寻求老年教育的创新

20世纪70年代以后,美国老年教育得到很大的发展,一是社区学院提供的老年教育,二是大学对老年人开放,三是老年寄宿教育。1975年成立的"老年游学营"是寄宿教育的典型示范。而1975年制定的《禁止歧视老年人法》和1976年制定的《终身教育法》为老年人的学习、生活等各项权益提供法律依据。进入90年代,美国开始开展以自学为主的学习,图书馆、博物馆等均成为老年人学习的场所,各种教育机构蓬勃发展。

3. 积极组建老年教育机构

1975年,美国新罕布什尔州(New Hampshire)建立老年寄宿学校,它们的指导思想是:"退休并不意味着与世隔绝和自我封闭,而是有更多接触社会和世界的机会。"②寄宿学校与大学资源共享,为60岁及以上老人提供学习机会,不做学历以及其他限制。美国目前有15000家社区老年中心,它们主要由地方政府扶持,联邦和州政府也经常划拨一些经费,用于提供除了社会服务和低收费或免费餐饮服务之外的一系列娱乐和教育计划。还有1200多个社区学院,它们所开设的手工艺、外语等免费或低收费课程吸引了大量的老年学习者。在配套的法律政策提供保障的前提下,美国老年教育开始积极组建老年教育机构,并采取老年补习班、老年人演讲会、老年人文化中心等多种教育形式,发展有特色的老年教育。

(四)日本

从20世纪70年代开始,日本将老人称为"高龄者"。因"老人"一词中"老"字不但有"拥有丰富经验、值得尊敬"的意思,而且还具有"陈旧的、过去的"等负面含义,而"高龄者"因其中性意思而取代了"老人"一词。"'高龄者'定义为从生产的第一线退下来,身处社会边缘,只能渡过余生的存在。"③通常的观点认为日本1970年正式进入老龄化社会,因为当年65岁及以上人口占总人数的比例超过7%。也

①Hiemstra R. The contributions of Howard Yale McClusky to an evolving discipline of educational gerontology[J]. Educational Gerontology: An International Quarterly,1981,6(2-3):209-226.

②杨庆芳.我国老年教育发展探究:基于积极老龄化的视角[M].北京:知识产权出版社,2014:86.

③齐伟钧.海外教育[M].上海:同济大学出版社,2014:81.

就是从 70 年代开始,日本高度重视老年教育。到目前为止,日本在政策制定、教育成果等方面的发展均较为成熟。

1. 在终身教育框架下发展老年教育

二战后,日本在美国的建议下,废除了战前的"教育敕语",于 1947 年 3 月颁布了《教育基本法》,主张确立教育是公民的基本权利。"70 年代日本政府开始积极介入老年教育。1971 年,日本社会教育审议会提出关于《社会教育如何适应社会结构急剧变化》的咨询报告,第一次以政府文件的形式提出了"终身教育"的概念。"①1973 年文部省规定参加高龄者教育的成员为 65 岁以上老人,学习时间每年20 小时以上,每一教室成员约 20～50 人,学习内容大致有艺术艺能类、健康体育类、知识文化类、国际形势类等,学习方法有讨论法、参观法、实验法等。为了应对高龄化社会,日本政府于 1996 年制定并颁布了应对高龄化社会的基本方针——《高龄社会对策大纲》,并进一步提出了具体的实施方式。

2. 发展与福祉相结合的老年教育,注重老年领袖的培养

日本的老年教育主要由厚生劳动省和文部科学省两大中央机关推进展开。厚生劳动省负责医疗卫生和社会保障的工作,文部科学省负责国内教育、科学技术、文化与体育等相关事务。20 世纪 50 年代,日本先后组建老年俱乐部,开设乐生学园(老年大学的雏形)。60 年代,日本颁布《老人福祉法》,在老年教育方面强调发挥老年人的经验和特长,为他们创造更多的就业机会。而 1973 年被称为日本的福祉元年,制定了 70 岁以上高龄老人免费医疗等政策。进入 80 年代,日本制定和发展改善高龄者保健福祉的十年战略。高等教育机构从 80 年代开始对老年人开放,并发展出公开讲座、放送大学(远距离函授教育)等多种适合老年人的教育形式。与此同时,日本注重培养老年活动的领导者。在注重老年群体的同时,重视老年领袖的挖掘和培养工作,以领袖的领导带动老年教育活动的开展和老年人的积极参与意识。

3. 重视老年人的职业发展和生活经验

日本在推动高龄者职业发展方面也不遗余力。文部省于 1978 年推动地方政府实施"高龄人才开发事业",目的在于使高龄者成为社会教育的领导者,充分运用高龄者的知识、技能与经验服务社会。此外,日本政府于 1994 年修订的《高龄者雇用安全法》主张,改善高龄者的就业环境、推动继续雇用高龄者、建立 65 岁退休制度,对已经退休的高龄者开展再就业的技能训练。自 20 世纪 70 年代日本进入老龄社会以来,厚生省中央福利审议会提出的《关于老年人问题综合应对措施》的报告,主张老年人福利应以"充实高龄者的生命意义"为目标,主张高龄者本身应培养老年期的社会能

---

① 谷峤,张晓菲.终身教育事业下日本老年福祉政策评析[J].现代教育管理,2010(11):115-117.

力、维持独立的生活、保持代际团结,实现有意义的生活。

4. 尝试老年教育的自主运营,开展远程函授教育

积极发展老年俱乐部。老年俱乐部是以社区为单位的自主运营的互助组织,采用会员制的形式,与地方自治体的福祉科共同为老年人举办和开展各项活动。单位俱乐部的规模以 30～100 人为标准。在日本,老年俱乐部被视为增进老年福祉的事业之一。俱乐部的活动主要分为丰富社区的社会活动和丰富生活的快乐活动两大类。该俱乐部除了在为老年人提供福祉之外,近年来也在社会参与、社会贡献方面起着重要作用。同时,公开讲座和放送大学主要以讲座和函授的方式来进行老年教育。参与这两种方式教育的人数所占比例最高。公开讲座是指高等教育机构利用其人力与物资方面的资源,对一般民众提供讲座的学习机会。公开讲座分为两大类:一是举办研讨会与演讲等短期性课程;二是开设半年到一年的连续课程,深入学习一个主题。放送大学是基于电视、广播、网络技术开展的远距离函授教育大学。放送大学的教学方式分为通讯教学和面授教学。放送大学因为它的学习实践的灵活性和科目的多样性很受学员的喜欢,并且学员完成相应的课程还可以由学校颁发"认证书"和"科目群修认证取得证书",大大提高了学员的积极性。

(五)新加坡

"乐龄"是新加坡对年长者的敬称,以"乐"代"老","乐"有"快活""安乐"之意,寓意一个人能活到"快快活活、安安乐乐的年龄"。"乐龄"鼓励老年人快乐学习而忘记年龄,此词取于"乐而忘龄"之意。其目的是除掉人们对年长者的刻板印象,具有更加积极层面的意思。"乐而忘龄"追求的正是一种积极、乐观的精神。乐龄教育是新加坡高龄教育的最佳标志。从 20 世纪 70 年代开始,新加坡从一个年轻、生育力强、死亡率高的国家,转变成为人口老化、生育力降低、死亡率低的国家。人口结构的变化对家庭、国家产生了很大的影响。

1. 政府成功的老化政策与高龄化对策目标

在新加坡,社区发展、青年及体育部(简称社青体部)负责管理新加坡人口老化的课题,成立相关部门,以"保障""参与""健康"三方面塑造了新加坡乐龄老人"成功老化"的策略架构。"在老有所为方面:提高雇佣能力和财产安全保障;在老有所医方面:提供全面的、承担得起的医疗保健和乐龄护理。在老有所养方面:实行就地养老,提供完善社区设施,包括无障碍生活环境和交通系统;在老有所乐方面:促进积极老龄化,维持身心健康。"①新加坡标榜的是高效廉洁政府,它有极富弹性的公共服务部门。在应对高龄化社会中出台了一系列的政策,包括 1978 年成立乐龄俱乐部,常态性举办老年养生讲座、三代同堂舞蹈、退休者座

---

① 胡梦鲸. 新加坡乐龄学习:组织与实务[M]. 高雄:丽文文化事业机构,2011:28.

谈会、茶会等。新加坡政府在 20 世纪 80 年代便把老化当成重要国家发展议题并着手研究应对政策。1982 年组织成立老年问题委员会（Committee on the Problems of the Aged），这是第一个研讨人口老化问题的官方单位。2007 年辅助第三年龄委员会（Council Third Age，CTA），提倡积极的老化概念，开展老年教育，使新加坡的年长者享有更好的生活品质等。

2. 积极组织乐龄学习，实务工作者日趋专业化

在乐龄学习方面，新加坡于 2005 年创办了快乐学堂。快乐学堂是由马林百列家庭服务中心创办的非营利的社区服务计划，主要为 50 岁以上的乐龄人士提供快乐的课程。快乐学堂秉承"终身学习，五十不晚"的理念，其愿景是成为新加坡第一所为老人提供学习课程的第三年龄大学。其课程内容分为五个部分：快乐入门、快乐生活、快乐团体、快乐参与、快乐服务。学习方式包括小组讨论学习、体验学习及服务学习。2008 年由新加坡总理公署部长林文兴先生创立飞跃乐龄学院（Active Aging Academy，AAA）。它主要招收 50 岁以上且能阅读和书写华文的乐龄人士。采取互动式教学法，并通过校外教学提供体验式学习。授课人员及顾问都是专业人士，且在其所学专业领域皆有丰富知识和经验。在课程方面强调自力更生与专业辅导素养培训进阶课程。无论是实务工作者还是乐龄学习者，他们都体现着新加坡"终身学习、自我要求"的学习文化传统。

三、我国老年教育的历史

我国把老龄问题提到议事日程上来也不过是最近二三十年的事，老年教育也在此过程中逐渐发展出自己的特色。总体而言，我国老年教育的历史大体经历了三个阶段。

1. 20 世纪 80 年代，老年教育的创立阶段，初步形成老年教育格局

1982 年 4 月，中国老龄问题全国委员会成立。1986 年 4 月，中国首届老年学学术会议在北京召开，同年 5 月成立了中国老年学学会①。1983 年，中国第一所老年大学——山东省红十字老年大学成立，标志着中国老年教育事业正式兴起。人民日报等新闻媒体以《我国第一所老年大学在山东创办》醒目标题进行了报道。虽然与世界上第一所老年大学——法国图卢兹老年大学相比晚了十年，但是作为中国老年教育事业的开拓者，它的意义、作用、影响和功绩在中国老年教育史上是具有开创性的。1988 年，中国老年大学协会成立，积极开展全国各地老年大学的交流工作，同时将成功的经验向各级区县以上老年大学推广。到 1990 年，我国老年大学达到 2300 多所，企业、科研单位、社会团体等都积极参与老年教育事业的

17

第一章 老年教育概述

---

①袁方.老年学导论［M］.北京：社会科学文献出版社，1995：82.

发展。

2.20 世纪 90 年代,老年教育的开拓发展阶段,尝试进行国际交流

1994 年,国家十部委联合制定了《中国老龄工作七年发展纲要(1994—2000年)》,提出在全国开展老年教育的预定目标,"老年大学、老年学校是老年教育的重要场所"。1995 年《中华人民共和国教育法》和 1996 年《中华人民共和国老年人权益保障法》先后颁布实施,号召在全国"建立和完善终身教育体系"和"国家发展老年教育"。在国家政策推动下,老年教育的规模不断发展和壮大。截至 1996 年,全国老年大学、老年学校增至 8300 所,在校学员 70 万人以上。按照国际标准,我国在 1999 年正式成为老年型国家,成为世界上较早进入老龄化社会的发展中国家之一。由于我国人口基数大、数量多,所以我国也是世界上老年化人口最多的国家。1999 年,我国成立了"全国老龄工作委员会",中央同志又提出:"要大力发展老年教育,动员社会力量兴办各类老年大学和老年学校。"1995 年,中国成为国际第三年龄大学协会会员,开始和其他国家老年机构进行交流合作。

3. 进入 21 世纪以来,创新发展阶段,发展具有中国特色的老年教育

进入 21 世纪,我国老年教育呈现蓬勃发展的态势。与 20 世纪 80 年代相比,我国老年大学学员数占老年总人口的比例在上升。教育课程、教学方式开始多样化,并充分利用互联网教学。各地在创办老年大学的同时,完善社区教育,为老年人提供更多的社会服务。《国家中长期教育改革和发展规划纲要(2010—2020年)》强调要"重视老年教育"。社会普遍存在的思想是通过老年教育使得老年人"老有所学""老有所为""积极老龄化"等。要想实现此目标就必须做到:第一,保障老年人的学习权利。第二,保障老年人共享科技、社会、经济发展成果的权利,帮助老年人与时俱进、与社会进步同步。第三,提升老年人生活价值和幸福度。

第三节　老年教育的现状

随着老年人口比例的不断上升,老年教育课题在世界范围内受到广泛的重视,并开展深入的研究。老年教育的目标应该是在保证老年人享有平等的教育权利的基础上,提高老年人的生存能力、提升老年人的素养。就老年教育的现状而言,各个国家在以大学教育为主的同时,辅以相应的社区教育、户外活动等多种形式。老年教育在取得一定成就的同时,也面临着一系列的问题。我们对老年教育现状的总结旨在梳理这些国家老年教育所取得的成就与存在的问题。

一、欧美及亚洲其他主要国家老年教育现状

就老年教育的现状而言,欧美及亚洲主要国家都肩负着总结经验,推进老年教育的可持续发展,在提高老年人的生活质量、生命质量的同时推动社会健康发展的重任。下面我们从成就与问题两个方面总结和介绍欧美与亚洲其他主要国家老年教育的现状。

(一)欧美及亚洲其他主要国家老年教育的成就

1. 办学模式多样,推动老年教育的主体已不仅局限于政府

推动老年教育发展的主体已经不仅有政府,还有其他社会组织。例如,英国最早的老年教育团体是"自下而上"形成的,遵循独立自主自办的原则,因为其影响越来越大,政府逐渐注意到老年教育,从而在法律上、在财政上予以支持,最后形成以政府为主导的"自上而下"和以民间团体为主的"自下而上"的办学模式。组织者和管理者大都是其中的学员,自发性的组织和管理使得经费不足,效益很差,在获得其他支持、缓解经费压力的同时,也扩大了经验交流。老年人作为成人的一部分,也可像普通成人一样就读。而老年教育则有年龄限制,是专门针对老年人实施的教育。老年教育由四类教育机构提供:高等教育机构、继续教育机构、地方当局培训机构和志愿团体举办的教育机构。

2. 教学模式多元发展,整合社会资源

通过总结国外老年教育现状可知,老年教育的模式主要有正规、非正规、非正式三种并行发展,既有依托大学教育的正规教育形式,又有社区学院创办的非正规教育形式,还有各个团体创办的非正式的老年教育。比如,第三年龄大学是法国实施老年教育的重要阵地,其开设的课程主要是针对老年人的需求而设计的。图卢兹模式广泛应用在法国设立的其他的第三年龄大学,成为老年教育在大学推广的规范和样板。近年来,逐渐发展创新为自由时间大学和第三年龄俱乐部。同时,由第三年龄大学到混龄大学发展,学员由单一的老年群体扩展到不同年龄段的成年人,不仅可以使老年人接触的人员类型扩大,也使得老年人能够与不同职业、地位的人交流,分享人生经历。由此,可以减少老年人的孤独感和隔绝感,让他们能够顺利融入社会。比如,美国老年教育机构可分为公立的和私营的、正规的和非正规的、现实的和网络的、室内的和户外的、本土的和海外的,多样化的老年教育吸引了老年人的广泛参与。具有代表性的机构有老人游学营(Elder hostel,也称"老年旅舍")、退休学习学院(Institutes for Learning in Retirement,ILRs)、老年人服务与信息系统(Older Adult Services and Information Systems,OASIS)、老年人网络(Senior Net)。

3. 教学内容丰富,教学方法多样

老年人不同的生活经历及社会背景要求老年教育必须丰富多彩,不能只停留

在传统课程的局限之下。结合老年人身心特点,必须选择性地抛弃旧的课程内容和创造性地开发新的课程。近年来,退休前教育、死亡教育逐步走进老年教育的课堂中去,使得老年人在退休时适应角色的变化,减少对死亡的恐惧与不安。比如,法国课程设置的多样化使得老年人可以自由挑选自己感兴趣的方向来深入学习及研究,开设的健康、卫生、医疗等方向的课程也使得他们可以提高对身体状况的了解以及对疾病的预防。教学的多元化,可以使老年人的生活更加丰富多彩,排除老年人重复的简单生活。比如,"在美国很多州,如果空间允许,62岁或65岁以上的老年人可以免费参加公立的美国大学和学院的日常课堂学习。与此同时,大学或学院预科机构、教堂、医院、银行、投资公司、博物馆、劳工组织、娱乐中心以及英特网等都在提供免费或收费的教育课程。一些户外教育计划,无论是花费不多的远足和自行车俱乐部,还是商业性的国外冒险旅游也渐成气候。"①美国有为数众多的上述组织,它们为老年人提供不计学分的课程学习、小组讨论、学习性旅行的游学营。与此同时,只要老年人愿意,他们同样可以到大学和学院去旁听计算学分和授予学位的正规课程。非营利教育机构为美国老年教育提供了丰富多彩的教学内容、灵活多样的教学方法,吸引老年人广泛参与。

由于老年人生理的老化,反应能力和心智能力的迟缓,老年人在学习过程中呈现其特殊性与复杂性。因此,在教学方法上也应与儿童和青年人有所变化。老年教育除了传统的课堂学习外还有丰富的课外实践课程,让老年人在社会实践中学习知识、增长见闻、结交朋友。比如,日本的老年寄宿所。老年寄宿所最初由丰后玲子受到美国老人寄宿所的启发而开办,主要的教育实践活动为日本学讲座、国内讲座、海外讲座、会员活动、出版事业等。它融学习与旅行为一体,在开放与愉快的氛围下学习、给积极行动的老年团体超越自我的机会等方面起了重要的作用。

4. 培养老年人社会参与意识

随着社会的进步,经济的发展,老年人群体的科技文化和知识结构也在相应地变化。老年人不因其年老而产生负面、消极的思想。"有志不在年高",老年人在社会工作中还可以发挥"余热"。在老年教育中,重视培养老年人的社会参与意识也是相当重要的。比如,英国老年教育课程比较能够考虑到老年人的需要并能满足其特殊需求。老年人参与程度高,能够通过老年人生活经验的交换,以及人际交往和互动,共同擦出智慧的火花。同时,在教育中改变传统的师生关系。老年教育重点包括老年人本身经验的交流和传递,它不同于一般学校中"老师教,学员学"的关系。老年人既可作为受教育者也可作为教育者。对老年人而言,学习不但丰富自

①应方淦.美国老年教育:动力、现状与趋势[J].河北师范大学学报(教育科学版),2007,9(3):103-107.

己的知识体系,而且能交流与分享自己的独特人生阅历和生活体验。欧盟就提出2012年是欧洲的积极老龄化和代际团结年,"积极老龄化意味着老来身体健康,并且作为社会成员,在工作中更加充实,在生活中更加独立,有更加强烈的社会参与感"①。而英国、法国、日本不但倡导老年人参与社区组织的教育活动,而且支持老年人自己创建有共同教育需求的团体组织。

5. 老年教育保障法制化,理论研究系统化

大多数国家非常重视建立健全老年教育的保障机制。比如,美国专门的老年法律就有《老年人权益保障法》《美国老年人福利法》《美国老年人促进就业法》《禁止歧视老年人法》《老年人教育法》等。美国白宫还设立了美国老龄委员会,定期召开会议讨论老龄问题;各州与地方也有专门负责老年工作的相关机构。新加坡政府则以政府对老龄化的清晰架构为主导,让民间组织和社会成员参与老龄教育,并从老年教育发展出老年学习理论。与此同时,大多数国家注重老年教育的理论研究,建立相应的研究机构,比如,英国最早成立了专注于老年学研究的学社,美国老年协会也是专门研究老年科学的学术团体。

(二)欧美及亚洲其他主要国家老年教育面临的挑战

1. 老年教育的对象应进一步扩大化

到目前为止,大多数国家的老年教育涉及的群体是老年人,但也会对专门从事相关工作的人员进行职业培训。比如,新加坡就提出老年服务和教育的专业化要求。如果我们承认和接受人生是一个整体,那么人的精神和肉体的衰退变化需要一个过程。从个体角度来看,如何优雅地老去? 如何面对死亡? 如何与老人相处? 这些问题是每个人都应该去努力学习的,而不仅仅是老人。克莱因等人就曾指出,由于学校并未给学员开设任何有关老化课程的学习,使得学员无意识地接受了传统老化观念,并产生一种歧视老年人的观念。"一方面,青少年会歧视老年人,另一方面,他们会对自己的老化产生焦虑。"②换言之,社会应该让每一个人都了解或学习老年教育的基本知识。

2. 老年教育中的代际互动相对薄弱

从老年教育发展现状来看,老年教育的招收对象、课程设置、活动规划等工作都在进一步系统化,并向全社会敞开。但是,社会公众依旧缺乏对老年教育的关注和积极参与。换言之,其他年龄群体、代与代之间缺少有效沟通和互动的方式方法。这样,如何让老年人融入社会、融入家庭、融入他们所生活的时代依旧面临着

---

①齐伟均.海外老年教育[M].上海:同济大学出版社,2014:209.

②李洁.老年教育理论的反思与重构:基于西方现代老龄化理论视野[J].开放教育研究,2015,21(3):113-120.

一系列的挑战。

3. 老年教育办学模式化

随着科技尤其是电子信息技术的发展,老年教育呈现多模式化发展,并逐渐形成规模。但值得注意的是,不同国家、地区依旧有不同的国情和区域特色。所以,老年教育也应避免套用固定模式。老年教育需要具有可持续性,不但要先保证老年教育的平等性,尊重老年教育的个体差异、民族差异等,而且要将个体老年教育、家庭老年教育、社区老年教育、社会老年教育等有机结合以及与社会的终身教育结合起来。在避免模式单一、刻意仿效的同时,老年教育应该在积极学习借鉴其他国家经验基础上探索适合本国国情民情的老年教育模式。

二、我国老年教育的现状

跨入新世纪以来,我国老年人口素质整体有所提高,文盲和半文盲的比例减少,退休人员空闲时间增多,身体状况改善,生活方式改变,老年人的学习需求变得更加迫切。我国的老年教育主要有老年大学、社区老年教育、老年广播电视教育及网络教育等形式。在党的十八大报告中进一步指出我国要"全面实施素质教育,深化教育领域综合改革,着力提高教育质量",要"大力促进教育公平,合理配置教育资源",要"鼓励引导社会力量兴办教育"等一系列指导思想。基于此,老年教育也迎来了良好的发展机遇。

(一)我国老年教育的成就

1. 从重视老年教育到保障老年教育,促进老年教育的公平

我国老龄化的特点是人数多、速度快,可以说是一个"未富先老"的国家。还有一个特点必须增加关注——老龄人口发展不均衡。2010 年 7 月,我国正式发布的《国家中长期教育改革和发展规划纲要(2010—2020 年)》强调要"重视老年教育"。2012 年 6 月,我国公布《国家教育事业发展第十二个五年规划》,再次强调发展老年教育,进一步提高老年教育质量,办好老年教育机构等。随着老龄化社会的进一步发展,我国逐步制定出与老年社会相适应的一系列法律来保障老年人受教育这一基本的权利和义务。

2. 办学形式从"单一"到"多元",课程设置从"固定"到"灵活"

纵观各国老年教育发展的概况,我们可以发现,办学方式的多元化是未来老年教育的发展方向。鉴于我国人口基数大、区域差别又大等特点,我国更应该探寻适合自身国情的老年教育办学形式,力求办学形式的多元化发展,做到"因时制宜、因地制宜"。借鉴美国、日本等社区教育的经验,在 2000 年 4 月,中国教育部下达了《关于在部分地区开展社区教育实验工作的通知》,在社区教育中分设老年教育,使老年教育工作的计划、任务等得到了落实,形成了"人人都能学,时时都能学,处处

可以学"的学习型社区。

老年教育已经从原来大家认为的"休闲教育"转变成"养乐为"一体的教育。其课程设置也已经从简单的娱乐、兴趣等课程扩展到融社科、体育、健康等方面的专业和通识教育为一体的课程。课程设置的变化不仅反映了老年人教育需求、学习欲望的增强，也是我国在"积极老龄化"方面做出的一些有益的探索。由于分类标准不同，课程也分为不同类别。按照课程的内容划分，可分为六大类：文史正经类、书画摄影类、文艺类、体育类、医学保健类、家政技艺类；按其受欢迎程度可以划分为热门课程和非热门课程。书画、舞蹈、声乐、中西医保健和计算机普遍受到学员青睐，其中，书画课程更是成为老年大学的"重点课程"。此外，我国老年大学目前开一门课程就代表一个专业，依托课程开班招生。

3. 学习方式发生变化，改变传统学习方式

老年教育从传统的学习方式解脱出来，它不再仅仅依靠传统的课本、课堂、教师为中心的学习方式，在讨论、座谈、旅游、活动中可以增进老年人学习的效率。因此，学习方式的变化也是我国未来老年教育的一大趋势。老年大学教学模式主要以课堂教学为主，但又充分体现着课堂教学与社会实践相结合的特点。从我国老年教育的实践看，主要教学模式有五类：第一，专题讲座模式；第二，问题研讨模式，一般采用交流式、评述式、辩证式、质疑式等；第三，案例分析教学模式，通过真实案例，引导学员分析讨论，提高学员分析问题、解决问题的能力；第四，自学辅导模式，学员以自学为主；第五，实地考察，社会实践模式。

因广播、电视、互联网的迅速发展，"空中老年大学""网络课堂"的发展让老年人不因时间地点限制而影响学习。"2007年上海在居委会收视点中创建合格收视点、示范收视点，各县委还开办了养老机构学习收视点，努力将网站建设为'学习型、互动型、参与性强'的老年人乐园，在运用现代传媒手段开展老年教育，对全市老年人实行开放式、多样化的教育进行了有益的尝试。"[①]此外，我国一些文化机构，如图书馆、博物馆、文化活动中心等非营利机构也在老年教育方面发挥了一定的作用。这些机构在提供老年人学习机会的同时也丰富着老年人的生活，也是我国老年教育事业的补充。

(二)我国老年教育存在的问题

1. 老年教育资源供给不够充分，立法不够完善

我国老年教育主要依据《中华人民共和国宪法》《中华人民共和国教育法》《中华人民共和国老年人权益保障法》等展开相应的工作，缺少一部系统完善的老年教育法，导致老年教育权利无法得到充分的法律保证。就政策而言，中共中央、国务

---

①李骏修.新的起点新的发展[J].上海老年教育研究,2007(1):31-33.

院于 1999 年发布《关于加强老龄工作的决定》、2007 年发布《中国老龄事业发展"十一五"规划》,老年教育政策日趋完善。但是,缺少老年教育的政策规划部门,对老年教育的定位也不够清晰。同时,老年教育的立法不够完善。到目前为止,"只有福建、上海、天津、徐州等少数省市颁布了《终身教育促进条例》或《老年教育发展条例》;老年教育财政投入机制尚不明确,全国只有上海市将老年教育经费列入全市教育经费的总盘子,保证了老年教育的经费投入。"①这意味着,应该在社会福利水平低下、"未富先老"的困境中解决我国老年教育问题,促使各级政府重视老年教育问题,提高社会对老年教育的关注度,提高老年教育资源的供给,完善老年教育的法律规章制度。

2. 老年教育的普及率不够,且老年大学分布不均

我国是世界上老龄人口绝对数较大的国家,但接受老年教育的人数占全国老年人口的比例却非常低。在倡导学习型社会,构建终身教育体系中,老年教育的普及率不高,且很难惠及偏远地区的老人。换言之,中西部地区、偏远地区的弱势老年群体,无法接受正常的老年教育。我们需要增加欠发达地区的老年教育资源投入,维护老年人的基本权利。东部地区与西部地区、地区和城乡之间发展的不平衡与我国经济发展的区域不平衡也有一定的关系。某些贫困地区尚不能保障基本的九年制义务教育,对老年教育的认识尚不重视。我国老年教育的区域性差别很大。这启示我们若要均衡发展老年教育,在措施方面如增加国家财政拨款和投资、加强制度保障之外,还应该建立社区财政支持系统。在老年教育资源配置方面从"区域"的重点发展向"均衡"方面发展。

3. 老年人的参与程度不高,老年教育与实际应用的联系不紧密

我国参与老年教育的老年人数在逐年增长。据民政部统计,"2004 年各类老年学校约有 314 万人次参加,2005 年上升到 331 万人次,2006 年达到 383 万人次"(民政部,2007)。但是与老年人口总数相比,参与教育的老年人仍然是少数。同时,社会上存在着"老年教育无用论"等言论,老年教育的师资力量相对薄弱等,这些现实因素导致老年教育的课程设置也不够完善。老年教育所开设的课程中涉及老年人心理健康、老年理财、电脑网络课程的较少。我们有必要针对老年人的实际需要展开教育,让老年人能够学以致用,培养他们的积极生活态度。

4. 转变教育观念,形成老年教育的多元化投入办学格局

目前,我国老年教育观念有待提升,投入格局有待多元化。老年教育不是一种休闲教育或休闲活动,它需要纳入正式教育体系。老年教育的发展关系到社会的

---

①袁新立.学习贯彻十八大精神开创中国特色老年教育新局面:在中国老年大学协会第十次老年教育理论研讨会上的讲话[J].老年教育(老年大学),2012(12):7-9.

和谐稳定以及社会的可持续性发展等方面的问题。在具体的老年教育中,秉持教育公平的理念,培养老年人的自主意识,提升老年人的综合素养,转变传统的教育观念。同时,普及老年教育,积极调动社会资源,减轻国家的财政负担。地方政府也应该积极开展并配合老年教育的推广和普及。在转变理念、形成多元化格局方面,在政府主导的过程中,需要各方参与,发挥社会合作的力量。从中央到省、市、县、乡,逐渐完善五级教育的联合和资源共享。

5. 规范老年教育管理,完善老年教育管理体制

老年教育管理是发展老年教育的重要内容之一。在我国高龄、失能、独居老人不断增多的背景下,教育、文化、体育等部门如何协作来共同完善老年教育管理工作至关重要。我国老年教育处于边缘化、碎片化的状态,没有明确的负责规划、管理的部门,政府还没有充分重视老年教育问题。在《国民经济和社会发展"十二五"规划纲要》中提出,"坚持多方参与、共同治理、统筹兼顾、动态协调的原则,完善社会管理格局,创新社会管理机制,形成社会管理和服务合力。"这是国家社会治理的总要求,意味着老年教育管理工作也需要教育部门负责制定相关的规划、政策,民政部门和文化部门等配合实施和监督这些政策的执行,共同促进老年教育事业的发展。

第二章 老年教育的理论基础

我们从传统的教育中很难找到关于老年教育的定位,因为老年教育是老年学和教育学相结合的一门交叉学科。老年教育是一个既具有理论意义又具有现实价值的问题,那么我们应该如何理解老年教育?下面我们从哲学、心理学与社会学三个维度阐述老年教育的理论基础。哲学基础为老年教育的开展提供了最根本的哲学观念,尤其是价值观念。心理学理论为实施老年教育提供了可行性和必要性。人从呱呱落地就开始接触社会,教育的功能在于使个体个性化以及个体社会化,任何一个接受教育的人都不可能离开社会这一依托。因此,社会学理论也是老年教育的理论基础。

第一节 老年教育的哲学基础

约翰·杜威曾说,哲学是教育的普通原理,教育是哲学的实验室。我们对老年教育的理解离不开对其哲学基础的考察。老年教育就其内容和形式来说,无疑依赖于人们的哲学观念。换言之,人们秉持的世界观、人生观、价值观是理解与创办老年教育机构的理论前提。据此,我们从哲学原理出发,探寻老年教育的理论依据。

一、人的本质对老年教育的导向

(一)人性假设

人性假设的相关理论有助于我们理解老年教育的意义、目标、功能等一系列问题。西方管理学家薛恩曾提出四种人性假设,即经济人假设、社会人假设、自我实现人假设、复杂人假设。虽然我们可以提出多种类型的人性假设,但是这些假设离不开我们对人性的基本理解。具体而言,人性既具有自然性又具有社会性的特点。

自然性构成了我们理解教育的一个前提。同时,人经过后天的教育,能够生长出第二天性,扬弃自然性,获得自由性。这样,人如何在自己的自然性中生长出自由性就构成教育的一个主题。"教育学是使人们合乎伦理的一种艺术。它把人看作是自然的,它向他指出再生的道路,使他原来的天性变为另一种天性,即精神的天性……使这种精神的东西成为他的习惯。"①教育的目的在于解放人，使人获得自由。教育不只是传授知识，关键是塑造人的人格。在教育过程中，人们能更好地完善自己的道德人格和养成良好的行为习惯。教育应该合乎人性，以人的自然本性为基础。同时，教育使人摆脱内在自然本能、欲望的驱动，获得自由。

人性不但具有自然性，而且具有社会性。社会性是我们理解人性的又一个关键概念。马克思曾说，"人的本质不是单个人所固有的抽象物，在其现实性上，它是一切社会关系的总和"②。人的本质不是先天形成的，也不是后天完全主观自生的，而是由现实社会关系总和决定的。人的本质存在于变化的、具体的、历史的、可感知的社会交往关系中。关注人的社会性意味着，一方面，教育中的个体之间的关系（自我与他人的关系）具有本源性、内在性。"个体在自身世界中与他人发生关系，形成一种整体，只有正确反映这一整体性，才能正确谈论自身的根本经验。"③另一方面，教育不但促进个体的完善，而且促进社会的文明。教育倡导人们追求自由，但自由不是个别人、单个人的自由。虽然人的自由的实现总是具体的、现实的、有内容的，但是现实的人的自由恰恰是社会自由的具体存在。

我们如何理解人性意味着我们可能以何种方式认识老年教育。老年教育有它要实现的具体目的、目标，这些目的、目标因教育的对象、类别甚至教育的外在条件等诸多因素而存在差异。但是，老年教育理念应该指向人的自由精神与理想人格的实现。

(二)以人为本

"以人为本"包含着人是目的，人是发展的主体和根本动力的含义。康德说："你的行动，要把你自己人身中的人性，和其他人身中的人性，在任何时候都同样看作是目的，永远不能只看作手段。"④人是目的而不是手段，教育最终的目的是人。"以人为本"对老年教育发展具有根本性的意义。

首先，必须坚持"人是目的"，这是老年教育的出发点和落脚点。发展老年教育虽然可以推动社会经济、科技以及其他产业的发展，但其目的应该在于解决老年人问题，促进老年人的发展。

其次，老年教育应该体现"人是主体"的观念。老年人不仅是教育的客体，更是教育的主体。老年人是老年教育的主体，这意味着老年教育应该充分发挥老年人

①黑格尔.法哲学原理[M].范扬,张企泰,译.北京:商务印书馆,1982:170-171.

②马克思,恩格斯.马克思恩格斯选集:第一卷 [M].2 版.北京:人民出版社,1995:60.

③R. D. 莱恩.分裂的自我:对健全与疯狂的生存论研究[M].林和生,侯东民,译.贵阳:贵州人民出版社,1994:6.

④康德.道德形而上学原理[M].苗力田,译.上海:上海人民出版社,2005:48.

的主体性、自觉性、积极性、创造性,在教育管理、活动策划、课程设置等方面发挥老年人的主体作用。同时,老年教育必须尊重老年人作为主体的需要。人口老龄化社会要求老年教育不仅要解决老年人生存的需求,还要为满足老年人高层次发展需求创造条件。老年人的需要至少包含老有所依、老有所养、老有所乐、老有所学、老有所教到老有所为等六个方面的内容。因此,老年教育不仅应该满足老年人的生存需要,还要让老年人在退休之后参加社会活动、参与社会建设等,尽可能地使他们的创造力得到发展及潜力得到发挥。

同时,发展老年教育应反映"人是过程"的观念。整个世界是一个过程的集合,人的生命亦如此。"人是过程"的思想一方面要求我们认识到老年教育是人的终身教育的最后阶段和完成阶段;另一方面要求社会和老年人都能正确看待人的衰老与死亡的问题。老年教育不是暂时缓解社会老龄化的手段,也不是满足老年暂时性的需要,而是要为老年人终身的生存和发展服务。老年教育贯穿老年人生命的全过程,促进老年人的自我实现。老年教育应该适度在全社会普及与老年学相关的知识,消除排斥、嫌弃、歧视老年人的态度。老年教育还应该积极推动社会对老年教育的关注,构建一个尊重、关爱老年人的和谐社会。

(三)人的全面发展

老年教育应该能让老年人自由而全面地发展,使老年人的潜能得以开发,素质得以整体提升。关于人的全面发展问题,马克思和恩格斯曾经展开过具体论述。在《德意志意识形态》一书中,他们认为人的全面发展就是全面发展人的才能和能力(其中包括思维能力)。马克思和恩格斯主要从历史的角度谈论人的全面发展问题,指出人的全面发展一方面指个体的人的全面发展,一方面指"现实的"人的发展,也就是现实的生产关系中的人的发展。对老年教育而言,该思考启示我们不但要关注老年人的现实生活环境,更要关注老年教育是否已经成为一个时代问题。

从历史发展来看,老年教育的内容具有时代性。老年人应该没有身份、地位、国别、区域、种族的差异,平等地享有接受老年教育的机会,人们应该认识到每一个老年人都有全面发展自己的权利,也具有全面发展自己的能力。但是,我们也应该注重老年教育发展的历史性,尊重并回应时代问题对老年教育提出的挑战。普及老年教育的同时,也尊重不同国家、地区之间的老年教育的差异性、特殊性。

从老年教育自身发展来看,它应该体现教育的价值精神。老年教育要引导老年人学习知识、保持求知欲和好奇心,求"真"。我们所言的"真"指我们不但要教育老年继续追求真理,而且要理性地反思老年教育的问题。虽然,尼采高呼"上帝死了",福柯高呼"人死了",但是哲学终究还应是理性的反思。也只有理性的反思,才有可能使人摆脱工具理性的奴役。同时,求"真"还要求我们合理地引导老年人学以致用、解决老年教育中的问题,逐渐改变老年教育的现状。在这个意义上,哲学不仅是对世界和人生意义的根本问题的理性反思,它还是人们改变世界的实践。老年教育要提高老年人思想道德素养,求"善"。求"善"要求我们要培育完善的理想人格。人格是人的道德精神的内化与守护,它通过人的道德行为体现出来并在道德行为中养成自身,涉及人的理性、情感、意志等诸多要素。老年人需要面对体力、智力衰退等问题,但这并不妨碍他们可以有责任、有尊严地生活。如果说"真理性,是人类的前提;价值性,是人类活动的目的指向。两者统一于人类实践"①,那么,老年教育最终要使老年人在真理、价值、道德、智力、体力之间获得一种平衡,达到身心和谐。

二、生命哲学对老年教育的导向

生命哲学是 19 世纪末 20 世纪初反对实证主义和理性主义思潮的产物,是一种非理性主义的哲学思潮,发端于叔本华和尼采,代表人物主要有德国的狄尔泰、齐美尔和法国的柏格森。它重在阐述生命存在、生命本质和生命意义。老年教育离不开生命哲学的指导作用,它是一种关注老年人的生命发展与生命价值提升的教育。生命哲学在老年教育的主旨、内容与模式等方面均有指导和规范的作用。

从老年教育的主旨来看,生命哲学的指导规范作用在于提出老年教育必须"尊重生命的价值"。人的生命包括生物性生命、精神性生命、价值性生命三种形态。在生物性生命的意义上,人是自然生理性的肉体生命,有保全生命与延续生命和种族的基本需要。这要求老年教育应该切实有效地提高老年人的生活质量,尤其关注老年人的生命健康教育和生存能力的培养。在精神性生命的意义上,人之所以为人就在于人有高于动物的意识活动。人不但要思考如何活下来,还要思考如何更好地生活。这要求老年教育还应该包括老年人精神生活的丰富与提升,倡导老有所为,尊重老年人的生命体验。在价值性生命的意义上,每个人在一生中都要思考诸如"为何活着"的问题,这是人对于生命意义的一种反思,是人对生命价值的一种诉求。这要求老年教育应该尊重老年人的生命价值,全面地关照生命价值的多层性。

从老年教育的内容来看,生命哲学的指导规范作用在于提出老年教育要"强化"生命教育。在具体的教育内容中,我们需要进行生命哲学的相关教育,开展与生命内涵、生命价值、生命意义等相关的课程活动。通过教育学习,使老年人树立积极的生死观,正确认识和对待生命的衰老和终结。人是"向死而生"的生命。德国哲学家海德格尔认为人是面向死亡的存在,死亡始终以在场的方式存在于生命"活"的过程中。死亡不是终结,而是贯穿于生的过程的存在。同时,老年教育应该

①高兆明.伦理学理论与方法[M].北京:人民出版社,2005:56.

直面老年人的生活现实,开展专题生命教育、生命体验分享会、代际沟通活动等,使老年人体会到生命的幸福感。老年教育应该增强老年人追求幸福、体验幸福的能力,使老年人的晚年幸福而充实。

从老年教育的模式来看,生命哲学的指导规范作用在于提出老年教育必须回归生活,使教育与生活融于一体。生命哲学家柏格森的一段论述十分精彩,他说:"我们将生命体装进我们的这个或那个模式全遭失败。所有的模式全部崩溃了。对于我们试图装入的那些东西来说,这些模式全都过于狭窄,而首先是它们全都过于刻板。"他认为,"将生命活动缩减成人类活动的某种形式","只能局部地说明生命,只是生命真正过程的结果或副产品"①。教育来源于生活,教育最终也要走向生活。老年教育要避免模式化、理论化,要走进老年人的生活。生命需要在生活中孕育、发展、延续,老年教育与老年生活是一个整体。老年教育不但要克服刻板模式,向生活汲取养料,还要有效地提升老年人的生命质量。

三、价值理论对老年教育的导向

价值理论就是以人们生活的重大问题为着眼点,研究人们如何确立价值观念,做出价值评价的理论。它涉及善恶是什么,人们如何判断是非善恶等问题。价值与人们的日常生活密切相关,人的一切行为、思想、情感和意志都以一定的利益或价值为原动力,不同的价值思维和价值取向将对人的思想和行为产生巨大的影响。

(一)公共价值精神对老年教育的引导

个人的行为、结果不是处于孤立的状态,人们的价值精神可以传递,行为的经验可以分享。共同体的公共福祉关涉着每一个体的福祉,因为共同体不是单一的、固定的组织,它是人们在共同行动与交往中结合而成的。每一个共同体的价值信念、利益诉求不同,但通过个体的交互作用会形成基本的价值共识。社会作为一个伦理共同体,它的价值精神是不同形式的共同体(或者团体、社团、组织)在交往行为中确立的公共价值精神。公共价值精神无疑是我们熟悉的正义、公平等这样一些价值理念。公共价值精神存在于日常生活的每一个领域,老年教育领域亦如此。公共价值精神给个体的心灵成长以滋养,它对人的道德感、道德规范意识以及道德习惯的养成均有重要作用。在这个意义上,老年教育应该主张老年人合理地追求和实现他们晚年的生活计划。在智力、体力、兴趣、技艺等诸多教育活动中,社会的公共价值精神应该发挥积极的导向作用,确立基本的价值目标与行为规范。

(二)个体道德人格的诉求

尽管人心植根于社会,但是人的成人过程意味着个体必须具备基本的道德能

---

①柏格森.创造进化论[M].肖聿,译.北京:华夏出版社,2000:1.

力和完整的道德人格。道德人格是人之为人的一个标志,它通过人的道德行为体现出来并在道德行为中养成自身。或者说,"道德意志是一个人有意识的实现,他的真实自我和观念自我应该是同一的"①。对老年人来说,他们已经具有一定的道德意识,并能主动地从内心的、主观的道德意识进入道德行为。他们能够意识到"应然"的道德理想与"实然"的道德现实之间的差距,进而采取相应的行动。老年教育关乎老年人如何有尊严地生活以及实现自己的道德人格理想。一方面,老年人应该享有平等的生存和发展的权利,这种权利是普遍无例外的。而老年教育应该为老年人自我价值的实现提供基本的教育保障。另一方面,老年人应该真实地呈现自己的人格状态,赢得他人与社会的尊重。老年教育通过教学和实践的方式激发老年人不断地实现自己的价值诉求,这也是他们实现自己道德人格的过程。

(三)以促进文明建设为宗旨的老年教育

价值理论对老年教育的引导还体现为促进社会文明。换言之,老年教育应该是社会文明建设的重要内容,老年教育的宗旨之一在于促进社会文明。老年教育不等于单一的养生教育,即依赖于他人与社会服务的一种消极教育。基于养生教育的价值观念,人们认为老年人经过大半生的拼搏,在晚年好好享受生活是天经地义的。但是,在现实生活中,特别是发展中国家老年人的生存和发展面临诸多问题,比如衣食住行压力、家庭经济压力、疾病压力、生活照料压力等。即使解决了生存压力,精神孤独寂寞、年龄歧视等仍将困扰着老年人,老年人常为消磨时间、打发时间作为晚年生活方式而感到厌倦。在这个意义上,我们应该反对单一的养生教育,倡导多元教育,注重启迪老年人的心灵,拓宽他们的视野,为他们提供多元选择。社会上有对老人的歧视、嫌弃,甚至虐待的现象,也有由于对法律的无知,生活的单调枯燥,情感支持的薄弱,使一些老人失去生活的勇气,以及患抑郁症导致产生自杀倾向的状况。现代老年教育应将"养"和"为"结合,通过老年教育,让老年人学习现代科学知识,锻炼老年人的思维能力,保持审慎思维的优势,使老年人力所能及地参与社会,活到老,学到老,在知识不断更新中,培养老年人的创造能力,享受积极的生活方式,促进社会的文明建设。

四、当代哲学流派对老年教育的导向

当代哲学流派对老年教育有着一定的影响作用,秉持不同的哲学观点,对老年教育的解释和理解会存在差异。哲学本身是时代的产物,那么研究老年教育就有

---

①杜威.杜威全集:第 2 卷[M].熊哲宏,张勇,蒋柯,译.上海:华东师范大学出版社,2010:289.

必要关心哲学流派的发展和演进。此处,我们以后现代主义哲学的教育思想为例,分析哲学流派对老年教育的导向性作用。

后现代主义是 20 世纪 60 年代以来在西方出现的具有反西方近现代体系哲学倾向的思潮。后现代主义哲学家们共享如下六个基本倾向:"(1)强调反思与批判现代性,把批判作为认识的工具;(2)强调多视角、多元化的思维,反对单一思维;(3)强调非理性思维,反对理性主义,反对科学主义与技术理性,认为在自然科学方法之外还存在着人文与社会科学方法;(4)推崇对话,主张人际沟通与关系重建;(5)强调不确定性和差异性,反对绝对普遍性;(6)提倡人与自然的交融,反对人类中心主义,反对主客二分。"①后现代主义哲学的特征在教育领域有着直接的导向作用。

就教育方而言,后现代主义者反对普遍本质的人性论,重视培养个性的多样性和差异性的教育方式。他们反对从单一理念出发关照世界、阐释世界的做法,宣称所有的方法都有其局限性,没有千古不变的教条,教育没有预定的终极目标。他们允许任何方法,容纳一切思想,倡导以个性的差异性为基础,建立一个多元的、开放的教育,塑造具有丰富自由个性的主体,使教育成为能动的、解放式的教育,使个体摆脱现代理性的桎梏,从社会禁锢中解放出来。这也意味着把教育从作为社会力量的工具地位解放出来,使其成为自主的社会力量,成为发展学生批判性思维和自由个性的真正的解放过程。多尔把他设想的后现代课程标准概括为"4R",旨在与泰勒提出的四个基本问题对立。新"4R"即"关系性"(relation)、"丰富性"(richness)、"严密性"(rigor)、"回归性"(recursion)。基于后现代理论反思老年教育,我们发现老年教育的教育内容范围比较大,课程类型比较多。老年教育不但包括普及知识教育,如老年生理知识、老年心理知识、老年智力文化知识、个人兴趣文化知识,还包括社会实践能力方面的知识,如信息技术、手机、计算机、洗碗机、监控设施等新技术产品的应用。

显然,老年人继续接受教育的目的并不在于求职谋生,而是非功利性占主导。老年教育的主要作用是帮助老年人适应变化着的社会,跟上社会变革的步伐。同时,帮助老年人利用退休空闲的时间,整装待发,开辟自己的第二人生,完成另一种自我的蜕变。霍华德·麦克拉斯曾说过,教育是一项基本的权利,它是持续进行的。老年教育有助于老年人发挥其潜力,使他们获得丰富的和富有意义的生活。可见,老年教育的目的不在于设定教育的终极目标,而在于满足老年人健康长寿、不断提高生活水平、继续参与社会发展、自我完善等各方面的需要。通过老年教

---

①王景英,梁红梅.后现代主义对教育评价研究的启示[J].东北师大学报,2002(5):138-144.

育,我们能更充分地意识到老年人是社会的重要组成部分,他们的发展与进步是社会文明建设的重要组成内容。

第二节　老年教育的心理学基础

　　老年教育究竟是什么性质的教育? 实施老年教育的可行性与意义何在? 要回答这些问题,我们不得不从终身教育的含义与意义说起。"终身教育"这一术语于1965 年由联合国教科文组织成人教育局局长法国的保罗·朗格朗(Paul Lengrand)正式提出。终身教育是指个体为了更好地发展,必须在一生的各个阶段都要接受教育,既可以是学校教育,又可以是社会教育;既可以是正规教育,又可以是非正规教育。它开始于人的生命之初,终止于人的生命之末,包括人发展的各个阶段及各个方面的教育活动;既包括纵向的一个人从婴儿到老年期各个不同发展阶段所接受到的各级各类教育,又包括横向的从学校、家庭、社会各个不同领域接受到的教育,其最终目的在于"维持和改善个人社会生活的质量"。老年教育则是终身教育在老年阶段所实施的教育活动。

一、毕生发展观

　　以巴尔特斯为主要代表人物的毕生发展观告诉我们:个体发展是整个生命发展的过程。具体地说,人的一生都处在不断的发展变化中,从生命孕育到生命的晚期,其中任何一个时期都可能存在发展的起点和终点。这意味着老年期也具有发展的可能性,老年教育则是实现老年期发展的一条重要途径[①]。传统的心理发展观主张心理发展从生命之初开始,儿童青少年是发展的主要年龄阶段,到成年期处于稳定,到老年阶段,心理衰退则成为其主要特征。因此,传统的心理发展观强调早期发展经验对以后发展的重要性,强调人类的早期教育,认为后继的发展直接取决于先前的经验。而毕生发展观则主张心理发展不仅取决于先前的经验,而且与当时特定的社会背景等因素有关,因此,一生发展中任何阶段的经验对发展均有重要的意义,没有哪一个年龄阶段对于发展的本质来说是特别重要的,儿童期的发展与老年期的发展在个体一生当中具有同等重要性。同时,毕生发展观强调个体的发展是多维度、多方向性的,具有可塑性和情境性。

　　老年期的发展潜能和可塑性已经得到了研究的有力支持。例如,Baltes 和Willis(1982)进行的"成人发展与促进"科研计划,通过对被试基本能力的专门训

---

　　①戎庭伟,马伟娜,周丽清.挑战与机遇:论我国老年教育的必要性与可能性[J].成人教育,2015(10):20-25.

练,使被试的智力水平显著提高,提高的程度相当于在西雅图追踪研究中被试 21 年平均下降的幅度①。Willis 和 Schaie(1986)在智力干预实验中,对智力显著下降的一组被试进行针对性训练后,被试相应的空间能力和推理能力可以恢复到 14 年前的水平。而且,这种经过训练而提高的能力能在长达 7 年内得到良好保持②。我国的一些学者在 20 世纪 90 年代也开始对老年人认知能力的老化机制及其可塑性、可逆性进行了研究。许淑莲等(1993,2000)对老年人的认知进行了一系列的研究,例如利用老年后仍相对保持良好的晶体智力,运用意义联想法来提高属于机械记忆的无关联想成绩。吴振云等(1992)用位置法训练老年被试,被试的学习成绩可以提高 5 倍③;许淑莲(2000)提出了老年人继续参与社会发展的可能性和基础,包括以下几个方面:①由于发展的多方向性和多维度性,老年期保持很好的认知功能可以补偿较早减退的认知功能;②老年人的认知功能有很大的可塑性和潜能,如果加以适当训练,就会得以保持,甚至提高;③老年人实用性日常认知能力随增龄保持较好;④有专长的老年人的有关知识和技能保持较好,老年人会根据他们多年的实践和经验,利用适当策略补偿不足,使得最后作业水平与有相应专长的年轻人差距很小;⑤大多数老年人仍保持了相对完整的自我,能利用自我调节控制行为;⑥老年人具有与年轻人相等的智慧④。

在个体社会性发展领域做出杰出贡献的美国心理学家埃里克森也认为,老年人丰富的人生经历使得老年人具有巨大的智慧,而智慧又使得老年人具有发展自己、服务社会的潜能。在其生命发展阶段理论中,埃里克森认为老年期的发展主要为获得完善感,体验智慧的实现。他认为,中年人和老年人普遍存在一种内在的心理动机,这种动机使得他们努力地工作以使自己的小孩或后代生活得更好,后来的学者便把这种动机叫作传承感。到了老年之后,传承感不再局限于个体自己的家庭和后代,而是拓展到社区、组织和社会领域,比如参加社区的义务活动,无偿传授自己的知识经验,维护和传承社会文化等,表现为为了使将来社会更美好,子孙后代更幸福,老年人愿意努力地贡献自己的力量。总的来说,传承感是老年个体的一种内在心理动机,促使个体努力为自己的子女或后代创造美好的生活,也促使个体

---

①Baltes P,Willis S L. Plasticity and enhancement of intellectual functioning in old age[J]. Aging and Cognitive Processes,1982,8(1): 353-389.

②Willis S L,Schaie K W. Training the elderly on the ability factors of spatial orientation and inductive reasoning[J]. Psychology and Aging,1986,1(3): 239-247.

③吴振云,孙长华,吴志平. 记忆训练对改善少年、青年和老年人认知功能的作用[J]. 心理学报,1992,24(2): 28-35.

④许淑莲. 从心理学角度看老年人继续参与社会发展[J]. 中国老年学杂志,2000,20(4): 249-251.

为了下一代的福祉和社会更好地发展而贡献自己的力量。按照埃里克森的理论，只有回顾自己一生感到所度过的是丰足的、有创建的和幸福的人生，这样的老年人才会不惧怕死亡。这样的老年人具有一种圆满感和满足感。而那种传承感没有得到体现的老年人则体验到失望，体验到失望的老年人并不像体验到满足感的老年人那样敢于面对死亡，因为前者在一生中没有实现任何重大的目标。换句话说，老年人已进入到了人生的最后一个阶段，他们回顾自己的一生，渴望把一生中所获得的智慧和人生哲学，与新一代的生命融合而达成一体，满足自己的完善感，体现自己存在过的价值。因此，传承感的实现对于老年人来说有着非常重要的意义，是老年人渴望"被需要"的一种心理需求，也是老年人达到自我完善的一种心理需求。

一些学者的研究发现，传承感可以有许多种表现方式。McAdams 和 Aubin (1992)进行了总结，把传承感的表现形式分为三种：一是创造，产生创造性的作品，留下与众不同的标记或符号，使之流芳百年，成为不老传说，例如著书或写自传；二是给予，是一种被需要的需要，给予别人知识或技能，使自己对别人很重要，例如传授年轻人知识经验；三是维持，表现为维护传统，公益社会，做对社会有贡献的事情[①]。从这三种表现形式来看，老年人要满足自己传承感的动机，老年教育是一个最好的途径。有研究表明，个体受教育水平越高，传承感也越高，也更乐于奉献社会，生活的满意感程度也越高。Wu(2005)等人也发现，老年志愿者往往接受过更多的教育[②]，这在侧面佐证了教育水平对老年人传承感的影响。此外，老年人的日常活动也会影响传承感。我国学者谭咏风(2011)研究发现，在一些日常活动上，例如锻炼、社交、兴趣培养等，参与和不参与的老年人传承感有显著差异，参与活动的老年人传承感高于不参与活动的老年人，参与的频次越高，传承感越强[③]。

毕生发展观所产生的影响是巨大的，它使我们更全面、更深刻地理解了个体的发展过程，同时也为开展老年教育的可行性提供了强有力的理论支持。

二、老年人的心理需求理论

提到老年人的心理需求就不得不提到弗洛姆的心理需求理论。弗洛姆认为，

①McAdams D, Aubin E. A theory of generativity and its assessment through self-report, behavioral acts, and narrative themes in autobiography. Journal of Personality and Social Psychology,1992,62(6):1003-1015.

②Wu A S, Tang C K, Yan E W. Post-retirement voluntary work and psychological functioning among older Chinese in Hong Kong. Journal of Cross-Cultural Gerontology,2005, 20(1):27-45.

③谭咏风. 老年人日常活动对成功老龄化的影响[D]. 上海：华东师范大学,2011:73-81.

动物按照自然界的生物法则而生活,是自然界的一部分,从未超越于自然之上,而我们人是有理性、有道德、有良知、有自我及自我存在的意识的,要超越自然,创造属于人的世界。基于人的这些超越本能的特质,人失去了动物和谐的存在特征,造成了人本性的分裂。人的这种分裂的状态既是人存在的状态,也是人的本性的状态,即人类本性固有的矛盾。人成了宇宙间一个奇怪的存在:他既从属于自然,要服从自然的法则,又超越自然,创造了属于人的世界,开始了远离自然的生活;人既是自然的一部分,又与自然相分离。因此,人的生物性需求是共同的,心理性需求则因人而异,从而构成性格差别,人的性格差别又是社会过程的产物。由此可知,满足生物性需求是人类生存所必需的,而心理需求却受到个人性格及社会文化的交互影响而有所不同。

弗洛姆认为"人的存在是处于经常不可避免的失衡状态之中",人类为了生存,会面临最根本的矛盾:生与死的矛盾、理性与人在生物上的弱点的矛盾、自由与孤独感和疏远感的矛盾,而为了克服这些矛盾,以获得和谐的生存,人类会去追求满足以下五个心理需求:

第一,关联需求。当人们认识到自己的孤独性和分离性,体会到个人的无能感以及生命的不可控性,了解了生与死的偶然性时,就会产生一种迫切期望与他人或某种势力建立关系的需要,由此建立安全感和一致感,获得和谐的生存。简言之,人为了克服孤独,须与人建立关系,个体有爱人与被爱的需求,并渴望与人产生关联。

第二,超越需求。弗洛姆认为,人与自然界的其他生物一样,偶然地被迫在世,又偶然地被迫离世。作为本能依赖最低的人,人不会满足于作为被动的生物存在,人要超越作为生物体的偶然性、被动性,去实现创造性,成为独立自由的人。也就是说,人类为了能超越物质条件的局限,而在精神层面上展现出创造性的人格品质。人对此需求的追求,正是物质产生、艺术创造、爱与宗教的源泉之一。在弗洛姆看来,人类对爱、艺术、宗教及新的物质产品的孜孜以求,都来自人内在超越的需要。创造的先决条件是活力与关心。如果人不能创造,不能去爱,那么人也丧失了存在的必要。

第三,寻根需求。人生于自然,因而天性渴望能与自然世界融合,不与其分离,然而因理性的产生,使人脱离了自然,失去了生存根基,因而感到无所适从,唯有当其再度找到新的生存根基,才会再度感到安全、踏实,有所归依。对于人际关系,其意味着不愿与母亲、他人相分离,希望能与社会保持接触,如孩子需与母亲联结产生依恋关系,成人则需与他人产生友谊等亲密关系。寻根需求意味着我们需要与我们的环境和自己的过去形成有意义的联结,即感觉自己归属于某种东西——一种职业、一个家庭、一种传统、一种宗教等。

第四,认同需求。人的自我同一感是在脱离与母亲和自然的原始束缚的过程中逐渐发展起来的。人从自然中分离出来,赋予了想象合理性,需要明确自己是独立的存在,形成自我的概念。人们以两种方式确认这种身份感,一种是"我即我",另一种是"我即我们"。也就是满足身份感的需要的方式有两种:一是把自己看成是一个独一无二的个体,二是把自己融入群体一致性中。此需要指出人们须知道自己是什么样的人,与他人的差异,以确定自己的独特性,个人的社会地位、职业、宗教、国家等均可以提供此认同需求。

第五,定向需求。定向需求实际上就是人对意义的追求。人有理性与想象力,无法像动物那样过无目标的生活。哪怕目标是虚幻的,人也一定要有目标。这是人的目标需要的最基本的层次。健康的、理性的人能客观地认识世界、自然、他人与自己,"不被欲望与恐惧扭曲",为自己寻找到真实的生存意义与价值,确立值得为之献身的目标。人的理性发展越成熟,确定方向的能力就越强,也就越接近客观实际。但人也常常非理性地对待定向需要。原始系统中的对自然与祖先的崇拜,如万物有灵论、图腾崇拜等。这个需求促使人们产生生活的目标和方向,从而在追求此目标的过程中,发现生命的价值和意义。

美国社会活动家 Maggie Kuhn 曾言:"老年人有丰富的生活经验,有充足的做事时间,最适合出来为公共谋取利益。"充分发挥老年人能力和智慧上的优势和潜能,建立"一个不分年龄,人人共享的社会",不仅有助于老年群体的健康、尊严,更是社会发展的内在需要。老年人通过老年教育,可以丰富社会交流活动,满足心理需求,改善老年心理问题,促进个体心理健康。因此,心理需求理论为老年教育提供了必要性。

第三节　老年教育的社会学基础

许多传统观念认为,老年人不再需要社会化了,他们只对他人施行教化,而自己则决不会重新面对社会化的问题。然而现代社会发展证明,老年人需要通过学习知识、技能、社会规范等,适应变化的社会环境,做好自身社会角色的转换。在这个意义上,老年人也需要继续社会化。老年教育是实现老年人继续社会化的有效途径,老年教育的建设、发展、完备需要以社会学的相关理论为基础。

一、人的社会化问题

老年教育是终身教育的最后阶段,老年人在教育的过程中不断地完成自己的社会化而不是被逐渐边缘化。老年教育要坚持人学原理和社会学原理的统一,探索老年群体与社会相互关系的规律。"所谓教育学的人学原理,是指教育的目标是人,教育本质是研究培养人,是培养人具有正确的人生观和世界观,开发人的潜能,实现人的生命价值,成为社会有用之人。教育是使人类实现从自然人到社会人的转化。所谓社会学原理,是指教育使人类运用知识参与社会实践,实现应然与实然的辩证统一,教育过程是人类社会从必然王国走向自由王国的过程,是坚持人学原理与社会学原理统一的过程。"①教育具有自己的社会职责,它既要实现体现个体的完善,也要促进社会的发展。教育不但是知识的讲授和系统的学习,而且是人的全面自由发展和社会需求的结合。相比之下,老年教育需要将教育的社会目标、道德目标,乃至经济目标与老年人生活的改善、生命质量的提高、知识的增长、能力的增强等联系起来。

具体而言,人的社会化问题为老年教育提出了三个基本要求。第一,就老年教育的目标而言,它要有助于老年人的社会化或者说融于他(她)所生活的社会,而不是与社会相分离。第二,就老年教育的内容而言,它要有助于建立老年人与社会沟通的桥梁。比如,老年教育包含社会法律规范、道德规范和基本规章制度等,具体涉及各个领域的法律法规,人们的思想品德、社会公德等一系列内容。老年人在学习这些社会规范的过程中,可以更好地了解与社会沟通的渠道、更好地维护自身的权利,而不只是将规范作为外在强制性的约束机制。第三,就老年教育的方法而言,它要立足于老年人自身的社会问题和社会因素与老年之间的相互关系。

社会学理论通过探讨老年人与社会的关系,揭示老年个体、群体与社会各要素之间的关系和人的老龄化的规律。我们主要从老年人的主体身份、社会责任、个人与社会的统一这三个维度分析社会学理论对老年教育的基础作用,并以此选取相关的社会学理论。

二、福利权利理论与老年亚文化群理论

从老年人主体维度看,我们主要分析福利权利理论与老年亚文化群理论对老年教育的启示。这里的主体既包含作为个体的老年人,也包含作为个体结合而成的老年群体。老年教育可以使老年人自我完善,满足老年人的求知欲望,给老年人带来生活的满足感。在这个意义上,老年教育要直面老年人的基本福利权利要求,尊重老年人因其自身生活习惯、文化传统等形成的老年群体的特质。

(一)福利权利理论

福利权利理论主张,公民有资格要求社会或国家对他(她)承担责任,使其享有公民的基本权利。换言之,公民被法律赋予正当的理由向国家(社会)要求得到某种保证自己和其他社会成员享有平等的地位和待遇,以获得合法地支配某些社会资源满足自己生存和发展的能力。马歇尔在他的《福利权利再思考》中提出,"权利可以包括法律权利、社会权利和道德权利……福利可以是一个广义的宽泛的概念,

---

① 董之鹰.老年教育学[M].北京:中国社会出版社,2009:37-38.

它是物质手段与精神目的的复合体,在连接财富与幸福之间的轴线上,你可以发现它的影子。"①由此可见,福利权利是一种人权保障方式,也是人的社会权利的重要内容。对老年人而言,他们应该享有法律权利与社会权利,比如享受公共教育、保健、失业保险以及养老金的权利等。那么,继续接受教育也应该是老年人的基本社会权利之一。我们强调公民福利权利的目的在于突出福利权利对老年人过上更有品质生活的重要意义。

福利权利理论对老年教育提出两个基本要求:第一,社会需要为老年人提供连续的教育,老年教育需要具有连续性和持续性。同时,老年教育应该将老年人对教育的自身需求与人类社会发展的需求结合在一起。这意味着社会应该为老年教育提供稳定的政策尤其是福利政策的支持。第二,老年人需要在教育中提高自身的权利意识与责任意识。在这个意义上,老年人应该积极争取自己的权利,在此基础上提高认识、理解、鉴赏事物的能力和水平,更新自己的知识,完善自己的人格。老年人还应该提高自己的责任意识,增强参与社会生活的能力和水平,为社会创造物质财富和精神财富。

(二)老年亚文化群理论

老年教育应该关注老年群体的特殊性,老年群体在与其他群体的交往中显现出亚文化的特征。按照《法学大辞典》的解释,"'亚文化群'又称'次文化群'、'副文化群',是指区别于大社会的整体文化价值体系,而按照自己周围环境的价值体系形成的社会集团。该团体不接受整个社会的文化价值,固有自己特殊的价值观和社会准则"。相比之下,老年亚文化群概念由美国学者阿诺德·罗斯(Amod Rose)于1956年在其出版的《老年人及其社会环境》一书中首次提出。他认为,由于老年人有着相同的利益、心理倾向和共同语言,再加上社会存在着对老年人的偏见,因而相对于中青年人群而言,老年人之间往往联系较为密切,形成一种隶属于一般文化、反映老年人特点的亚文化。换言之,随着老年人口的增加,老年人在同群体中更容易找到归属感,减少压力并获得快乐。老年亚文化群理论关注老年群体的共同特征。

亚文化群理论倡导老年教育要坚持和谐发展与差异发展相结合。一方面,老年教育需要发挥老年亚文化群的凝聚作用,寻求老年人在思维特点、文化观念乃至行为习惯等方面的共同特征,发挥他们的主体精神。虽然人们对老年亚文化包含的具体内容存在分歧,但老年亚文化是他们融入社会的最好方式。另一方面,老年教育不但应该关注老年亚文化群体的共同特征,而且应该分析和尊重老年教育的特殊性和个体之间的差异性。我们发展老年教育的关键在于如何认识差异,尊重差异。一个进步的社会把个别差异视为珍宝,因为它在个别差异中找到自己生长

---

①郭忠华,刘训练.公民身份与社会阶级[M].南京:江苏人民出版社,2007:44-45.

的手段。老年教育应该关注老年人在年龄层次、社会关系、经济条件、职业文化程度、兴趣爱好、健康、保障等方面的差异。老年教育要针对老年时期生活中的种种差异,因人施教、因材施教。老年教育既要注重老年人的差异发展,也要注重他们的和谐发展,使老年教育的各个组成部分相互联系,以满足社会和老年人的各种学习需求;既与每个老年人相联系,体现个体性发展,又与老年群体相联系,体现这一亚文化群的整体性发展。

三、冲突理论与角色理论

从社会责任维度看,我们主要分析冲突理论、角色理论及其对老年教育的启示。社会冲突理论包含了社会结构、社会变迁、社会强制中的矛盾与冲突,老年教育要直面这些冲突。在诸种冲突中,社会需要承担老年教育的责任。同时,无论社会组织、民间团体、政府还是老年人自身,他们的角色定位在老年教育中也起着重要的作用。

(一)冲突理论

冲突理论兴起于20世纪60年代中期。它在美国社会学的研究中发展较为迅速。社会学家使用冲突理论强调社会内部结构的重要性。为了解释社会是怎样运作的,他们也提出了一个全面的"模型"。冲突理论认为社会的每一方面都在变化,社会变化是普遍存在的;同时,社会在每一刻都会出现分歧与冲突,社会冲突是普遍存在的,冲突是社会生活中一种自然的和不可避免的现象,而且冲突和矛盾的结果导致了社会结构的变迁。可以说,冲突理论家突出社会中分化和变化的重要性,拒绝接受人们对共识的强调。

冲突理论的基本要点是:"(1)社会集团之间的冲突。冲突主义者认为,在社会结构中,团体之间由于目标、利益的不一致,团体之间存在着彼此对立的现象,有时可能彼此对立。不过他们又认为世界还是有秩序的,冲突并不是对统一的否定,统一的对立面也不是冲突。不太紧张和剧烈的冲突,不但不会破坏秩序而且还可以促进系统的团结、统一和有秩序的变迁。(2)社会系统的变迁。这是团体间冲突与斗争的结果。在短暂的平静中,可能酝酿着反抗与斗争,从而导致社会的不断变迁。所以,冲突论者认为稳定发展与急速变迁都可能交替出现在社会过程中。社会的每一个要素都促使社会变迁。(3)社会关系的强制性。在斗争中取得优势和控制地位的团体,要采取强制的手段,迫使其他团体与之合作,以维护社会的稳定秩序。秩序是强者对弱者、富人对穷人施以暴力或强制的结果,而不是他们之间的自然合作。每个社会都是建立在某些成员对其他成员的压制的基础上的。"[①]换言

[①]冯建军.教育学基础[M].北京:中国人民大学出版社,2012:103.

之，在社会发展过程中，人们有可能面临同一社会的不同集团之间的冲突、社会系统变迁带来的不同群体之间的冲突以及社会关系带来的身份角色的冲突。

运用冲突理论解释老年教育，我们会发现：首先，老年教育的问题、老龄化的问题有可能在短时间内与社会发展的其他领域问题产生冲突。同时，老年教育也会随着社会的发展而不断发展，并将对社会的发展起促进作用。人类存在的目的是追求进步与发展，而不是维持现状。老年教育的作用不在于缓解老龄化带来的社会问题，而是积极地探求老年群体推动社会发展的有效途径。其次，老年教育应该直面老年人的社会问题，比如老年人的社会地位、社会权利，尤其是由于制度变迁导致的社会政策与老年人的需求之间的冲突。这要求老年教育要倡导和谐的价值观念，而社会需要完善老年教育的法律制度以及老年人的福利制度等。再次，老年教育倡导社会建立稳定的社会秩序，合理而有效地讨论老年人面临的角色转化过程中的冲突问题。因为"秩序表示一种和平与安全的状况，它使文明生活有了可能……秩序，如奥古斯丁所定义的，包含一个善的等级系统，从保护生命一直上升到促进最高类型的生活。"①只有社会承担起建立秩序、维护稳定、发展历史的责任，它才有可能整合资源、发展教育，进而为老年教育提供一个开放、多元且公正的教育环境。

（二）角色理论

社会学者最先从角色理论的视角解释老年社会。从已有的研究看，G. H. 米德首先把角色概念引进社会心理学，但他没有给角色下一个明确的定义，只是用比喻的方式说明不同的人在类似情境中表现出类似行为这种现象。在此基础上，R. 林顿认为，当个体根据他在社会中所处的地位实现自己的权利和义务时，他就扮演着相应的角色。

社会学理论认为，人的社会化就是人学会扮演不同的社会角色。角色不但标志着一个人的身份、地位，而且标志着与其身份、地位相匹配的权利、义务以及行为模式。社会的稳定和发展有赖于社会体系中每个成员都能正确地认识自己的社会地位，履行自己的社会角色，以适应社会整体发展的要求。老年人在社会关系中也扮演着相应的角色，角色构成了老年群体的基础，而社会对老年人的角色也有相应的行为期待。"老年角色理论的重点在于探讨老年人如何适应新角色的问题。角色理论发现角色转变基本上涉及：（1）抛弃成年人所扮演的典型角色。（2）代之以老年人的新角色。"②例如，老年职工由退休前的职业型角色向休息型角色的转变，他们将失去原来所熟悉的职业角色行为模式，而代之以老年人的角色行为规范。

---

①沃林. 政治与构想：西方政治思想的延续与创新（扩充版）[M]. 辛亨复，译. 上海：上海人民出版社，2009：9-10.

②徐丽君，蔡文辉. 老年社会学[M]. 台北：台湾巨流图书公司，1985：48.

41

第二章 老年教育的理论基础

角色理论研究他们在这种角色的转变过程中的问题、人际关系的变化,以及解决问题的途径、方法等。孔子曰:"其为人也,发愤忘食,乐以忘忧,不知老之将至云尔。"《论语·述而》警示我们:当人们专注于自己的社会角色,专心工作,心情愉快,有所为并有所得,会让人忘记自己的衰老。相反,如果陷于无角色的境地,被边缘化,那么人们会感到空虚,生命价值失落,会滋生"饱食终日,无所用心,难矣哉"(《论语·阳货》)的感慨。对老年教育而言,如何让老年人继续扮演好自己的角色并寻找新的角色定位问题显得至关重要。

在老年教育中,角色理论涉及教育中的多重关系,我们主要分析老年人和社会(尤其指政府)这两个角色。社会、政府在老年教育中扮演着一定的角色并承担着相应的义务。从社会角度看,这里的角色涉及社会及其相关的组织机构如何定位它们自身在教育中的角色。而且社会、政府的角色定位还涉及如何理解教育在社会发展中的地位问题。在社会矛盾冲突与社会结构调整变迁的过程中,社会尤其是政府组织需要摆脱传统家长式的管理方式,发挥民间、民众、老人自身的主体作用。社会在教育中起引导、协调以及辅助的职责等。

从老年人的角度看,老年人如何适应自己的角色转变和义务履行的问题尤为重要,因为老年人的角色转变涉及某些角色的丧失或中断。一个人在年轻时工作充满着干劲,在工作中接触同行以及相关行业的人比较多,而到了老年因为年龄的关系不得不离开自己喜欢的行业以及领域,突然离开职场,离开朝夕相处的同事、朋友,有时难免会感觉无所事事,死气沉沉。在角色转换方面,老年人会遇到这样或那样的问题。通过老年教育,可以使老年人对自己的人生经历进行梳理,把自己前半生的经验和阅历分享给更多的人。老年教育应该积极发挥社会角色理论的功能,帮助老年人适应角色转变。

四、功能理论与整体发展理论

从个人与社会的统一这一维度看,我们既强调教育的功利主义功能,也强调教育应该将个体完善与社会发展统一起来。一方面,教育要有实际的成效,要能提升大多数人的综合素养,老年教育亦如此;另一方面,虽然教育最终要实现社会的整体发展,但是教育应该让受教育者保有自己的特殊性、差异性和独立性。

(一)功能理论

功能主义是第一个真正科学意义上的教育社会学学派,此学派在 20 世纪 50 年代初期趋于成熟,50 年代至 60 年代上半期在欧美教育社会学的舞台上一直占据着支配地位。其主要代表人物有迪尔凯姆、帕森斯、德里本、特纳和霍珀等。

功能主义认为社会是一个复杂体系,它的各个组成部分协同工作产生了稳定和团结。根据这种观点,社会学总体上应该研究社会各组成部分之间以及它们与社会整体的相互关系。例如,分析一个社会的宗教信仰和习俗,我们从揭示他们是怎样与社会中其他制度相关联的入手,因为社会的不同部分之间是紧密联系的。如果要研究社会事件或制度的功能,那么我们就要分析其对社会延续所起的作用。关于价值判断的问题,功能主义者强调道德共识的重要性。当社会的大多数成员分享一种共同的价值观时,这种道德共识就存在。功能主义认为秩序、稳定和平衡是社会的常态,因为社会成员能在这些问题上达成基本共识。

社会观是功能主义理论观点的重要组成部分,从某种意义上说,社会观实质上是功能主义理论观点的精髓。"它强调和谐、均衡,强调社会各组成部分都是在协作的基础上有序地实现社会的需要而发挥着功能。这个学派以'结构''功能''整合''稳定'作为自己的核心概念,强调社会整合和社会稳定。"①老年人参加老年教育,积极响应家庭和社区活动,参与社会、服务社会,体现了他们的社会价值。老年教育不仅能促进家庭之间的和谐、代与代之间的和谐,也能促进社会整合和社会稳定。因为在教育的过程中,老年人不断地接受新事物、不断地适应时代发展的要求。正如迪尔凯姆的观点,一个社会要延续下去需要其成员的思想、价值准则、规范基本相似,教育的功能就是通过向人们提供他们自己所不具备的规范和认识框架,来维持社会秩序……教育是成年一代向未对社会生活有足够准备者所施加的影响。因此,该理论认为教育在社会整合方面具有其他组织机构不能取代的作用。老年教育也具有不可取代的作用,它以教育的形式探索属于老年人共享的价值观、规范、信仰、习惯等,并将其融入社会的整体发展。

老年教育必须以社会观为基础,发挥教育的社会化功能。老年教育不但让老年人在时代发展进程中更新自己的知识体系,而且让他们在保持传统美德的基础上接受与社会发展相一致的、具有进步性的价值观念。教育不但为人们提供社会生存所必需的技能,而且使人们学会并实践社会的标准和价值观。老年人在社会生存方面处于弱势群体的位置,受劳动能力、身体状况的影响,加之老年人面临着老伴、亲友等离去的危机,他们在心理和生理方面不能像青年人那样坦然、平静。1999 年,世界卫生组织提出"积极老龄化"的核心理念,就是强调老年人应该积极面对晚年生活,作为家庭和社会的重要资源,通过参与社会来提高晚年物质生活和精神生活质量,以实现自我人生价值,为社会继续发挥余热②。因此,通过教育不仅能够使老年人认识更多的同辈群体,也能使他们在交流沟通中相互理解,进而在维护社会稳定与社会整合中发挥一定的作用。

---

①胡振京. 功能主义教育功能观评析[J]. 天津市教科院学报,2008(6):8-11.
②世界卫生组织. 积极老龄化政策框架[M]. 中国老龄协会,译. 北京:华龄出版社,2003:78.

(二)整体发展理论

整体发展理论强调发展的整体性和协调性。该理论在教育中的作用是关注教育的基础性和普及性这两个特征。人的发展与社会的全面进步是一个整体,教育应该关注"整体性",关注被教育者的社会-个体双重身份问题。虽然具体领域的教育知识千差万别,但是每个人都需要接受基本的、共性的、整体性的教育。但整体性教育代替不了个体性教育,在共性教育中不能忽视个性教育,不能忽视人是各自有特点的,社会分工和发展需要各式各样的人才参与建设,不能忽视个体性发展功能。教育要做到整体而协调地发展,就要注重平衡,重视教育公平。

老年教育的整体发展与老年人的个体性发展之间并不必然产生矛盾,两者相辅相成。如果仅针对个体性、个人需要展开老年教育,就会产生不公平的现象。老年教育的整体性价值在于从整体上发展老年教育,提升老年人的生活质量。比如,我们可以创造老年人参与社会的机会,提供健康知识的教育等。老年教育政策的制定是以老年人的整体需要为出发点,使老年群体的生存和发展成为社会和谐发展的有机组成部分。在寻求整体发展的同时,兼顾老年的个体个性特征以及具有特殊性的个别要求。通过教育,老年人的思维方式、生活方式和行为方式都会发生改变,让僵化、固执、保守的刻板印象与年长者分离,让年长者的阅历、经验成为家庭社会和谐的财富。在这个过程中,老年教育必须因材施教,发挥老年人的潜能,完善他们的终身教育体系。

社会整体发展理论要求我们关注老年教育政策,以政策促发展。一方面,我们应该优化教育政策,创建自主、自助性的教育环境,让老年人学习生活中的新技术、关注新科技,学会与年轻人如何交往,能够与社会其他团体合作共事,为老年人提供展示自身才华的机会,让老年人有尊严地生活;另一方面,我们应该鼓励社会完善补偿教育政策,以政策制度形式为老年人提供可持续的资源补偿和平等地接受教育的机会,这是全社会的共同责任。只有我们有一个充满活力的、注重整体发展的老年教育,社会才可能有一个较为完整的终身教育体系。

第三章　老年教育对象的心理特征

老年人作为老年教育的对象，随着生理功能的衰退，必然会带来心理上的变化。老年人的认知特征、情绪特征、人格特征等心理特征发展状况如何将直接影响到老年教育的效果，因此本章旨在分析老年人的心理特征，从而为开展针对性的老年教育提供依据。

第一节　老年教育对象的认知特征

　　小区里的王大娘是个空巢老人，子女都在其他城市工作，只有逢年过节才有可能来看她，王大娘也不愿去子女工作的大城市，觉得生活不适应，于是一直与老伴自理生活。她相信凭自己的能力肯定能把自己和老伴的生活料理得很好，可是随着年纪的越来越大，今年刚过 70 岁的王大娘发现自己的眼睛、耳朵越来越不好使了，有时跟子女通电话得大声地喊，总不太听得清楚子女电话里的声音，也经常由于听不见电话铃声而错过了接电话。此外，王大娘还经常会有这样的经历：走到房间忘记自己要干什么了，只能摸摸头，然后问自己："我进房间来做什么？"或是"我进房间是要拿什么东西吗？"这时候，王大娘通常还会再补一句自我解嘲的话："年纪大了，真是一点用处都没有了！"

人到老年是不是就真的没用了吗？许多研究结果表明，老年期的视觉、听觉等感知觉、记忆、思维都会发生变化，有些能力会随着年龄的增大而发生一定程度地衰退，但并不是所有的能力都这样，也有一些能力会保持不变，甚至会随着年龄的增长而有所增加，例如智慧。只要掌握了老年人的认知特征，就能扬长避短，发挥老年人的余热，做到真正的"老有所用"！

一、老年人的感知觉特征

感觉是人们对事物个别属性的反映；知觉则是人们对客体各种属性的综合反映。举个例子说，一种水果摆在面前，人们首先会对这种水果的外形、颜色、亮度、硬度等各种属性产生感觉,在头脑中对这些属性加以综合,才产生知觉,认定它是苹果还是梨。所以知觉是各种感觉的综合反映。

感知觉虽是比较初级的心理活动,但却是高级心理活动的基础,我们日常生活中的一切信息都是通过视、听、嗅、触等感知觉获得的。感知觉是个体心理发展最早,也是衰退最早的心理机能。当个体步入 60 岁以后,其感知觉的生理结构与青年期相比有了显著的变化,相对应的感知觉也发生了变化。变化主要表现为感觉阈值升高,感觉性下降。不仅视觉和听觉,连味觉、嗅觉和躯体皮肤感觉也都随年龄增长而逐渐发生退行性变化。一般而言,这种退行性变化不是突变的,而是逐渐、缓慢进行的。在感知觉中衰退最明显的是视觉和听觉,其次是味觉、痛觉等其他感觉。

感知觉能力的衰退甚至丧失,给老年人的日常生活带来了许多困难,例如读书、写字、电脑操作、烹饪等。研究分析老年人感知觉生理结构和认知能力的变化特点,一方面可以为老年教育提供理论依据,开展有关课程(比如太极拳等)指导老年人进行科学健身,延缓衰老;另一方面也可以把理论应用到实践中去,针对不同的感知觉能力的衰退,设计不同的老年生活用品或工具,为老年人的生活提供便利。掌握各种感知觉老化的规律,尽快适应老化过程中感知觉功能的衰退,从而调整日常生活,对老年人来说是十分重要的,这也是成功老化的一个指标。需要强调一点的是,感知觉是比较初级的心理活动,通常而言,它的衰退对复杂高级的心理活动并不产生重大的影响。因此,不能因老年人感知觉的衰退就认为老而无用或老而无能。

(一)视觉的变化

老年人视觉变化的一个特征就是视力减退。研究发现,在 20～60 岁,视力呈轻微的减弱趋势,但过了 60 岁以后,视力下降的趋势就骤然增大了。这主要与眼睛的生理结构变化有关。随着年龄的增长,眼睛的生理结构开始变化。老年人的角膜曲度会逐渐变小、变厚,折射光线的能力变差,由此出现散光。瞳孔的直径也会随年龄的增长而逐渐变小,瞳孔调节光线的能力由此也减弱,这使得老年人在光线弱的情况下很难看清楚物体。随着年龄的增长,晶状体外的睫状肌萎缩衰老,收缩性减弱,使得老年人很难看清楚近处的东西,出现老花眼现象。视力可分为静态物体视力和动态物体视力。静态物体视力的下降给老年人读书看报,以及辨认某些商品上的标签带来了很大的困难。动态物体视力的下降也会给老年人的日常生活带来很多不便,像看电视、在行驶的公交车上看路标等。随着年龄的增长,静态物体视力和动态物体视力的下降速度是不一样的。心理学家曾做过这样一个实验:在晚间行驶的巴士上有两组人,一组是平均年龄为 33 岁的中年人,另一组是平均年龄为 66 岁的老年人,要求这两组人辨认道路上的一些小路标。这两组人具有相同水平的静态物体视力,但结果发现,与中年组相比,老年组辨认路标的错误率增加了 25%①。

进入老年期后,视网膜的一些视觉感受细胞会凋亡,使得视网膜对光的感受性减弱,老人很难看清楚物体的细节,对物体颜色的感知也减弱了。老年人的颜色辨别能力大约只有青年时期的 60%～75%,而且不同颜色辨别力衰退的速度也不相等,有研究发现,蓝、绿、紫色衰退得较快,红、黄、橙色衰退得较慢。晶状体在 40 岁以后开始变黄,影响我们对颜色的感知觉能力,受影响最大的是光谱短波那端,即蓝、绿、紫色。有心理学家研究发现,老年人在辨别蓝色、绿色和紫色时没有显著差异。

老年人视觉的变化还表现在明、暗适应方面。明、暗适应是指照明开始由暗或明转入亮或暗处时人眼感受性适应的时间过程。不管是明适应还是暗适应,随着年龄的增长,老年人适应光线强度改变所需的时间越来越长。此外,视觉掩蔽实验也发现,在辨别两个闪光时,后一个闪光与前一个闪光之间的间隔时间要长到一定程度,老年人才能觉察出前一个闪光,这个间隔时间也显著大于年轻人所需要的间隔时间。这些视觉的变化,或许是由于到老年期后,一些视觉感受细胞凋亡所导致。在夜里行走时,老年人需要很长的时间才能适应迎面而来的车灯,这就容易发生交通事故。因此,我们应该想方设法改善这种环境,避免这种交通事故的发生。

针对老年人的视力特征,对日常生活的一些条件加以改善或许会给老年人带来许多便利,例如提高物体的照明度,或改善物体与其背景之间的对比度,增加物体红、橙、黄色的比例,或允许以较长时间仔细慢慢观察。在这些改善条件中,提高照明度是十分重要的。在老年人活动设施或看书学习的地方,一定要提供良好的照明条件。

(二)听觉的变化

老年人的听觉变化中,最常见的一个现象就是重听。我们通常所说的老年人耳聋或耳背,其实就是听力下降所引起的重听。老年人听力减弱在生理结构上可表现在外耳道上。外耳道是一条弯曲的管道,管道壁的皮肤有汗毛、皮脂腺、汗腺和耵聍腺。到了成年中晚期,皮肤分泌功能减退,耵聍腺分泌的耵聍(也就是耳垢)会越来越多,且越来越硬,难以排出,这可能是影响听力的原因之一。因此老年人应隔一定时间检查一次外耳道,清除耳垢,这对改善听力有一定的帮助。中耳和内耳的生理结构随着年龄的增长也会有所变化,但中耳生理结构的变化对老年人正常的听力衰退没有太大的影响,而内耳由于其生理结构的复杂性,其对老年人正常

第三章 老年教育对象的心理特征

---

①Sivak M,Olson P L,Pastalan L A. Effect of driver's age on nighttime legibility of highway signs[J]. Human Factors,1982,23(1):59-64.

听力衰退的影响也有待进一步研究。

老年人听力的一个变化体现在音调上。成年人所具有的对音调的感知觉能力从 40 岁起开始下降,但下降的趋势并不明显,直到 60 岁左右,这种下降趋势才开始显著。老年人在不同音调(声波频率)的听力下降是不同的。人耳最敏感的声波频率是 1000～4000 赫兹,下降最显著的是 2500 赫兹以上的波段,也就是说,随着年龄的增加,老年人高音部分的听觉下降得最明显,而低音部分的听觉变化则不明显。究其原因,主要是耳蜗内的毛细胞和支持细胞发生了衰退和凋亡。与男性老年人相比,女性老年人的衰退较轻微,受损失的声波频率更高。男性老年人对 4000 赫兹以上的声音听力明显下降,而女性老年人对 6000～8000 赫兹以上的声音才出现明显的听力下降。所以,在日常生活中,女性老年人重听者比男性老年人的人数更少。老年人听力的另一个变化体现在声音强度上。同是 6000 赫兹的声波频率,30 岁的成年人可觉知到 4 分贝的声响,但 65 岁的老年人则要把声音强度提高到 40 分贝才能觉知到同样的声响。还有些研究发现,70 多岁的老年人所知觉到的最低声音强度比青年人高 6～7 倍。

老年人听力的变化,直接影响了他们的言语知觉能力。伯格曼(1976)曾做了一个研究,他设计了三种实验情景。第一种是正常言语情景,没有背景噪声或其他言语声音的干扰;第二种是选择地听,在有背景噪声干扰的情况下去听清某个人的言语;第三种是插入言语,与某人进行言语交流,中间每秒钟插入几声收音机节目的声音,看是否还能继续进行言语沟通。结果表明,在第一种实验情景下,随着年龄的增长,言语感知觉能力下降不大,直到 50 岁才有显著下降。在第二种实验情景下,言语感知能力随年龄的增长下降较大,从 20 岁到 50 岁,人的言语感知觉能力大概下降了 10%,但从 50 岁到 70 岁,人的言语感知觉能力却下降了 20%。第三种实验情景的言语感知能力随年龄的增长也下降很大。从 20 岁到 50 岁,言语感知觉能力大概下降了 30%,而到了 70 岁,整个言语感知觉能力下降了大约 60%[①]。

根据老年人听力变化的规律,我们知道,在日常生活中,老年人对低音调音乐的声音听起来比较悦耳,而对高音调的音乐旋律已经听不出变化来,似乎总是一个样子的单调声音。所以,为了延缓高音部分听力年老退化的进程,老年人不妨耐着性子听一些高频音调的音乐,如音调高、节奏强烈变化的舞曲或交响乐。此外,根据老年人听力下降对言语知觉的影响,我们在电话中向老人传达信息时,必须声音大,语速慢,而且周围应尽可能没有其他噪声的干扰。

---

①Bergman C A. An airplane performance control system: a flight experiment[J]. Human Factors,1976,18(2):173-181.

(三)味、嗅觉的变化

人类的味觉大概可以分为咸、甜、苦、酸四种。在日常生活中,我们可以观察到人类进入老年期后味觉发生较大变化,比如有些老年人做菜越做越咸。有研究者研究发现,咸、苦、酸这三种味觉阈限随年龄的增长而提高了,即这三种味觉的感受能力下降了,但甜味的感受能力几乎没有什么变化。有些研究者进一步研究发现,老年人能辨别出咸、甜、苦、酸这四种味觉,只是这种辨别力明显比年轻人差。

与味觉变化规律相似,老年人嗅觉感受的灵敏度也随着年龄的增大而发生很大变化。许多研究表明,我们辨别各种气味的能力随年龄的增长而衰退。下面我们具体介绍两项关于嗅觉的研究。第一项是1984年在美国迈阿密所做的研究,研究涉及了1955名受测者,共测试了樱桃、比萨、石油、烟草、薄荷等40多种气味。结果发现人类嗅觉的最佳时期是20~40岁,50岁以后嗅觉出现轻微的衰退,70岁以后嗅觉出现显著的衰退。在65~80岁的被试者中,大约有60%的人嗅觉严重衰退,大约25%的人完全丧失了嗅觉能力。在80岁以上的老年人中,几乎有一半的人完全丧失嗅觉能力。第二项研究是在美国《国家地理》杂志平台上完成的。1986年9月《国家地理》杂志刊登了调查问卷,大约有150万人参与了调查并寄回了问卷。调查结果与第一项研究结果非常相似,50~60岁的老年人嗅觉出现了轻微的衰退,他们仍能像年轻人那样辨别出一些气味,但他们命名气味的正确率较低。70岁以后人们的嗅觉能力随年龄的增长则出现了显著的下降。老年人嗅觉能力的下降,原因是多方面的,有些研究认为嗅觉能力下降很可能与嗅觉中枢神经的老化有关,而与外周神经的变化无关。

一般说来,老年人味觉、嗅觉的变化,对正常生活并不会产生很大影响。例如,生活中我们对食品的鉴别,味觉、嗅觉是同时起作用的。老年人可根据丰富的生活经验,依靠颜色等其他感知觉的辅助信息,弥补其味觉、嗅觉功能的不足。但是,在一些特定方面,嗅觉的衰退对老年人的日常生活则会造成巨大的影响。例如,为了让天然气泄漏时人们有所察觉,人们往往会在天然气里加入一些难闻的气味,但是老年人却很难察觉出那种气味,这就使得老年人面临天然气中毒的概率提高。因此,一些科学家认为应该在天然气里加入一些老年人敏感的气味,比如玫瑰花的香味。

(四)皮肤感觉的变化

皮肤感觉分为触觉、温度觉和痛觉。有研究发现,60岁以上老年人无发发覆盖的皮肤的敏感性显著下降,皮肤对触觉刺激产生最小感觉所需要的刺激强度随年龄增大而逐渐增大;然而被毛发覆盖的皮肤的敏感性即使到了老年晚期也基本保持不变。

老年人的温度感觉也比较迟钝,高龄老年人不但对室温敏感度降低,而且自身身体的温度也随年龄增长而降低,一些高龄老人身体内部的温度甚至低于体表,这使得这些老年人即使穿着很多也并不感觉暖和。但也有学者认为,老年人的温度感知觉能力与年轻人没有显著的差异,只是老年人应对温度变化的能力出现了衰退。不管是老年人温度感知觉能力下降,还是应对温度变化的能力下降,这都意味着,当外界温度发生骤变时,老年人比年轻人更容易出现意外伤害。在美国,老年人的死亡率随着季节的改变而改变,因为在季节交替之间,温度会出现骤然变化。1979 年美国最冷的那个月,老人死亡的人数比月平均死亡人数高出了 2 万人,最热的那个月老年人死亡人数比其他月份的平均数高出了 2000 人[①]。

痛觉不仅仅是一种皮肤感觉,它还涉及认知、动机、人格和文化环境的作用。一些研究结果认为痛觉的感知能力随年龄的增长而有所下降。也有研究发现,女性老年人痛觉敏感度随年龄增大而降低的现象比男性老年人更明显。由于生理功能的减退,在日常生活中我们可以观察到许多老年人长期遭受疼痛的煎熬,而这种煎熬极易导致老年抑郁。

二、老年人的记忆特征

记忆是一种与学习有关的心理过程,是人们对于过去感知过、体验过或操作过的事物印象,经过各种认知加工保存在大脑中,并在必要时提取出来的过程。

老年人的记忆活动随年龄增加而发生变化,这一点是毫无疑问的。但人们对此似乎总存在一种悲观论点,认为记忆随年龄而减退是不可抗拒或不可逆转的,其实也不尽然,一些方法和技巧是可以延缓老年人的记忆衰退的[②]。除正常年老化外,有些疾病(如痴呆)对记忆也会产生影响,引起记忆障碍,其性质或程度都与正常年老化不同,我们必须区别看待。

(一)记忆的正常年老化

老年人的记忆随增龄而发生变化,这是一种自然现象,属于生理性变化,可称为记忆的正常年老化。虽然它往往也会给老年人带来不便,但一般说来,对他们的工作、学习和日常生活还不至于产生很大影响。老年人记忆的特征和主要变化可归纳为以下几方面:

1. 初级记忆与次级记忆

老年人初级记忆较次级记忆为好。初级记忆是人们对于刚刚看过或听过的、

①Anderson T W, Rochard C. Cold snaps, snowfall, and sudden death from ischemic heart disease[J]. Canadian Medical Association Journal,1979,121(2):1580-1583.

②39 健康网. 老年人记忆的特点[EB/OL]. (2008-01-28)[2017-10-25]http://disease. 39. net/ln/081/28/237645. html.

当时还在脑子里留有印象的事物的记忆。初级记忆随年老而减退较缓慢,老年人一般保持较好,与青年人差异不显著。次级记忆是对于已经看过或听过了一段时间的事物,经过复述或其他方式加工编码,由短时储存转入长时储存,进入记忆仓库,需要时加以提取。这类记忆保持时间长。次级记忆随年老而减退明显多于初级记忆,年龄差异较大。所以中老年人可能很容易地记住昨晚或今晨发生的一切,但倘使问起十天前经历过的某件事,就不一定记得清楚。但是童年时遇到的趣事,或是往日经历的惊恐事件,则可能终生难忘,以致若干年后旧话重提仍记忆犹新,这主要与当时情景的初级记忆强度有关,强度越大,记忆越好。

2. 再认与回忆

老年人再认能力明显比回忆能力好。再认是当人们对于看过、听过或学过的事物再次呈现在眼前,能立即辨认出自己曾经感知过的;而回忆是刺激物不在眼前而要求再现出来,其难度大于再认,因此回忆的年龄差异大于再认的年龄差异。

3. 意义记忆与机械记忆

老年人意义记忆比机械记忆减退缓慢,他们对有逻辑联系和有意义的内容,尤其是一些重要的事情或与自己的专业、先前的经验和知识有关的内容,记忆保持较好,说明信息储存的效果在于目前的信息与过去已学过的能否很好联系。意义记忆出现减退较晚,一般到六七十岁才有减退;相反,老年人对于需要死记硬背无关联的内容很难记住,机械记忆减退较多,出现减退较早,40多岁已开始减退,六七十岁减退已很明显。这些结果也说明不同性质的记忆出现年老化的时间不同,记忆减退是有阶段性的。

4. 日常生活记忆

老年人对日常生活记忆的保持较好。记忆时时联系着人们的生活,对于保持日常生活能力(例如,取放生活用品或上街采购东西)和社会交往(例如,与朋友约会)等都十分重要。一般地,老年人对于日常生活中的记忆保持尚好。虽然老年人的记忆普遍有减退趋势,但是在减退出现的时间、速度和程度各方面存在很大的个体差异,有些老年人仍能保持很好的记忆功能。

(二)记忆的病理性变化

1. 记忆与躯体健康有关

病理性老化是由疾病引起的,属于异常的老化,它往往是某些疾病常见的和较早出现的临床症状,如脑肿瘤和脑血管疾病等,表现出明显的记忆障碍,这可以作为诊断的主要依据之一。记忆的病理性老化在程度上远远比生理性老化严重,而且往往是不可逆转的。阿尔茨海默病(老年性痴呆)患者不但次级记忆受损,而且初级记忆也明显受损。

但是,记忆的正常年老化和病理性老化之间有时难以区分其性质,尤其在疾病

早期更难鉴别,因为在记忆年老化过程中,个体差异很大,造成对老化的性质不易及时划清界限。只有通过在日常生活中仔细观察和临床上定期进行检查,一旦发现患者不仅仅近事记忆减退,而且远事记忆也发生障碍,并且即使给予提示,对方仍然无法回忆,这表示记忆已全面出现减退。同时,在日常生活中,发现记忆减退速度加快,记忆障碍表现日益严重,如做饭经常忘记最后关炉火、回家不认得路或不认识熟悉的人等,严重影响人身安全和干扰日常生活,致使生活无法自理时应立即就医,给予治疗。

2. 记忆与心理健康有关

有些精神疾病也会引起记忆障碍。例如,抑郁症患者表现对新信息的学习和记忆能力有所减退,对悲伤的信息记忆敏感性增加,感到无助和无望,而对重要信息却容易忽略,信息加工能力减退,运用有效策略较少,注意力下降,因而严重影响记忆。但这些变化往往并不肯定,而且是可逆的,当疾病治愈后,记忆得到改善。

(三)如何改善记忆①

伴随人的年龄增长,难免会出现记忆力减退。有的人刚到 40 岁,就已经时常感到"间歇失忆",十分担忧;有的人想记起某个人或地方的名字,但怎么也记不起来了。有人把这种"失忆"看成是"老年现象",甚至认为是痴呆症的先兆。人当真年纪越大,记性就越差吗?一般还可以这样说。不过,人的年龄渐增,往往会把许多本来与年龄无关的问题都归咎到年龄上去。美国伊利诺伊大学神经学专家保罗·高德说过,一个年轻人要是找不到钥匙,他会想那是自己心不在焉或把东西乱放所致;而一位老婆婆碰到这样的事,则会埋怨自己年老了记性不好。高德指出,其实,那婆婆可能数十年习惯把东西随手乱放,只是因为年老了,就把找不到钥匙和年龄联系在一起。

加拿大多伦多市洛曼研究所的心理学家克莱克通过实验提出:"身体健康的人,记忆力退化的速度并不会像一般人所想象的那么快。人的记忆机制不会因为年龄增长而损坏,只是效率降低而已。"英国戏剧家莎士比亚有一句风趣的名言:"尽管我这暮景余年,却还保留着几分记忆;我这垂熄的油灯,却还闪着最后的微光。"

老年人通常认为,记忆力远不如年轻人。美国学者鲁丝·阿诺德夫人曾在加州医学院图书馆的参考书研究室工作。许多年前,她可凭记忆随意指出参考书中某章的细节。当时她能把室内所有参考书的书名倒背如流,并且能说出书中的主要内容。阿诺德夫人 80 多岁的时候觉得自己的记忆力日趋下降,经常想不起与人约定的时间,时而忘记要去谁家做客,也记不得要同人家聊什么。对于这种记忆力

①玉兰.10 条妙招教您保护好记忆[J].老同志之友,2009(18):50-51.

今不如昔的痛苦,老人们已经司空见惯了。人们都认为这一切是逐渐衰老的反映,不足为怪。其实不然,经过调查研究表明,如今大约有三分之一的老年人对生活中接触的人名和事物的记忆与20岁年轻人一样好,就是说记忆力减退未必不可避免。美国许多记忆研究中心的科学工作者正在寻找引起记忆力减退的潜在原因,目前,已取得了一些进展,例如通过注射多巴胺代用品之后,记忆力能明显增强。当然,指望用药物治疗记忆衰退和记忆疾病,改善老年人的记忆力减退,大约还需要好些年的时间。因此,我们应该重点从日常生活中采用适当的方法来帮助老年人记忆。

(1)赋予意义法。把注意力集中在想要记住的事情上,然后用顺口溜、分类等方法赋予它意义。我们如果曾把注意力集中于某件事情上,那么,无论我们是否想记住这件事,都必定能记得住。比如我们容易记住广告歌诀,因为它总是伴随喧闹的广告播出,还运用了押韵与音乐,有助于记忆。把枯燥无味的事物简单地组织起来能帮助记忆;又如杂乱无章的货单,可将其内容分门别类,设法减少须记事项的数目。

(2)纸笔记录法。把人名、面孔、事件等,按一定的思考模式编码。平时设立一个"毋忘我区",编写"须做事项清单",把要记住的东西或要做的事情记录在便签条上,贴在日常能看见的地方,例如冰箱门上、房门上等。美国国际长寿中心主席罗伯特·巴特勒提出:"可以多玩玩猜字谜,多些阅读、辩论,有助于增强记忆。"

(3)健身益脑法。多运动、多动脑筋能让头脑保持强健。法国人称此为"脑慢跑"。健身有助于健脑。从事有氧运动能使更多血液输送到脑部,带进更多的氧和葡萄糖,可以增强脑功能。纽约市西奈山医学中心增进记忆计划主任修维尔说:"保持大脑强健,经常进行锻炼,可以避免记忆力衰退。身体健康状况不佳或是疾病的原因,往往会导致记忆力下降。"

(4)调剂饮食法。正常的饮食标准,保证每一天的充足营养,这有助于记忆。全谷类食物、豆类、花生、芝麻、水果、蔬菜及海产品都含丰富的葡萄糖和脑黄金,能给大脑提供所需能量。豆类与绿色蔬菜富含叶酸,叶酸对记忆有帮助。银杏(白果)也有助于增强记忆,最新的研究成果表明,银杏含白果酸、白果粉,别称"抗衰老素",可促进脑细胞再生。人处于低血糖时,记忆力会受损。

(5)睡眠休息法。美国《自然神经科学》杂志2002年12期发表了美国哈佛医学院精神病专家罗伯斯·斯蒂哥德的研究结果:睡眠可提高记忆力。那些在学习以后睡一个好觉的人,第二天再学习时的记忆力无疑优于那些通宵熬夜学习的人。晚上睡觉使得第一晚的记忆得到巩固,大脑会把某些信息定期地进行清除,除非你想把这些信息固定下来。适当的休息对学习非常必要。睡眠可让大脑有时间去为记忆编码,也可以纾解精神压力。

第三章 老年教育对象的心理特征

（6）生活悠闲法。日常生活中多一点悠闲，多关心家人与朋友，多培养几种爱好，热爱生活，积极生活，自然就会发现生活中有许多美好而值得记忆的事。这些都对增强记忆力有好处。若是长期承受巨大的精神压力，海马状突起耗用葡萄糖的量就减少四分之一，大脑可用来储存记忆的能量也相应减少，记忆力就会衰退。把生活节奏放慢些，可使思维清晰很多。因为，处理新的信息时如果让自己放松些，记忆障碍一般就不会发生。

（四）记忆与老年学习者①

在我们的社会中，随着新技术对我们日常生活各个方面的改变，例如移动支付等，老年人和年轻人一样，也需要不断地学习来适应社会新的变化。由于记忆与学习的彼此紧密相连，如果我们能针对老年人的记忆特征给予老年学习者一些指导或者在教学方式或评价方式上加以改善，则会使老年教育取得较好的收效。

我们可以给老年人提供记忆术，以帮助他们记忆某一过程的步骤或回忆某些特定术语。我们可以与老年学员讨论不同的记忆任务应使用哪种类型的记忆技巧。比如，如果学习目标任务是要将信息保持在短时记忆中，那么复述可能是一种有效的技巧；但如果要将信息长时间存储，复述也许就不是最有效的方法了，赋予意义法或纸笔记录等方法会更加有效。

一些研究发现，老年人在再认任务上的表现与年轻人一样好，但老年人在回忆任务上则有较大困难。老年人擅长保持对内容主旨的记忆，却难以记住细节。这些发现表明，我们应对老年学员学习的评价方法加以选择，应更多采取过程性评价，而不是结果性评价。如果不得已需采取结果性评价，那么多选题和正误判断题可能是更有效的方法，因为这两种方法与再认记忆有关。老年人可能在论述题上也会表现良好，特别是这些论述题需要讨论的是某一主题的主要意旨或核心问题时。而简答题或填空题对于老年人来说则会很困难，因为这些问题需要对特定信息的回忆。此外，给回忆提供充裕的时间也很重要，追加时间可使老年人表现更好。

阅读材料是否有良好的组织结构，对于老年学员来说也特别重要。有关散文学习和课文回忆方面的研究发现，老年人和年轻人一样能很好地记忆良好结构的文章主旨，但是，当文章材料中的关键点难以识别时，老年人与年轻人的年龄差异就显著表现出来了。在学习材料中使用一些恰当的案例也有助于老年人的长时记忆。

老年学员可能会对进行新的学习感到焦虑，这主要来自老年人对自己记忆能力偏低的自我评估。去除这种焦虑，对老年学员的学习很有帮助。要做到这一点，

---

①K. W. 夏埃，S. L. 威里斯. 成人发展与老龄化［M］. 5 版. 乐国安，译. 上海：华东师范大学出版社，2003：300-302.

教育者和学习环境的支持性尤为重要。例如,针对老年人视觉和听觉能力的下降,我们可使用较大字体的阅读材料,这有助于老年学员的良好识别。在向老年学员传授信息时,保持平缓的语速也是有必要的,这是因为平缓的语速不仅可以使那些有听觉下降的老年人更容易听清,还可以降低老年人的焦虑,帮助老年人进行信息处理。

三、老年人的智力特征

智力是一种综合的心理能力,包括注意力、观察力、想象力、学习、记忆、思维、言语、操作等方面的能力,其中思维能力是核心。思维能力是个体的一种复杂的高级心理活动,是个体在已有的知识经验基础上对客观现实概括的和间接的反应。人们一直把智力视为学习、问题解决和适应的基础。

(一)智力的正常年老化

人老了,随着大脑生理结构和功能发生变化,智力也随之变化,但绝不是人们所认为的那样"老而无用了"。智力正常的老化是很自然的一种改变,我们没必要为此紧张,更没必要为此焦虑和烦恼。

总的来说,老年人智力有以下三个特征[①]:

(1)智力中各方面能力的变化是不一致的,有些能力在早期就开始下降,有些到晚期还保存很好,有些能力下降速度较快,有些较慢。比如,韦氏智力测验分别测量了言语智商和操作智商,老年人的言语智商变化幅度就比较小,70岁以后才小幅下降,而操作智商就下降较快,且30岁以后就出现了较为明显的下降趋势。

美国学者Schaie主持的西雅图成人研究,追踪比较了20~89岁不同年龄成年人的智力变化,结果发现不同方面的智力能力具有不同的发展轨迹。凡是与文化知识经验、人生阅历的积累有关的智力方面,随年龄增长,减退较晚,直到将近70岁才有所下降,而且减退缓慢,有的则保持稳定甚至还有所提高,比如,词语流畅性、词汇等。学者卡特尔把这方面的智力称为"晶体智力",形容它像晶体固态一样,比较稳定,它们都是后天获得的。另外,有一些与生理功能有关的智力方面,较早就发生下降,有些能力40岁就开始下降,且下降速度较快,60岁以后则下降更为明显,比如短时记忆、知觉速度、空间定向以及与反应速度有关的能力。卡特尔把这类智力称为"液体智力",形容它流动、不稳定,容易变化。总的来说,老年人的流体智力随年龄增长而出现明显的下降趋势,而晶体智力不仅不会随年龄增长而下降,甚至还会随个体经验和知识的日益积累表现出上升的趋势。这就给我们一个启示,晶体智力可以为流体智力的下降提供补偿作用,老年人可以用丰富的人生

55

---

①许淑莲,申继亮.成人发展心理学[M].北京:人民教育出版社,2006:138-142.

阅历和知识经验弥补自己反应速度缓慢等弱点,扬长避短,使老年人的整体智力基本保持在一定的水平上,从而保证他们的工作、学习和生活,甚至还能利用晶体智力中的知识经验发挥余热,为社会做贡献。

(2)老年智力发展存在很大的个体差异。我国学者申继亮等对 20～79 岁的成人进行了追踪研究,发现即使对于 70 岁以上的老年人也并非只有智力下降这一种变化形式,相反,他们中的相当部分人在各项智力上保持稳定甚至有所提高。另一项研究也表明,50 岁以上成人智力发展的个体差异明显高于 50 岁以下的成人,60 岁以上的老年人的个体差异尤其突出。造成老年人智力发展具有个体差异的原因,一方面是老年人生理上的老化个体差异就比较大,这主要来自遗传因素和个人健康状况,且生理上的老化与心理老化不同步;另一方面是智力受很多因素影响,例如教育背景、职业选择、生活习惯、认知风格等,这些对智力活动都具有重要影响,导致个体差异。因此,人与人的智力老化表现出很大差别,有的老年人头脑清晰,思维敏捷,智力不减当年,到晚年仍能做出不凡成就。

(3)老年智力具有可塑性。在上述提到的美国学者 Schaie 主持的西雅图成人研究中,他们也对老年人智力的可塑性进行了考察。他们根据 14 年前后能力的变化情况,将老年人分为了两组,一组为在空间能力或推理能力上显著下降的人,另一组为 14 年后能力仍然保持稳定的人。他们对这两组老年人均施以五次空间能力训练或推理能力训练,每次训练一小时。研究表明,那些能力显著下降的老年人接受训练后,其空间能力或推理能力可以恢复到 14 年之前的水平,而那些能力保持稳定的人接受训练后,其相应能力还能有所提高,从而超过 14 年之前的水平。最让人惊喜的是,个体这种经过训练而增长的能力不会在短时期内消失,可以保持长达 7 年的时间。由这些研究结果我们可知,如果采取适当措施和干预手段,可延缓老年智力减退,甚至还可以得到改善。

(二)老年人思维弱化的表现形式

(1)思维迟钝,联想贫乏,主要表现为思维活动量明显缓慢,对有些事情联想困难,思考问题吃力,反应迟钝,语言迟缓。有些老年人不愿学习,不想思考问题,导致语汇短缺,联想贫乏,脑袋常常空白,想不起东西,说话常突然中止,感觉脑子变笨了。

(2)思维奔逸,主要表现为对早期经历(例如幼儿时期或年轻时期的事情)联想迅速,语言反复,经常毫无征兆地从一个主题转移到另一个主题,说话漫无边际,滔滔不绝。

(3)强制性思维,主要表现为不由自主地偶发毫无意义的联想,联想内容杂乱无序,或者反复出现难以排除的思维联想。

(4)逻辑障碍,主要表现为推理紊乱,推理过程既无前提又无逻辑依据,或无因而果、因果颠倒等。思维过程繁杂曲折,内容缺乏逻辑联系。也可表现为概念的紊乱,对某些常用的概念赋予特殊意义。出现此思维弱化的老人比较固执,不接受别人的批评和意见。

老年期思维能力的弱化在每个老年人的身上表现程度不同,有些高龄老年人思维仍很清晰,无丝毫思维弱化现象,而有些老年人在老年早期就表现出严重的思维弱化现象。因此,我们要重视老年人的身心健康,鼓励老年人以积极的态度对待生活,培养其思维品质,保持其良好的思维能力。

(三)老年人的智慧

长久以来,我们都习惯性地认为,人老就不中用了,想问题越来越慢,记忆也越来越差。这其实是对老年人的一种刻板印象。前面提到过,随着老年人个体阅历和知识经验的日益积累,老年人某些方面的智力不但没有下降还略有增长,这些增长的独特的晚年能力,往往被称为"智慧"。有研究者认为智慧就是一套关于现实生活的知识系统,能够使个体在复杂和不确定的情景中表现出独到的洞察力和判断力,或提出建设性的意见。

在埃里克森的发展八阶段理论中,最后一个阶段的任务是体验智慧的实现。由此可见他认为智慧是最晚形成、最高级的人格特质。一些研究者采用自评量表的方式考察了智慧的年龄差异,发现70岁以上的老年人比中年人和青年人具有更高的智慧水平。但是,并不是所有的老年人都拥有智慧[1]。心理学家波蒂斯确定了三个影响智慧的因素:一是一般的个人条件,比如心理能力;二是特定的专业条件,比如担任导师或社会实践;三是有利的生活背景,比如教育或领导经验。其他人还提出了额外的标准,比如成人期情感与认知的整合可以让人拥有智慧,这些条件和因素都需要时间。因此,尽管年龄的增长并不确保智慧的获得,但是它提供了时间这一智慧得以形成所需的支持性背景。从生活经验来看,从事服务行业的人,由于长年累月处理人类面对的各种问题,可以得到广泛的锻炼和实践,他们更容易成为智者。把年龄与生活经验放在一起考虑时,就会看到年长者比年轻人更有智慧。除了生活经验外,有人认为与压力有关的成长可能是通向智慧的道路之一,比如一个人如果面对过逆境并战胜了逆境,则更可能在晚年获得智慧。与同龄的老年人相比,拥有智慧的老年人通常受过良好教育、身体健康,他们形成了积极的人际关系,人格上更具有开放性。而且,智慧对幸福感有非常强的预测力。智慧的老年人看起来更有活力,即使面对身体及认知的挑战时也是如此。

(四)老年人智力的改善

健康的老年人拥有能解决日常生活问题的智力水平,在智力各方面并没有发

①雷雳.发展心理学[M].2版.北京:中国人民大学出版社,2013:283-284.

现明显的减退,他们生活自理,活动自如,有的还能继续工作。而智力明显减退的老年人则常常伴随着常见的老年病,比如脑血管方面的疾病,因大脑的生理结构发生病变,影响了大脑功能,使智力受损,表现出智力的病理性老化,其程度比正常老化严重,且发展较快。因此要以预防老年病入手,减少智力的病理性老化,这是十分关键的。此外,除了身体健康,还要重视心理健康,因为心理健康与身体健康有密切的关系,比如高血压、冠心病、糖尿病等疾病的产生都与心理因素有关。心理健康也与智力功能有关,比如焦虑、抑郁等不良情绪会影响记忆和思维活动,所以老年人必须注意身心健康,既要重视身体的自我保健,也要重视心理保健。

有研究表明,活动可以促进老年人智力的保持,这里的活动既包括身体活动,也包括脑力活动。有一项研究考察了身体锻炼对老年人智力成绩的影响,他们把60～80岁老年人按照坚持身体锻炼和不锻炼分成两组,测量了这两组老年人的智力成绩,发现坚持锻炼组不但身体健康,而且智力成绩明显高于不锻炼组。这表明身体锻炼延缓了智力减退,体现了"动则不衰"[①]。在进行身体锻炼的同时,也要加强脑力活动。老年人往往忽视这一点,有的甚至不愿接受,认为智力减退是因为脑细胞大量衰亡引起的。因此,他们错误地认为,人老了少用脑,就可避免脑细胞减少,也就可延缓智力减退了。其实,脑细胞的衰亡并不是在老年才发生,而且脑细胞数量庞大,它有充足的后备足以补偿,使脑功能不受影响。实际上加强脑力活动,坚持读书看报经常用脑,智力减退可以延缓,因为脑子越用越灵,这也符合"用进废退"的哲理,所以健脑之秘诀在于勤用脑。我国科学工作者根据《自然科学大事年表》所提供的846名已故科学家的材料,画出了古今中外杰出科学家的寿命图。研究表明,杰出科学家的平均寿命比普通人高出十几岁。一些神经生理学家研究认为,人的大脑开始工作越早,持续时间越长,脑细胞老化就越慢。

此外,老年人要合理安排生活,有劳有逸,动静结合,根据自己的习惯和特点,自己掌握节奏来安排工作、学习,用脑要适度,不可贪多求快,否则欲速则不达。老年人的生活环境要布置得有色彩,对心境有重要作用,环境刺激多样化,可促进视、听、嗅、味、触觉等各方面的发展,从而促进智力活动。老年人的起居活动场所可摆放一些花卉盆景或工艺品,平日也可放悦耳的轻音乐,可改善智力活动和主观精神状态,延缓衰老进程。如果了解了老年智力的特点和变化规律,并且能掌握这些规律,扬长避短,就可以保持正常的心智功能,增强自信,愉快地面对人生。

四、认知障碍与痴呆

认知是人最基本的心理过程,它由多个领域组成,包括感知觉、记忆、思维、想

---

①余运英.应用老年心理学[M].北京:中国社会出版社,2012:75-76.

象、言语等方面。认知障碍是指由于各种原因(从生理性老化到意识障碍)所导致的不同程度及不同领域的心理功能损害。大脑皮层功能是认知的基础,任何引起大脑皮层功能和结构异常的因素均可导致认知障碍。认知障碍产生的原因很多,包括人口学因素(年龄、性别、教育水平等)、遗传学因素、生活方式(吸烟、不合理饮食、缺乏锻炼等)、个人病史(头部外伤、精神疾病、血管疾病等)。

(一)轻度认知障碍

轻度认知障碍是介于正常老化和老年痴呆之间的一种状态。观察与研究发现,相当一部分老年人有明显的记忆损伤,但未达到痴呆标准。早在 20 世纪 90 年代,普莱森(Pelersem)提出轻度认知障碍(Mild Cognitive Impairment,MCI)的概念,特指与老年痴呆相似的进行性记忆损害,因没有其他认知领域的损伤,故不是痴呆。与同年龄和同等教育水平的老年人相比,轻度认知障碍的老年人出现轻度记忆或认知功能障碍,但不影响日常生活能力。此类老年人经常主诉自己的记忆力衰退,但无其他认知功能损害,能独立完成日常的生活活动等。许多证据表明,老年痴呆通常经过轻度认知障碍发展而来,因此早期发现和早期对轻度认知障碍进行干预,可期望延缓或阻止老年痴呆的发生或发展。国内学者对北京某社区进行了入户调查,发现轻度认知障碍的发病率约为 8%。

(二)老年痴呆

老年痴呆也叫阿尔茨海默病(Alzheimer's disease,AD),是发生于老年和老年前期、以进行性认知功能障碍和行为损害为特征的中枢神经系统退行性病变,临床上表现为记忆障碍、失语、失用、失认、视空间能力损害和计算力损害、人格和行为改变等。AD 是老年期最常见的痴呆类型。流行病学调查显示,大于 65 岁的老年人 AD 的患病率在发达国家约为 4%～8%,我国约为 3%～7%,女性高于男性[1]。据不完全统计,我国有老年痴呆患者 500 万人,约占全世界总病例数的1/4,且每年约 30 万人加入这个行列。老年痴呆目前已位居老年病死亡原因的第 4 位。

老年痴呆的病因至今未完全清楚,一般认为老年痴呆是复杂的异质性疾病,遗传因素、神经递质、免疫因素和环境因素等多种因素均有可能是病因。老年痴呆多见于 70 岁以上(男性平均为 73 岁,女性平均为 75 岁)老人,但也有调查资料表明老年痴呆的发病年龄有提前的趋势。痴呆发病率随年龄的增加而上升,女性较男性多,男女比例约为 3∶1。主要表现为智能衰退、记忆力丧失、动作迟钝、精神症状和行为障碍、日常生活能力的下降,甚至丧失[2]。根据认知能力和身体功能的恶

①吴江.神经病学[M].3 版.北京:人民卫生出版社,2015:364.

②39 健康网.老年人记忆的特点[EB/OL].(2008-01-28)[2017-10-25]http://disease.39.net/ln/081/28/237645.html.

化程度分成三个时期。

第一阶段(1～3年)为轻度痴呆期。表现为：记忆减退，对近事遗忘突出；判断能力下降，患者不能对事件进行分析、思考、判断，难以处理复杂的问题；工作或家务劳动漫不经心，不能独立进行购物、经济事务等；社交困难；尽管仍能做些已熟悉的日常工作，但对新的事物却表现出茫然难解，情感淡漠，偶尔激惹，常有多疑；出现时间定向障碍，对所处的场所和人物能做出定向，对所处地理位置定向困难，复杂结构的视空间能力差；言语词汇少，命名困难。

第二阶段(2～10年)为中度痴呆期。表现为：远近记忆严重受损，简单结构的视空间能力下降，时间、地点定向障碍；在处理问题、辨别事物的相似点和差异点方面有严重损害；不能独立进行室外活动，在穿衣、个人卫生以及保持个人仪表方面需要帮助；计算不能；出现各种神经症状，可见失语、失用和失认；情感由淡漠变为急躁不安，常走动不停，可见尿失禁。

第三阶段(8～12年)为重度痴呆期。患者已经完全依赖照护者，严重记忆力丧失，仅存片段的记忆；日常生活不能自理，大小便失禁，呈现缄默、肢体僵直，查体可见锥体束征阳性，有强握、摸索和吸吮等原始反射。最终昏迷，一般死于感染等并发症。

老年痴呆早期记忆障碍表现很突出，患者容易忘事，丢三落四，初期表现为对近事的遗忘，如对几小时前刚吃过什么菜已不能回忆。随着病情的加重，远事记忆也受影响，如不能回忆过去的经历。有的患者表现为情感障碍，早期有情绪不稳定，感情脆弱易流泪，遇事抑郁愁闷，为小事焦躁不安、害怕恐惧等。一些患者有认知障碍，开始可有注意力不集中、思想分散、说话重复，优柔寡断下不了决心，与以往的精明强干形成鲜明的对比。有些患者有心理障碍，由于记忆力减退，不知道东西放在何处，总怀疑有人偷他的东西。有的患者感到躯体不适到处求医检查，虽未查出异常，但仍感到痛苦。少数患者有行为障碍，一反常态变得过分节俭，到处收集废品，一些患者把自己画的简单草图比作名家所画，加以珍藏。有些患者到了新环境经常走错家门。上述早期症状，并不一定同时出现，一旦有类似症状发生，应立即到医院进行咨询，进行必要的心理测试和神经系统检查，以利于早期诊断。

老年性认知障碍和痴呆要从早期预防入手，如能在前期或初期被发现，并在生活上采取相应措施，持之以恒地做下去，是完全可以控制其发展的，并且可以使其在一定程度上向好的方向转化。从近年研究结果看，预防老年认知障碍和痴呆发生的主要措施有如下几个方面：

(1)预防和避免脑动脉硬化及脑血栓等疾病的发生。病理学研究发现，老年痴呆患者脑部某一区域组织遭到破坏，从而导致明显的认知功能丧失。脑血栓等疾病有可能会由于脑供血不足而导致脑组织损伤，从而导致老年认知功能障碍或痴呆。调节膳食,少吃食盐,并开展适宜的体育活动,有助于防止动脉硬化和脑血栓等疾病。许多人都知道,运动可降低脑卒中发生的概率。此外,运动还可促进神经生长素的产生,可预防大脑退化。

(2)加强认知训练,勤于用脑。研究显示,经常用脑或尝试新奇、有趣的事情,可保持人的头脑灵敏,也可锻炼脑细胞的反应速度,而整日无所事事,则患老年痴呆症的比例较高。老年人应多用脑,比如参加老年大学、多看书、多学习新鲜事物,或培养业余爱好,并广泛接触各方面的人,如和朋友聊天、打麻将、下棋等,这些都可刺激脑神经的活力。

(3)注意调节情绪。人们常说,"笑一笑,十年少",注意保持乐观情绪,也就是说,要宁静无惧,恬淡虚无,与世无争,知足常乐,清心寡欲。做到外不受物欲的诱惑,内不存情感的激扰,这样才能有助于健康。

(4)维持人际关系。良好的人际关系能够促进老年人的健康长寿。相关临床实验研究结果表明,抑郁是引发痴呆的关键诱因,并伴随着老年痴呆的每个阶段。因此,老年人不但要保持一个良好的心态,形成一个开朗自信的性格,同时还要和周围人经常沟通与交流,多参加一些社交活动,这对预防老年痴呆非常关键[1]。

(5)起居饮食规律。一般应早睡早起,定时定量,膳食均衡,不暴饮暴食,这对于预防老年痴呆的发生有积极的意义。在膳食上,强调做到"三定、三高、三低和两戒","三定"即定时、定量、定质;"三高"即高蛋白、高不饱和脂肪酸、高维生素;"三低"即低脂肪、低热量、低盐;"两戒"即戒烟、戒酒。老年人应多补充有益的矿物质及微量元素,若缺乏必需的微量元素(如锌等),可致大脑供血不足,引起血管病变。

第二节 老年教育对象的情绪特征

情绪和情感是人对客观事物是否符合需要而产生的态度体验。需要是情绪和情感产生的基础。能满足老年人需要的事物和对象,往往能引起他们各种肯定的态度,使老年人产生满意、愉快、高兴、喜悦、爱慕等积极的情绪体验;相反,妨碍老年人需要得到满足的事物和对象,就会引起他们否定的态度,使老年人产生不满、痛苦、忧愁、厌恶、恐惧、憎恨的不快之感。比如为了满足人际交往、自我价值、身体健康等方面的需求,老年人热衷于跳广场舞、暴走,甚至通过各种方法促成该类活动的顺利开展。总体来说,随着老年人年龄的增长,生理功能的老化,原本可以获得良好情绪体验的活动逐渐减少,尤其是原本可以在工作过程中体验到的各种积

第三章 老年教育对象的心理特征

61

①张振馨,陈霞,刘协和,等.北京、西安、上海、成都四地区痴呆患者卫生保健现状调查[J].中国医学科学院学报,2012,26(20):116-121.

极情绪如成就感、满足感等不再存在,老年人的情绪情感表现出新的特征。

一、老年人的情绪情感特证

(一)容易产生消极情绪

随着年龄的增加,老年人在外形上有明显的衰老迹象,身体开始发福,身材走样,之前的美貌和匀称的身材不复存在;各种生理功能明显下降,如出现老花眼、耳聋;运动能力下降,无法从事剧烈的运动,比如羽毛球、篮球、足球等需要足够体力支撑的活动无法参与;活动效率也开始下降,同时还会受到疾病的困扰,尤其是一些慢性疾病。这些都可能导致老年人对自身产生失望、力不从心的消极情感体验,对生活也丧失信心,特别是长期饱受疾病困扰的老年人甚至对今后的老年生活比较绝望。

由于退休导致老年人的社会角色发生改变,退休前从事领导工作的老年人,退休后失去了对工作的支配感和控制感,短时间内又不能从生活的其他领域获得支配感和控制感,往往容易使他们产生"门前冷落车马稀"的失落感和空虚感。此外,如今的子女都忙于自己的事业和家庭,特别是与父母不在一个城市生活,往往一年甚至几年才能回家一趟,陪伴老年人的时间极少,这也是造成老年人孤独感、寂寞感和空虚感加剧的原因之一。而且疾病或退休导致老年人的生活环境发生改变,社会交往圈也发生很大的改变,社会交往变得逐渐减少,高龄老年人还会面临丧偶的巨大痛苦以及丧偶带来的生活的变化。所有这些社交的变化必然导致其心理上的自我封闭,无法满足老年人的归属需要,从而加剧其孤独感和疑虑感。

此外,进入老年期后,由于工作能力的不断下降,或是工作能力的丧失,导致一些老年人没有经济来源,或是少量的退休工资无法支付高昂的医药费和生活费,其经济独立性逐渐丧失,他们必须依赖子女生活,这样的丧失感往往会降低他们的自我价值感,从而使得老年人变得容易焦虑不安,甚至敏感多疑。

一项研究表明,老年人有很多担心的问题。在860位被调查的老年人中,最担心自己的健康的有378人,占43.95%,最担心物价上涨、经济入不敷出的有299人,占34.77%,担心患病后无人照顾的占11.63%,还有不少老年人担心自己被社会遗忘等①。

(二)情绪体验强烈

个体进入老年期后,其中枢神经有过度活动的倾向,而且有较高的唤醒水平,时常会体验到强烈的情绪和情感。虽然老年人的生活经验比较丰富,对熟悉的事物和环境适应良好,但随着现代科技的飞速发展,生活节奏逐渐加快,老年人遇到

①张伟新,王港,刘颂.老年心理学概论[M].南京:南京大学出版社,2015:146.

与其以往生活经验不符的事件层出不穷,新生事物也不断涌现,而他们的学习能力、适应能力却在下降,使得老年人不安全感加剧,遇到不懂或无法理解的事物就会像年轻人一样爆发出强烈的情绪,生活中常常见到老年人可能会因为一些小挫折而大发雷霆;也可能会因为子女无意中一句话而使老年人陷入深深的悲伤之中,甚至吃不下饭,睡不着觉,影响自身的身心健康。也有些老年人用极为幼稚的行为表达对子女的不满,比如某老年人因为子女不经常回家看望,非常失落和失望,于是每次子女回家时,都用录音机大声播放《常回家看看》这首歌曲,以显示其不满情绪。

(三)情绪调节能力差

老年人由于中枢神经系统发生的生理变化导致其自我调整能力不断下降,因此一旦他们的情绪被激发,就需要很长时间才能平静下来。而且,老年人的生活相对简单,没有工作等事务占用其大量精力,因而老年人会更容易沉浸在情绪中。比如有些老年人受到不公平的对待,就会耿耿于怀,久久不能平静,甚至每每子女回家,便抱怨吐槽,无法从消极情绪中解脱出来。而子女在工作之余,常常听到父母对一些他们认为的小事不停抱怨,也可能表现出不耐烦,甚至拒绝的态度,这会更加加剧老年人的消极情绪,甚至还会破坏彼此的关系。长此以往,还可能会影响老年人的身体健康。

(四)情绪表达方式含蓄

老年人更多受到传统文化的影响,往往在日常生活中掩饰自己的真情实感,表现得不喜形于色。由于其长期的生活经验导致其在遇到事情后,会思前想后,照顾方方面面,进而就减缓了其对强烈情绪的外向表达。老年人由于其社会交往对象、社会交往范围的变化,甚至由于生活环境的改变(比如,出于养老的需要,改善居住环境;或是因为要帮助子女照顾下一代,而远离自己原来的生活环境等),以往可以互诉衷肠的老朋友由于各种原因(比如离世、搬迁等)远离,使得老年人找不到合适的人表达情绪。很多老年人更多为子女考虑,常常报喜不报忧,或是出于家丑不外扬等考虑,不轻易向外人表达自己的不良情绪。

当然,也有不少老年人退休后,积极参与社会活动,形成新的稳定的社会交际圈,发挥余热,服务社会,在此过程中不断寻求自身价值,获得成就感,体验到更多的积极情绪。从有压力的工作岗位上离开,工作压力的减轻也使得其能有更多的时间和精力发展自己的兴趣爱好,从中获得轻松愉悦的感受。此外,不少老年人知识经验、生活阅历等都较为丰富,能冷静客观地分析事物,遇事不冲动,能理性处理,形成较为稳定的情绪状态。

总之,积极稳定的情绪情感能促使老年人积极投入社会活动,延缓其生理的衰老和心理功能的衰退,从而提升老人对晚年生活的满意度。但随着年龄的增长,各种疾

病的频繁发生,会严重影响其活动能力,不可避免地会出现一系列消极的情绪情感。

二、老年人常见的异常情绪

喜怒哀乐是人之常情,但喜怒无常则容易诱发各种疾病。老年人退休后,某些负面因素,如退休后的无助、无望,经济收入减少,身体疾病带来的痛苦等都容易造成老年的异常情绪。老年人的异常情绪常常表现为抑郁、焦虑、孤独、固执等。

(一)抑郁

抑郁是一种低落的负性情绪,表现得强烈而持久,心情压抑,情绪低落,整日忧心忡忡;悲观绝望,对周围环境失去兴趣;思绪缥缈,头痛失眠,食欲减退,消化不良,给生活带来诸多负面的影响。

> 钱老太今年 70 岁,家庭生活幸福,儿女长大成人,事业有成,然而这并没使她感到愉快。家人都不理解,为什么这一年来,她总是郁郁寡欢。每当她想到父亲是 70 岁这一年去世,联想到自己也到了这个年头,觉得自己"大限将近"。起初,她感到自己得了绝症,胃痛、便秘、腹泻、失眠多梦。在多家医院做了详细检查后,她得知自己的胃肠一切正常。但她不相信这些结果,仍到处求医治病。即使有时出现感冒等轻度疾病,也是反应过度。钱老太情绪特别易激动、发脾气,常为一些小事与家人争吵不休,弄得家人谁也不敢理她,惹她。她常感到自己年轻时做过许多错事,又担心报应发生在儿孙们的身上,她不敢走出家门,变得越来越消沉,不想说话,行动迟缓,表情冷漠呆滞。她感到自己老了,什么都干不了了。近来,钱老太越来越悲观,感到自己没用,还不如死了算了。她总是感到父亲在向她召唤。于是趁儿女不在家想开煤气自杀,幸亏发现得早。家人为她焦急万分,时时刻刻要有人在她身边。但钱老太仍不断企图自杀(割脉、服药等)。家人束手无策,抱着一线希望,把钱老太送往心理科就诊,初步诊断为"老年抑郁症"。[①]

钱老太的症状是典型的抑郁症的表现。据调查,老年抑郁症中,大约有 75% 的老年人由于身体疾病或是社会、心理上受到压抑而发病。当然,老年人由于其身体功能的不断下降,且大脑的日益退化,容易诱发抑郁倾向。不少医生发现,脑动脉硬化疾病多数会出现抑郁情绪。

此外,老年人的抑郁经常会伴随着某些躯体症状,比如失眠、食欲不振、消化不良及身体各个部位的疼痛,如肩痛、头痛、腰痛等。还有些老年人如案例中的钱老

---

①王伟.最美不过夕阳红:老年人心理健康自助指南[M].北京:机械工业出版社,2011:139-140.

太一样出现疾病症状,总是怀疑自己得了不治之症,不相信医生的诊断,不相信家人的解释,到处求医问药。

(二)焦虑

焦虑是指个体在担忧自己不能达到目标或不能克服障碍而感到自我价值受到持续威胁下的一种紧张不安、带有惧怕色彩的情绪状态。一般人在面对危险、困难或预感到可能发生某些不利状况时,都会产生焦虑情绪,这种状态下的焦虑情绪并不构成心理障碍,而是一种正常的心理状态,能促使个体鼓起勇气去应对即将发生的危机。但如果焦虑的程度或持续的时间超过了一般合理的范围,便会构成焦虑症。焦虑症又称焦虑性神经官能症,以持续性紧张、担心、恐惧或发作性惊恐为特征的情绪障碍,常伴有自主神经系统症状和运动不安等行为特征。

> 李姨最近"心脏病"闹得很凶。她一犯起病来,觉得自己就快要死了,先是紧张不安,然后是心脏狂跳不止,胸部憋闷疼痛,头晕无力,全身颤抖,最后大汗淋漓。家人开始十分紧张,以为是心肌梗死,急忙打120急救电话,将她迅速送到医院,但是经过检查并没有冠脉狭窄和心肌缺血的症状,在给予了镇静药物和输液治疗后,李姨慢慢恢复了平静。
>
> 经过几次这样的折腾之后,家里人也不再把李姨的病当成严重的事情,因为每次即使不送医院,她也能逐渐自我缓解。可是李姨自己却并不轻松,她因为害怕一个人出门时会在街上发作,所以轻易不再外出,外出也必须拉上一个人一起走。
>
> 经诊断,李姨患上了老年焦虑症。[1]

老年人由于体弱多病,行动不便,且视力、听力等均开始下降,记忆能力减退,这一系列身体及心理功能的变化都给生活带来诸多不便,容易引起焦虑情绪。老年人常常伴有各种慢性疾病,如糖尿病、高血压等,长期用药也可能诱发焦虑情绪。此外,退休后社会地位、社会角色的改变,现实生活中经济收入的减少、死亡临近等都可能引发其长期的焦虑情绪。

但老年人有时并不能准确表达自己的不良情绪,且焦虑抑郁等情绪也常伴有躯体症状,因此老年人往往表述为身体不好、睡眠不佳或是身体哪个部位疼痛等,这样的表述有时无法引起子女的关注,从而延误治疗。

(三)孤独

孤独是一种主观上的社交孤立状态,伴有感觉自己被忽视、被遗忘,被他人认为无足轻重,人际交往未能得到满足引发的消极的心理体验。因此,孤独并不在于生活上的孤独,而是心理上的感受。有些老年人明明跟子女生活在一起,但仍然会

①吴兰花.空巢老人心理调适手册[M].杭州:浙江工商大学出版社,2014:68.

感到孤独。

　　赵老伯是一位退休的老医生,他把自己的一生都献给了医学事业,被他救活的病人不计其数。

　　退休后的赵老伯依旧很关心医院的那些事,每隔一两天就要跑一趟医院去看看。当然,医院的同事们很尊敬赵老伯,每次他来医院,都很热情地和他打招呼。不过,大伙都有自己的事情要忙,不能总陪着赵老伯。医生出身的赵老伯知道医院的工作很严肃,所以总告诉大家不要招呼自己。他常常去病房看看,问问病人的情况……

　　可是没过多久,赵老伯感到了孤独。老伴几年前由于心脏病离开了人世,在空荡荡的房子里,赵老伯找不到一个聊天的人。儿女让他搬到国外和他们一起住,可是赵老伯说国外人生地不熟的,不习惯……

　　一年多过去了,赵老伯依旧一个人过着。①

　　我国上海一项调查发现,60～70岁的人中有孤独感的占1/3左右,80岁以上者占60%左右。一般来说,偶尔或短暂的孤独并不会造成心理及行为的紊乱,但如果长期处于孤独状态,则可能会引发各种情绪障碍,甚至影响身体健康。美国医生詹姆斯等对老年人进行长达14年的调查研究发现,独居者得病是正常人的1.6倍,死亡的可能性是爱交往者的2倍。他对7000名美国居民做了长达9年的调查发现,在排除其他原因的情况下,那些孤独老年人的死亡率和癌症发病率比正常人高出2倍②。

　　我国开始进入老龄化社会,老年人的比率逐年上升,且随着社会的快速发展,年轻人都渴望到大城市或国外发展,即使在同一个城市生活,子女也都不愿与父母一同居住,空巢老人越来越多,"开门一把锁,进门一盏灯,出门一拐杖,撒手一空房"便是他们最真实的写照。尤其是那些失去配偶的老年人更加孤单。不少老年人会变得沉默寡言,社交能力减退,甚至萎靡不振,或者表现为脾气暴躁,惹是生非。有些老年人还会通过养宠物来排解孤独感。

(四)固执

　　固执指的是人们在认知过程中无法将客观与主观、现实与假设很好地区分开来。如果将自己这种已有的经验驾驭现实之上,并过分固化的话,就容易产生执迷不悟。美国心理学家莱昂·费斯汀格认为,认知失调往往会导致固执的产生。俗语"不撞南墙不回头,不见棺材不落泪"就是对固执生动而形象的描述。

　　徐大爷今年70岁了,退休之前是部门一把手,平时说一不二。退休

①吴兰花.空巢老人心理调适手册[M].杭州:浙江工商大学出版社,2014:79-80.
②吴兰花.空巢老人心理调适手册[M].杭州:浙江工商大学出版社,2014:80-81.

后变得非常固执，自己认准的事，不管子女怎么劝说都不愿改变。平时生活中就常因一些小事与子女争执。比如儿子说隔夜的菜不能吃，对身体有害，徐大爷不听，还说，"我们年轻的时候一直都是吃隔夜的菜，也没见生什么病"，而且为了证明自己的观点，每天都要吃隔夜菜，如果儿子偷偷倒掉，就会大发雷霆。平时家里不用的物品，家人要处理也不允许，认为是浪费，搞得家里到处是废旧物品。

在教育孙子方面，也跟儿子有很大的冲突，认为棍棒之下出孝子，只要孙子做错了事情，轻者责骂，重则挨打。一旦儿子儿媳提出反对意见，就大声嚷嚷，你小的时候我们就是这样教育的，还不是好好的，没见出什么问题。

徐大爷自己身体欠佳，医生建议他戒烟戒酒，子女劝说被他说成是不孝，平时为了表明自己身体健康，即使生病了也从不去医院，不打针不吃药。

老年人的固执一旦形成，一般很难根据新情况做出改变，平时表现得较为刻板，敏感多疑，容易激动。老年人的这种固执己见，容易造成人际关系的不协调。在平时与人相处过程中，可能会因为意见不合而不自觉地离群索居，与后辈形成代沟，与朋友产生矛盾，导致人际关系的紧张，让自己成为生活中不受欢迎的人。

三、老年人的情绪管理

老年人的生理和心理功能不断衰退，社会角色的变化等都使老年人的情绪处于不良的状态，但如果能处理得当，及时调整，就不会对生活造成不良的影响。但如果负性情绪不能得到妥善处理，就会对老年人的生活、身体、心理造成损害。这就有必要让老年人学会正确管理情绪的方法，调整他们的生活态度，从而提高其情绪管理能力。

(一)及时觉察自己的情绪并恰当表达

虽然说我们自己是最了解自己的，但有时并不能及时觉察自己的情绪状态，尤其是老年人，平时可能比较关注自己的身体状况，但不太关注自己的情绪状态，如果任由不良情绪持续存在，就会严重影响他们的日常生活。因而老年人也要通过各种方法及时觉察自己的情绪状态，及时发现自己的不良情绪，这样就能及时缓解，让自己处于良好的情绪状态。具体的方法如下：

1. 了解并掌握自己的情绪活动规律

平时生活中注意观察自己的情绪变化，了解自己情绪低潮期和高潮期的变化规律，做到坦然接受，并寻找有针对性的对策和方法。

2.学会理性分析自己情绪产生的原因

老年人一旦产生情绪,往往处于非理性状态,甚至暴跳如雷,口不择言,这对老年人的身体极为不利。为防止老年人经常处于这样的不良状态,在事过之后,应学着理性分析自己产生不良情绪的原因,不让自己陷入不良情绪的循环之中。

3.养成整理情绪的习惯

定期清理自己的情绪,尤其是在遭遇大的事件后,更要及时关注自己的情绪变化,及时清理消极情绪。

(二)学习调节情绪的各种方法和策略

美国有位哲学家说过:"生命的潮汐因快乐而升,因痛苦而降。"拥有快乐健康的情绪是每个人的愿望。老年人学习一些调控情绪的知识和方法,对于维持他们的情绪健康和身心健康有着重大的意义。老年人可以从以下几方面入手调适自己的情绪状态:

1.合理宣泄

人们在日常生活中不可避免地总会体验到众多的消极情绪,如果这些消极情绪积累多了,时间长了,就会产生爆发性的不良后果。老年人更是如此,长期不良的消极情绪往往会影响他们的身体健康,且不良情绪的爆发结果也是很多老年人无法承受的。因此及时恰当地宣泄这些不良情绪就显得尤为重要。一般适合老年人的合理的宣泄方法有:

第一,倾诉。当老年人心中积满苦闷、烦躁等不良情绪时,可以及时向老伴、朋友、子女倾诉,将心中的不满和委屈及时疏散。也可以通过书写,毫无保留地表达自己内心最真实的想法,消极情绪一旦发泄出来,心中的郁结就会慢慢化解。

第二,叫喊哭泣。老年人在遭遇突如其来的灾祸时,往往精神上倍受打击,可以选择在适当的场合、恰当的时间放声大哭,或是大声叫喊,这是一种积极有效的排除焦虑、烦躁、痛苦等消极情绪的方法。

第三,活动。当老年人处于消极情绪时,往往不愿意外出参加各种活动,自己闷在家里,陷入消极情绪状态而无法自拔,形成恶性循环。这时需走出家门,参加各种适宜的活动,比如散步、下棋、唱歌、跳舞等,通过参与活动使郁结的怒气和不满得到发泄,原本低落的情绪也会得到缓解。

2.主动调节

宣泄消极情绪可以缓解当下的不良状态,减少内心的冲突,但有时往往治标不治本,因此老年人还可以学习调节情绪的方法,主动让自己处于良好的情绪状态,免于不良情绪的侵扰。

第一,积极的自我暗示。暗示是借助语言的刺激纠正和改变个体的某种心理状态或行为模式,是自己有意识地不断强化某种观念来影响自己的情绪和行为。

比如有的老年人长期受到慢性疾病的困扰,就可以自我暗示"经常得小病意味着我不会生大病,以后日子还长着呢",保持积极的心态。

第二,放松训练。通过想象一些安宁、舒缓、愉悦的情景,尽可能运用各种感官,想象各种声音、形状、颜色、气味等体验身临其境的感觉,从而达到放松身心的目的;也可以聆听一些舒缓的音乐来放松身心;还可以采用肌肉放松法,采用卧式,对头、颈、四肢、躯干等部位进行肌肉紧张放松的训练,体会放松的感觉,从而达到缓解消极情绪带来的紧张状态。

(三)培养积极的生活态度

虽然随着年龄的增加,老年人的身体状态有所下降,但退休后,生活压力与工作压力都有所下降。老年人可以从积极角度看待当前的生活,正确面对自己身体、工作等各方面的变化,并接受这些变化。老年人还可以积极投入到自己的兴趣爱好中,以往因为工作生活等原因无法完成的事,都可以在退休后尽情投入,从而得到精神上的满足。老年人还可以外出旅行,饱览祖国大好河山,弥补以往无法游览名胜古迹的不足;当然也可以出国旅行,尽情体验不同的风土人情,开阔心胸,愉悦心情。

(四)积极充实自己的生活

老年人退休后,一下子从忙碌的生活中闲下来,不用早出晚归,不用加班加点,难免会有些不适应。老年人可以提前做好退休后的生活规划,及时培养各种兴趣爱好。也可以参加各种培训班、各种团体活动,以充实自己的生活。现代科技日新月异,老年人也可以活到老学到老,按照自己的兴趣提高自己各方面的技能。同时还可以积极投入到社会服务中,参与各种志愿者服务,发挥余热。尤其是某些专业的专门人才,由于其工作经验、人生阅历的丰富,对很多工作有独到的见解。老年人可以利用自己的专业特长,积极主动地帮助和培养年轻人;也可以参与社区或小区的服务工作,在工作中发挥自己的才能,获得自信,培养自己的成就感和价值感,增强存在感。

(五)加强人际交往

进入老年期后,个体由于生活环境的变化,人际交往的对象势必发生改变,从以往与同事交往为主转变成与邻里家人交往为主,因此老年人自己需要积极主动,多与周围人交往,建立良好的人际关系网。也可以通过参与各种社区团体,增加与周围人交往的机会,提高其人际交往的频率,以克服孤独感与失落感。

第三节 老年教育对象的人格特征

李大爷和李奶奶已经60多岁了,两人一起生活了40年,一直都和和睦睦的。但随着年龄的增大,两个人之间的矛盾却越来越多。李奶奶是乐天派,平时说话做事都是快人快语,闲不住,退休后,参加了很多小区里老年人的团体,早上早起跟一群老太太一起舞剑,匆忙回家吃过早饭后,又跟几个要好的朋友一起坐超市的免费巴士去超市买菜,一群人说说笑笑,天天非常乐呵。李奶奶还参加了社区组织的老年人腰鼓队,天天下午要排练,经常还要外出演出,晚上吃完晚饭就去跳广场舞。每天的日程都排得满满的。李大爷经常嘀咕,李奶奶退休后的生活比退休前还忙碌,经常忙得不回家做饭,让李大爷自己解决。但李大爷是个好清静的人,退休前是单位的领导,平时工作很忙,可是一旦闲下来,不知道做什么好。天天在家待着,养养花,看看报。每当看到李奶奶喜笑颜开地回到家,李大爷就非常生气,觉得自己退休后,谁都不把他当回事。

儿女周末回家看望他们时,两人的做法也是完全不同。李奶奶把自己平时认为好吃的东西都存着,孙子孙女回家了,就硬要他们吃,如果谁不喜欢吃,她就很伤心。而李大爷则经常端着架子教育儿女,尤其是孙子辈的,看不惯年轻人的很多做法,动不动就大声呵斥,不是认为孙子坐没坐相,就是认为孙女的头发让他不满意。有时看到小区里的年轻人手拉手走路,也要上前教育。每当这时,李奶奶就会加以阻止,李大爷的怒火就会全部发泄在李奶奶身上,两人就隔三岔五地吵上一架,而且还会冷战,最严重的一次,还说要离婚。这让子女们很是头疼,这两位老人还真是越来越像小孩,一点点小事就能吵上一架。

李大爷和李奶奶的变化反映了老年人的人格与社会性随着年龄的增长而变化的特征。作为家人及社会不仅要关注老年人的身体健康,更要关注老年人的心理特点。唯有了解了老年人的人格与社会性特征,才能更好地与之相处,帮助老年人过上有品质、幸福的老年生活。

一、老年人的气质特征

在人的一生中,人格的连续性大大超过它的变化性,老年期的人格特点是他青年乃至童年期人格的继续。但人格特征又会随着个体年龄增长、环境变化等因素发生一定的变化。在进入老年期后,身体的生理活动逐渐趋向衰退。很多人在年轻时的意气风发、活泼向上、冲动莽撞都会在老年期慢慢消失,代之以缓慢、沉默和稳重。

(一)气质的概念

心理学中所说的气质（temperament），是指在情绪反应、活动水平、注意和情绪控制等方面所表现出来的稳定的质与量方面的个体差异（Rothbart，Bates，1998）。气质受神经活动的特性所制约。

古希腊医生希波克拉底提出，人体内有四种不同体液：血液、黄胆汁、黑胆汁和黏液。他认为，正是这四种体液"形成了人的性质"。不同的人体内，这四种体液所占比例不同，即形成不同的气质类型，分别为多血质、胆汁质、黏液质和抑郁质。

(二)老年人的气质特征

气质类型由神经过程的特点决定，而神经过程的特点是先天形成的，因而一个人的气质类型在一生中都比较稳定，当然，也不是不能改变，后天教育可依据不同气质类型的个体展开有针对性的引导。老年人的气质类型也有常见的四种类型，但相对来说，老年人的气质特征已经较为稳定，很难改变，且老年人不容易接受新鲜事物，平时表现得比较固执。

不同类型的人进入老年期后，其气质特征的表现也各不相同，会表现更为极端。在与老年人相处过程中，针对不同气质类型的老年人，我们的应对方法也应有所不同。

1. 胆汁质

胆汁质的人相对比较精力旺盛、易感情用事。胆汁质的老年人脾气会更为暴躁，经常会为一点小事而大发雷霆。比较有正义感，喜欢管闲事，平时看到一些他们认为不公平的事情，就会打抱不平。对于该类型的老年人，首先需避免与其发生正面冲突；在其发脾气时，尽可能冷处理，等他们平息怒火后再理性做工作。

2. 多血质

多血质的人一般都比较灵活，活泼好动，反应迅速，适应能力强。因而多血质的老年人比较好相处，他们能客观面对现实，退休后，能较快地适应退休后的生活。而且他们乐于与外界联系，能很快寻找到新的团体，能接受很多新事物，重新安排自己的生活。因而，与多血质的老年人相处时相对比较放松，往往能做到较好地沟通。

3. 黏液质

黏液质的人比较稳重、踏实，但比较死板，灵活性较差。黏液质的老年人会变得更为内向，平时常常沉默寡言，也较少外出，喜欢宅在家里自己看报、养花等。因此，与黏液质老年人相处时，一定要遵守承诺，特别是事先答应的事情一定要按定好的计划实施，否则很容易招致他们的不满。

4. 抑郁质

抑郁质的人比较敏感多疑,体验比较丰富,较为敏锐,表现较为温柔。抑郁质的老年人会变得更加多疑和自卑。平时一点小事就能让他们生气很久,晚辈无意中的某句话或某个行为,他们都会琢磨半天,会表现得自怨自艾。因此,与抑郁质老年人相处时,一定要给予较多的关怀和照顾,让他们感觉到来自晚辈的关心和爱护。同时,与他们相处时,也需注意言行,不可在他们面前小声说话,故作神秘,否则很容易引起他们的怀疑。

二、老年人的性格特征

(一)性格的概念

性格是指人较为稳定的态度与习惯化了的行为方式相结合而形成的人格特征,是一个人心理面貌的本质属性,是人与人相互区别的主要方面。性格主要是在后天生活环境中形成的,它包含多种特征,是相当稳定的心理特征。但这并不代表性格是一成不变的,某些因素(如年龄、疾病、意外事件、特殊的环境等)都可能对人的性格产生影响。

老年人由于经历复杂,经验更为丰富,因此性格特征也就更为突出。很多老年人的性格随着年龄的增长常常会发生明显的变化。如果老年人退休后身体还十分健康,经济条件、环境、文化生活等没有发生重大变化或者虽然有些变化但总体上能够承受的老年人,其性格通常不会发生重大改变。

相反,如果老年人退休后体弱多病,又缺乏子女亲友的照顾、经济条件较差、生活困难、家庭矛盾多、子女发展欠佳等,则老年人性格就容易变得暴躁、易怒、焦虑、忧郁,甚至会变得孤僻、古怪、不近人情、厌恶与人来往。

(二)老年人的性格特征

由于对老年期生活的适应情况不同,老年人表现出性格上的差异。有人将老年人的性格特征分为五种类型①。

1. 成熟型

成熟型老年人有人生智慧,感到自己的一生收获不少,是有成就的一生,在离退休时心安理得,毫无挂恋,理解现实,并以积极的态度面对现实,积极参加工作和各种社会活动。对家庭及社会中与他人的关系感到满意,有充实感,关心面广,面向未来,坦然接受老年生活,顺其自然,十分珍惜每一天的生活,对未来生活并不感到苦恼。

---

① 张伟新,王港,刘颂.老年心理学概论[M].南京:南京大学出版社,2015:163-164.

2.安乐型

安乐型老人也能够接受退休的生活现状,心态上十分悠闲自得,而且对自己目前的处境比较适应,基本上能够把自己照顾好,安享老年生活。不过,这样的老人不太喜欢参与社会事务,社交生活圈较为狭窄,也容易把自己的生活完全寄托在别人身上,无论在精神上还是在物质上都在期待别人的援助。

3.防御型

防御型老人对感到恐怖苦恼的事情,都用强烈的防御机制来应对,不愿别人认为自己老了,没用了,自己也不服老,也不承认自己老,不信任别人,只相信自己,凡事事必躬亲。所以总是忙碌不已,不让自己有空闲时间,用不停的繁忙活动来抑制自己对衰老和死亡的恐惧,或者为满足别人的需要而不停忙碌,从中产生成就感,借以慰藉年老所带来的失落感。由于对工作有过分的义务感和强烈的事业心,因而嫉妒年轻人。

4.易怒型

易怒型老人很难接受老年期的来临,对未能达到生活的目标,产生怨恨和绝望情绪,并将其原因归罪于别人,非难别人,对于现实生活不满,对人心怀怨恨,愤怒的矛头多指向他人,常采取批评指责的沟通方式,常有满肚子的怨气,将朋友家人当作出气筒,总认为国家社会、家人朋友对不起他。对离退休和老龄化采取根本否定的态度。对死亡有较强的恐怖感,怨恨和嫉妒年轻人,有时甚至表现出敌意。

5.自责型

自责型老人也有不满,但他们是指向自己的。他们瞧不起自己,常觉得自己做得不够好,愤怒攻击的矛头指向自己,把自己的一生看成是失败的一生,把失败的原因归罪于自己,责备自己。他们悲观地面对老年生活,认为自己没有用,到老了又成为家人的累赘,自己活着也失去意义,认为死亡反而是一种解脱,有时甚至会产生老年忧郁症状或自杀倾向。

一个人能否顺利地度过晚年,与各自的心理适应模式有很大的关系。一般来说,成熟型和安乐型的老年人,能够正确选择和对待晚年生活,用各种方式(如上老年大学、参加社会活动和体育活动),来充实自己的晚年生活,而且基本上能够科学地安排自己的养生保健。防御型和易怒型的老年人,由于不服老,倾向于做自己力所不能及的活动和工作,往往容易超越现实的身体能量,不利于老年生活。自责型的老年人,对各种外部信息刺激都表现得淡漠而没有情趣,没有兴致,最终会导致自我封闭,难于与外界进行有效的沟通和交流。

三、老年人人格变化的应对

面对老年生活,我们每个人都是自己的主宰。尽管面临身体、心理、行为、角

色、社会地位的变化,但老年人依然可以充分调整自己,让自己有一个幸福、有品质的老年生活。

(一)老年人尝试改变生活重心

许多老年人退休前把自己的人生重点放在工作上,将工作视为生命中不可缺少的部分,尤其是一些老干部,在离休前,有较高的社会地位和广泛的社会联系,一旦退休后,其生活重心变成了家庭琐事,这就需要老年人重新调整自己的生活节奏,改变原有的人生重点,重新找到生活的乐趣所在。还可以通过自我分析,自我控制,自我监督,有意识地克服和改变性格上的不良状态,通过适宜的体力和脑力劳动,锻炼强化良好的性格特征,让健全的人格伴随自己的老年生活。

(二)保持好奇心,勤奋学习,科学用脑

不可否认,随着年龄的增长,老年人适应外界、接受新事物的能力会逐渐减弱,遇到不良的环境刺激,比如家庭关系紧张、被骗、子女不孝顺、丧偶等情况,容易出现不良情绪,甚至出现绝望的念头,变得孤僻、内向、自我封闭。面对日新月异的社会,老年人也需对新事物保持好奇心,重新学习,丰富精神生活,延缓大脑衰老。老年人可以学习用电脑、用智能手机,更新自己的专业知识和技能,了解国内外大事,更新观念,紧跟时代步伐,更好地适应当今社会。

(三)家庭成员需正确认识和接受老年人的人格变化

亲友和子女应该考虑老年人的性格类型,有针对性地与老年人相处,照顾老年人的生活。首先,正确认识老年人性格变化并非老人的过错,而是心理年龄特征的表现,是应该得到理解的。其次,针对老人的特点巧妙引导,不要强硬对抗,而应在肯定老人的同时,不知不觉间对老人的心理生活给予引导,以便老人更好地适应老年生活。比如,给老年人安排一个良好的生活环境,使老人感到安全、可依赖,尽量避免精神刺激;鼓励和支持老年人参加文体活动和社交活动,多多主动和他们聊天,防止或减少他们产生孤独感;定期陪老人到医院进行身体检查,关注他们的身体健康状况,及时预防和治疗躯体疾病;多主动了解老人的情绪体验,给予精神上的抚慰,帮助调节其不良情绪;当发现老人有明显性格改变时,遵循早发现、早治疗的原则,让其及时就医,寻求专业的帮助①。

第四节　老年教育对象的人际交往

任何人都生活在一个特定的社会群体之中,不可能离群索居。人不可能过分地封闭自己,应该像我们的房间一样,需要经常开窗透气,才不至于觉得憋闷。对

---

①张伟新,王港,刘颂.老年心理学概论[M].南京:南京大学出版社,2015:172.

老年人来讲,社会交往更是其获取信息、交流感情、增进友谊、丰富晚年生活的重要渠道。

一般来说,良好的人际关系,会使人心情愉快,人与人之间的心理距离更接近,社会适应能力更强;缺乏人际交往的老年人,往往觉得苦闷孤独、心情压抑,产生无助感,从而影响健康,引起疾病。调查研究表明,家庭和谐、心情愉快的老人,患病率为1.4%;有家庭不和、子女不孝等因素,老人患病率高达40%。

一、老年人的人际交往模式[①]

一般而言,每个人都有三个社交圈,家庭是第一社交圈,同窗同事、亲朋好友是第二社交圈,泛泛之交是第三社交圈。对老年人来讲,从工作岗位退下来回归社区、家庭,第一社交圈交往频率提高,第二社交圈对象由同事转变为邻里、亲朋好友,第三社交圈则要视老年人的健康状况、活动兴趣喜好的差异而定具体对象、范围。当然,并非所有人都按这种模式交往,如丧偶老人、子女都在国外的"留守"老人就有特殊的社交圈。

(一)老年人的家庭关系

首先,家庭的基础和核心是夫妻关系,许多家庭职能是通过夫妻之间相互作用而实现的。老年夫妻关系大多数是良好、正常的,具有稳定、休闲、真挚、和谐、深沉的特征。虽然也会因为空巢感到些许惆怅,因为琐事而发生些许争执,但有足够的时间来从容地相互沟通,妥善地解决矛盾;虽然会因为更年期综合征而产生摩擦和不适应,但更会由于在更年期间的谅解、体谅、宽容和挚爱而珍惜夫妻情缘。老年夫妻感情的表达方式不像年轻人那样奔放热烈,但由于多年的共同生活,举手投足不用言表就能知道对方在想着什么,彼此间的理解默契是年轻夫妇无法比拟的。

(二)老年人的代际关系也存在其特点

代际关系是指父母与子女两代人之间、祖父母(外祖父母)与孙子女(外孙子女)三代人之间一脉相袭的血缘关系,包括公婆、岳父母与媳婿之间因联姻而结成的姻亲关系。老年人在自我评价晚年生活幸福感时,有个很重要的衡量指标,就是子女对其是否孝顺。大凡子女孝顺,老人幸福感就强,子女对父母不孝敬,即便老年人在物质生活条件较优裕的情况下,幸福感也较弱。随着时代的变迁,社会的进步,家庭观念、代际间的关系都会发生变化。当子女长大自立、成家立业时,有自己独立的生活,这时候就会形成很多"空巢家庭",这是时代发展的必然结果。有些老夫妻顺利地把注意焦点转移到老伴身上,爱孩子的同时给予孩子充分的自由空间,

①李菲菲.居家养老之心理健康[M].北京:北京科学技术出版社,2016:82-83.

自己也有独立的空间同老伴一起享受晚年生活。但也有很多老年人仍然过着"为孩子而活"的生活,将"孝顺"定义为子女时刻围在自己的身边,而子女也有自己的生活,无法像老年人希望的那样顾及他们,因此产生"空巢寂寞"。

(三)老年邻里朋友关系

老年人由于生理、心理功能的逐渐衰退,活动能力和反应能力都会有所下降,社会交往的范围有所收缩,邻里之间的交往都比在职时要频繁些。而兴趣爱好的一致性、需要的互补性、态度的相似性等人际交往的内在动因,又使老年邻里交往的内容更具有内涵。老年人更加愿意跟拥有共同兴趣的人交往。老年人更容易以某种共同活动联系起来,如跳舞、下棋、钓鱼等。

二、老年人的人际交往特征[①]

个体处在不同的年龄层,接触的人不一样,人生经历、人生观、世界观不同,人际交往方式也因此不同。老年人特殊的人际交往方式也就带来了不同于其他年龄段的问题,他们的交际集中体现了稳定性、深刻性、收缩性和谨慎性等特点。

(一)人际交往对象相对稳定

经过几十年的长期接触和了解,老年人和与之交往的人一般都形成了比较固定的关系,或者是推心置腹的莫逆之交,或者是不亲不疏的一般关系,或者是礼节性的点头之交。知心朋友一般都是老朋友,彼此相处时间长了,大家互相了解,性格相近,兴趣相同。

(二)人际交往的内容比较深刻

老年人由于社会阅历丰富,人际交往虽然也受到如交往频繁程度、外貌和衣着等第一印象之类外在因素的影响,但促使老年人互相吸引和进一步交往的动因,更主要是一些内在因素,如两个人有共同兴趣爱好、需要方面有互补性、脾气性格的相似性等,这些促使老年人的交往内容往往比较深刻而具有内涵,在交往中一旦成为好朋友,就会更持久地保持友谊。

(三)人际交往的范围有所缩小

由于社会的原因,如老年人到一定年龄必须离开工作岗位等,使得老年人在第二社交圈的交往逐渐减少。另外,由于生理、心理功能的逐渐衰退,活动能力和反应能力下降,老年人交往范围进一步缩小,大都集中在第一社交圈和第三社交圈,而渐渐淡化了与第二社交圈的关系;有些老年人体弱多病,行动不便,那么交往范围可能会更小,或者只限于跟第一社交圈的家人交往。

---

①张钟汝,张悦.老年心理保健[M].北京:高等教育出版社,2013:93-94.

(四)人际交往的选择比较谨慎

由于老年人在几十年的人生旅途中,经历了许许多多的人和事,他们对什么样的人可交,或者自己喜欢与什么样的人交往,都有一个大体的标准。所以在与人的交往过程中,往往会用审视的眼光和心理来度量对方,也不会像少年那样,一次聊得投机就会把心交出去,视为知己,而是通过长时间的交往和考虑,才决定是否要继续交往下去,或者是否会与他人成为知心朋友。

三、老年人人际交往的改善

人际交往是建立在互尊互爱的基础上的,老年人的交往也是如此。老年人通过与他人之间情感、心灵的交流,获得精神和心理的互动以及情感上的支持。改善老年人的交往现状,可以从以下几个方面入手:

(一)克服自身交往的缺陷

部分老年人在与人交往时表现出自负、孤僻、多疑、干涉等特点,尤其是一些退休前处于领导岗位的老年人,与人交往时习惯性地下命令,态度傲慢,招致他人的不满;还有些老年人由于各种原因性格孤僻、多疑,很难与人建立良好的人际关系;也有些老年人过分干涉子女甚至孙子孙女的生活,引发晚辈的不满。这些性格上的缺陷容易产生交往障碍。因此老年人需正视自己的这些不足,通过培养高尚的情操和科学的兴趣爱好丰富自己的精神生活,开阔视野,提升自己的素养,提高生活品质,从而更好地与人相处。

(二)主动出击,增加交往

随着年龄的增长,很多老年人的主动性会变差,他们会认为缘分到了,自然就能成为好朋友,但老年人由于身体及心理的特点,已经无法像年轻人那样可以有充足的时间去遇到知心好友,而且由于老年人本来情绪不易外露,情绪表达比较内敛,跟人交往相对比较理智,因此可能造成他们很难交到朋友。鉴于此,老年人需主动出击,增加与人交往的机会,走出家门,积极主动与人交流,寻找志同道合的好朋友,建立良好的人际关系网。

(三)学习人际交往的技巧

虽然有主动交往的意愿,但如果没有恰当的交往技巧,有时往往会弄巧成拙。因此,老年人还可以学习一些人际交往的小技巧,以拉近彼此的感情,消除交往之初的戒备,坦诚以待。比如在外面遇到时,可以主动微笑打招呼,亲切的笑容往往能给人家以温暖,自然化解彼此之间的陌生和冷漠。还可以从积极的角度看待他人,寻找他人身上的闪光点,给人赏识,夸赞和表扬本来就是建立良好人际关系的法宝。此外,老年人交友时还需秉承求同存异的原则,允许他人与自己有不同的观点和想法,宽厚待人,从而赢得他人的友谊。

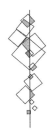

(四)给予子女积极的情感支持

由于社会不断开放,人员流动频繁,社会生活节奏加快,离婚率逐年上升,单亲家庭的比例日益增加,夫妻感情、父母子女情感等相互支持力量的缺乏等,是现代家庭危机的重要方面。当今的孩子,大多数为独生子女,成长过程中缺乏兄弟姐妹的陪伴,加上生活节奏的加快,工作压力的增加等原因,会让他们感到孤独,尽管已经成年,但仍需来自亲人的支持和鼓励。这时父母能给予适当的情感支持,虽然不能帮助他们解决各种生活问题,但这种支持往往会成为他们战胜困难的巨大助力,使他们有勇气面对各种阻碍。当然,这种情感的支持是双向的、互动的,孩子同样也是父母情感的支持者。在这个相互支持的过程中,自然就加深了彼此的感情,建立亲密的人际关系。

(五)建立民主的家庭氛围

家庭中的每一个角色都不是裁判、不是警察,而是共同成长的朋友。老年人作为父母,相对于孩子来说,虽然经历更多的风雨,有更多的生活阅历,但现代社会发展迅速,老人的经验和阅历未必都能解决当下的问题。因此,老年人可以在子女需要帮助时,根据自己的人生阅历给予建议和意见,体现自身的价值。但决不能扮演裁判者或旁观者,而应在给予子女自由氛围的前提下,扮演支持者的角色,这样的家庭互动才能营造良好和谐的家庭氛围。

第四章　老年课程建构

老年课程建构是老年教育的核心环节,关系到老年教育的质量问题以及能否真正实现教育目的。虽然目前我国老年教育已形成了比较稳定的课程体系,但是也存在一些问题,例如课程内容的设置缺乏一定的依据。随着时代的变迁,社会对老年人的需求以及老年人自身的需求在不断地发生变化,所以也不断地有新的课程被开发,不适应的课程被淘汰。在建构我国老年课程体系时,既要立足于我国老年教育课程开发的历史经验,吸收西方成功的经验,建构适合我国国情的老年课程体系,又要积极思考和分析我国老年课程开发存在的问题,不断地改进。本章主要梳理了我国老年课程开发的历史经验,分析各阶段课程设置的特点,剖析我国老年教育课程设置存在的问题,并提供老年课程开发的一些理论依据,最后以颐乐学院为例,展现一个有特色的老年课程体系以供参考。

第一节　老年课程开发的发展

课程开发一直是教育理论研究中的重要领域。老年教育作为一项新兴事业,正处于探索和快速发展阶段,目前尚未形成成熟的课程开发体系。老年课程的设置和课程内容的安排对实现教育目的,增强老年教育效果和社会效益,具有重要的意义,是关系到老年教育能否向纵深发展,是否具有生命力的重大问题[1]。因此,在进行老年教育的课程设计和开发时,要吸取以往老年课程开发的经验,并充分考虑老年人特定的心理特点和学习需求,以及积极老龄化背景下的社会需求。老年课程的设置既要适应老年人发展的需要,满足他们的需要,发展他们的兴趣,又要使老年人积极参与活动,为社会做一定的贡献。

一、我国老年课程开发的发展历程

在发达国家创办第三年龄大学的背景下,20 世纪 80 年代,我国老年教育进入了探索和实践时期。1983 年,我国山东创立了国内第一所老年大学——山东省红

---

①杨国权.关于老年教育的课程设置问题[J].中国老年学杂志,1992,12(2):65-67.

十字老年大学,之后老年大学在全国各地兴办。我国老年教育从兴起到现在只有30多年的时间,老年课程的开发和设置一直是重点问题,也是难点问题。

国内学者岳瑛对我国老年大学课程设置中的课程内容做了分析研究后发现:

第一,国内老年大学课程开设的门类不断增多,并逐步向专业领域扩展、细化和深化,从1987年的130种课程发展到2009年的215种之多。

第二,热门课程已形成,从学习的人数来看,书画、舞蹈、中西医保健卫生、声乐、计算机应用这五类课程基本已成为各地老年大学普遍开设的课程。

第三,适应时代的新课程被不断开发,不适应的课程被淘汰,其中电脑基础及实用技术课程、摄影(数码相机)技术及照片处理、数码钢琴等西洋与民族乐器、地方特色历史文化、名曲欣赏、时装及表演、健身操瑜伽类、旅游文化、烹饪与营养、花卉养植等课程被大量开发;而家政类专业中的服装裁剪、缝纫、制作等课程以及一些不适应老年人的生命特征(对视力、体力、灵敏度等要求过高)的课程,如钩编、布雕、串珠、剪纸、丝网花等手工艺制作课程,已经被淘汰。

我国老年教育从兴起到发展,其课程开发大致经历了三个阶段,现将其分为探索尝试阶段、精细稳定阶段和科学发展阶段。下面以1985—2002年天津市老年人大学开设的课程为例①,分别概述各个阶段老年教育课程开发的特点。

第一阶段:老年课程开发的探索尝试阶段

20世纪80年代,我国的老年教育处于初创期。从全国各地老年大学初创时期的课程来看,此阶段开设的课程类别、数量相对来说比较少,并且课程设置比较零散,尚未形成体系,说明老年教育课程开设还处于摸索和尝试阶段。下面以1985—1992年天津市老年人大学开设的课程为例(表4-1)。

表4-1　1985—1992年天津市老年人大学开设的课程

年　份	课　程
1985年(6门)	文学、历史、书法、国画、健身、花卉
1986年(14门)	文学、诗词赏析、写作、历史、楷书、行书、花鸟画、山水画、工笔人物画、装裱、摄影、烹饪、花卉、健身
1987年(15门)	文学、古典文学、写作、历史、隶书、楷书、草书、花鸟画、山水画、工笔人物画、摄影、烹饪、缝纫、花卉、气功

①姜红艳.21世纪初期我国老年大学教育目标研究[D].武汉:华中科技大学,2004.

年　份	课　程
1988 年(15 门)	文学、古典文学、写作、历史、楷书、行书、草书、花鸟画、山水画、工笔人物画、摄影、烹饪、服装裁剪、花卉、气功
1989 年(17 门)	文学、古典诗词、写作、中国近代史、楷书、行书、草书、魏碑、花鸟画、山水画、工笔人物画、装裱、摄影、烹饪、缝纫、花卉、气功
1990 年(20 门)	文学、古典诗词、写作、历史、楷书、隶书、行书、草书、魏碑、花鸟画、山水画、工笔人物画、装裱、摄影、烹饪、服装裁剪、缝纫、园艺、气功、武当气功太极拳
1991 年(24 门)	文学、古典文学、写作、历史、楷书、隶书、行书、行草、草书、隶篆、魏碑、花鸟画、山水画、工笔人物画、摄影、烹饪、缝纫、服装原型裁剪、花卉、气功、武当气功太极拳、太极拳、中老年自我按摩、电子琴
1992 年(22 门)	文学、古典文学、写作、历史、楷书、行书、草书、隶篆、魏碑、花鸟画、山水画、工笔人物画、摄影、烹饪、面点、缝纫、花卉、气功、武当太极拳、太极拳、自我按摩、电子琴

从天津市老年人大学开设的课程中可看出:第一,课程数量的变化,课程的数量由最初的 6 门迅速增加到后来的 22 门;第二,课程设立未形成体系,课程设置比较零散,没有分门别类;第三,课程内容的涉及面不广且层次不一,其中书画类的课程比较多,如楷书、行书、草书、魏碑、花鸟画、山水画、工笔人物画等。

第二阶段:老年课程开发的精细稳定阶段

20 世纪 90 年代,国内学者杨国权总结了各地老年教育的课程开发经验,发现各地老年教育的课程大体都是根据老年人五大方面的需求设置的。一是满足老年人对健康的需要,各地老年大学普遍开设了中医养生、老年体育、太极、按摩等课程;二是满足老年人生活需要的课程,如烹饪、缝纫、家电使用等课程;三是满足老年人兴趣爱好需求的课程,如书法、绘画、摄影、舞蹈、文学、外语等课程;四是满足老年人社会服务需要的课程,一些老年大学开设了属于学历教育的企业管理、法律等大专班;五是满足老年心理健康和思想修养方面的需要,一些学校开设了老年心理学、老年第二人生设计等课程。

全国的老年大学普遍开设了保健类、书画类、文史类、外语类、家政类课程来满足老年人的普遍需求,但是满足老年人社会服务需要和心理健康需要类的课程,则呈现出较大的不稳定性,部分老年大学开设此类课程,还有一些老年大学开设了此类课程但是课程变动比较大,可能第一年开设,第二年就不开设了。总的来讲,各地老年大学开设的课程体系趋于稳定,形成了一定的课程分类标准,并且各个老年

大学之间比较一致（有略微差异）。但是目前尚没有研究来评判老年大学的课程分
类是否科学合理。

下面以 1993—1998 年天津市老年人大学开设的课程为例（表 4-2），具体分析
第二阶段老年课程开发的特点。

表 4-2　1993—1998 年天津市老年人大学开设的课程

年　份	课　程	
1993 年（22 门）	文史	古典文学、古典诗词、写作、历史
	书法	楷书、行书、草书、魏碑
	国画摄影	花鸟画、山水画、工笔人物画、摄影
	家政	烹饪、面点、缝纫、服装原型裁剪、花卉
	健身	气功、武当太极拳、中西医基础理论
	文艺	电子琴、吉特巴舞系列
1994 年（30 门）	文史外语	古典文学、古典诗词、写作、历史、英语
	书法	楷书、隶书、行书、草书、魏碑
	国画摄影	花鸟画、工笔花鸟画、山水画、工笔人物画、手绘、摄影
	家政	烹饪、面点、缝纫、服装原型裁剪、钩编、花卉
	健身	智能气功、武当太极拳、中医基础理论、中医经络理论、自我按摩、足部按摩
	文艺	电子琴、舞蹈
1995 年（31 门）	文史外语	古典文学、古典诗词、写作、历史、英语
	书法	楷书、隶书、行书、草书、魏碑
	国画摄影	花鸟画、工笔花鸟画、山水画、工笔人物画、手绘、摄影
	家政	烹饪、面点、缝纫、服装原型裁剪、钩编、花卉
	健身	智能气功、武当太极拳、太极拳剑、中医基础理论、医学基础理论、自然疗法、自我按摩
	文艺	电子琴、舞蹈

年　份	课　程	
1996 年(36 门)	文史外语	古典文学、写作、中国古代史、世界史、英语
	书法	楷书、隶书、行书、草书、篆书、魏碑
	国画摄影	花鸟画、工笔花鸟画、山水画、工笔人物画、手绘、装裱、摄影
	家政	烹饪、面点、服装裁剪、服装原型裁剪、编织、花卉
	健身	智能气功、武当太极拳剑、太极拳剑、中医基础理论、自我按摩、饮食保健、老年身心保健、足部按摩
	文艺	电子琴、舞蹈、音乐、桥牌
1997 年(36 门)	文史外语	古典文学、写作、中国古代史、英语
	书法	楷书、隶书、行书、草书、篆书、魏碑
	国画摄影	花鸟画、工笔花鸟画、山水画、工笔人物画、手绘、摄影
	家政	烹饪、面点、服装裁剪、服装工艺、钩编、花卉
	健身	智能气功、武当太极拳剑、太极拳剑、中医基础理论、中医理论及推拿、中医诊断、自然疗法、足部按摩、饮食保健、长寿研究、足手疗法
	文艺	舞蹈、交谊舞
	电脑	计算机
1998 年(37 门)	文史外语	古典文学、写作、英语
	书法	楷书、隶书、行书、草书、行草、篆书、魏碑
	国画摄影	花鸟画、工笔花鸟画、山水画、工笔人物画、手绘、装裱、摄影
	家政	烹饪、面点、服装、钩花、编织、花卉
	健身	智能气功、武当太极拳剑、太极拳剑、中医基础理论、中医诊断、推拿、自然疗法、饮食保健、长寿研究、足部疗法
	文艺	健美操、交谊舞、服装表演
	电脑	计算机

83

第四章　老年课程建构

从天津市老年人大学开设的课程中可看出：第一，课程内容逐渐形成体系，分为文史外语、书法、国画摄影、家政、健身、文艺和电脑七大类；第二，课程更加精细化，课程数量继续增加，如健身类课程由最初的气功发展到智能气功、武当太极拳剑、推拿、自然疗法、饮食保健等多门课程、可见课程日益细化，更加能满足老年人的多层次需求；第三，常设课程和调整课程并存，一些常设课程如古典文学、写作、楷书、行书、花鸟画等每年都稳定开设，另一些课程如中国古代史和世界史，分别开设了一年和两年后就停设了，反映了老年人的需求问题，适应老年人学习需求的课程保留了下来，不适应老年人学习需求的课程则被淘汰；第四，适应时代需要的新课程不断被开发出来，如计算机。随着信息浪潮的到来，我国也开始逐步迈向信息化时代，老年学习群体仍有学习新鲜事物的愿望，开设计算机、英语课程则能很好地满足老年人与时代接轨的需要。

第三阶段：老年课程开发的科学发展阶段

进入新世纪初期，我国老年教育经历了 20 多年的实践和探索后，在总结过去课程开发经验的基础上，既保留已形成的课程体系和框架，又根据时代的变化，拓展了一些新兴课程，如钢琴、计算机应用、老年心理学等课程。

2002 年联合国第二届世界老龄大会通过的重要文件《老龄问题马德里国际行动计划》指出："技术可以用于建立人们之间的密切联系，从而帮助减轻边缘化、孤独感和不同年龄层之间的隔阂。因此，应该采取措施，使老年人能够接触、参与和适应技术变革。技术和组织变化可能会使雇员的技能过时，使过去积累起来的工作经验大大贬值。必须更重视老年人在工作场所获得知识、教育和培训的机会。"可见，老年人学习使用互联网的观点正逐渐被重视。

为适应时代的需要，老年大学开始重视增设计算机、外语类课程，甚至一些学校不再拘泥于教室上课的形式，先后开设了老年教育网络课程，老年人可以根据自己的喜好和时间任意选择学习地点和学习内容。1999 年 10 月，上海老年大学创办了"网上老年大学"，开设了老年保健、老年社会心理、孙辈教育等课程，并且网站的创建与维护均由上海老年大学的计算机课程班的学员负责。

下面以 1999—2002 年天津市老年人大学开设的课程为例（表 4-3），具体分析第三阶段老年课程开发的特点。

表 4-3　1999—2002 年天津市老年人大学开设的课程

年　份		课　程
1999 年(34 门)	文史外语部	古典文学、写作、英语
	书法部	楷书、隶书、行书、草书、行草、篆书、魏碑
	国画摄影部	花鸟画、工笔花鸟画、山水画、工笔人物画、手绘、摄影
	家政部	烹饪、面点、服装、钩编、花卉
	健身部	智能气功、太极拳剑、中医学、推拿、自然疗法、饮食保健、老年养生、老年心理与心身医学
	文艺部	迪斯科、民族舞、交谊舞、服装表演
	电脑部	计算机
2000 年(38 门)	文史外语部	古典文学、古典诗词赏析、写作、英语
	书法部	楷书、隶书、行书、行草、草书、篆书、魏碑
	国画摄影部	花鸟画、工笔花鸟画、山水画、工笔人物画、手绘、摄影
	家政部	烹饪、面点、服装工艺、服装裁剪、钩编、花卉
	健身部	智能气功、太极拳剑、中医学、推拿、自然疗法、饮食保健、长寿养生、老年心理与心身医学
	文艺部	健身操、交谊舞、国标舞、服装表演、声乐
	电脑部	计算机、网络
2001 年(42 门)	文史外语部	古典文学、古典诗词赏析、诗词入门、写作、英语、日语
	书法部	楷书、隶书、行书、行草、草书、魏碑、篆书与篆刻
	国画摄影部	花鸟画、工笔花鸟画、山水画、工笔人物画、手绘、摄影
	家政部	烹饪、面点、家常点菜、服装裁剪、钩编、花卉、工艺品制作
	健身部	太极拳剑、中医学、推拿、自然疗法、饮食保健、老年养生、老年心理与心身医学
	文艺部	健身舞、民族舞、交谊舞、服装表演、形体训练、声乐、电子琴
	电脑部	计算机、网络

续表

年　份		课　程
2002 年(47 门)	文史外语部	中国古典文学、中国古典诗词赏析、中国诗词入门、中国古代史话、写作、英语、日语
	书法部	楷书、魏碑、行书、草书、隶书、篆书与篆刻、书画装裱
	国画摄影部	花鸟画、工笔花鸟画、山水画、工笔人物画、手绘、摄影
	家政部	烹饪、面点、家常点菜、服装裁剪与工艺制作、钩针编织、花卉、中国结艺、实用拼布工艺、美容保健
	健身部	太极拳剑、中医学、中医推拿、自然疗法、针灸、饮食保健、老年养生、老年心理与心身医学
	文艺部	交谊舞、健身舞、民族舞、形体训练、服装表演、声乐、电子琴、钢琴、京剧
	电脑部	计算机应用

从天津市老年人大学开设的课程中可看出:第一,课程体系稳定,在原有基础上稍作修改,分为文史外语部、书法部、国画摄影部、家政部、健身部、文艺部、电脑部。第二,课程保持精细化,课程数量有继续增加的趋势,如文艺部的课程从 1999年开设的 4 门发展到 2002 年的 9 门。第三,课程内容不断更新,增设适应时代需求和老年人需求的课程,不适应的课程则被淘汰,如因为年代流行的原因,迪斯科课程被淘汰,钢琴课程被增设。而日语的增设,可能是由于天津老年人群体的特定需求,这也反映老年大学的课程开设除了考虑普遍性需求外,还要根据特定群体的需求来开设课程。第四,开始关注老年人的心理健康问题,健身部开设了老年心理与心身医学,说明老年人的心理健康问题被逐渐重视。

二、老年课程开发面临的问题

在经历了初期的繁荣和发展后,虽然我国的老年教育课程已经有相对比较稳定的体系,但是目前仍面临着一些问题,未来老年教育的发展方向现在尚没有定论。

第一,我国老年教育在课程设置依据方面还缺乏一定的科学性,由于没有具体的理论指导,在课程设置上比较盲目。目前我国在老年教育方面的研究,总结、经验性的成果比较多,而深入分析本质规律性的成果很少。许多发达国家已有一些老年教育方面的理论探索成果和实践方面的经验,例如美国学者霍华德提出了老年人的五种学习需求理论,但是我国对国外的理论和经验缺乏借鉴和吸收。国内老年大学较多的做法是借鉴其他老年大学的课程体系,或者根据经费情况开设课程,或者是看开设的课程能否吸引生源,能否收到学费①。因此会经常出现这样的情况:一些热门专业无法满足老年人需求,出现半夜排队报名的现象,而有些专业开班和选学人数甚少,于是在短期内又马上停止,更迭频繁,既耗费人力,又耗费物力。未来,老年教育的课程设置需要更多的理论研究和实证研究指导。

第二,老年课程专业门类过多,但是没有统一科学的分类标准。例如,天津市老年人大学将课程体系分为文史外语部、书法部、国画摄影部、家政部、健身部、文艺部、电脑部,而上海老年大学将课程体系分为书画类、外语类、计算机类、钢琴类、家政类、保健类、文艺类、文史类、器乐类。虽然总体上而言,各地老年大学的课程体系所包含的内容具有一定的一致性,但是对课程种类的划分标准存在一定的差异性,例如上海老年大学将书法类和国画类的课程合并为书画类,而天津老年人大学则将书法类课程单独分为一类,又将国画类的课程和摄影类的课程合并为国画摄影部。老年课程分类标准的差异也是因为老年课程设置缺乏理论指导,所以需要未来的研究对此进行探讨。但是由于这种差异性的存在,也给老年教育的研究者们对全国各地老年大学的课程设置研究增加了工作难度。

第三,老年课程设置基本着重于休闲娱乐课程,忽视了开发潜能的课程。老年人是宝贵的社会资源,老年教育不仅作为老年人获得丰富而富有意义的生活途径之一,而且是帮助老年人发挥其潜力的一种手段②。所以老年课程的开设,不应仅仅关注于开设满足老年人休闲娱乐需要的课程,也要根据时代对老年人的要求开设可以提升老年人社会参与能力和自我实现能力的课程,在促进老年人终身发展的基础上,也促进社会的可持续发展。

第四,课程设置缺乏生命教育的内容。生命教育既是一切教育的前提,还是教育的最高追求。老年教育的目的是为了增长知识、丰富生活、陶冶性情、促进健康,形成科学、文明、健康的生活方式,从这个意义上说,老年教育更接近生命教育的本质追求③。老年教育要充分考虑老年人生理功能衰退、退休后角色改变、面临死亡时产生的自我否定、孤独心理,设置一些生命教育课程,如老年心理健康类课程、代际互动类课程、死亡教育类课程,加强对老年人的人文关怀和心理疏导,提高老年人的生命质量。

第四章 老年课程建构

---

①陈可冀. 老龄化中国:问题与对策[M]. 北京:中国协和医科大学出版社,2002:9.

②叶忠海. 老年教育若干基本理论问题[J]. 现代远程教育研究,2013(6):11-16.

③张亚苹. 生命教育视阈下的老年大学课程设置[J]. 宁波广播电视大学学报,2013,10(4):98-100.

三、我国老年课程开发的未来趋势

(一)拓宽教育内容

目前,我国的老年教育课程内容主要集中在娱乐与休闲方面,从终身学习的角度来看,老年教育的内容应该适当拓宽。

其一,可以借鉴国外第三年龄大学和老年教育的内容,如退休前教育、死亡教育。退休前教育,可以帮助老年人做好退休的思想准备,并提前做好退休生活规划。死亡教育则可以帮助老年人正确地面对自己的死亡,理解生与死是人类自然生命历程的必然组成部分,从而减轻老年人对死亡的恐惧、焦虑等心理,为处理死亡做好心理上的准备。

其二,开设适应不同地区的特色课程。我国地大物博,不同地区有不同的风俗习惯和历史文化。开设地方性特色课程,可以增强老年人对本土的热爱与归属感。因此,各老年大学课程设置应与当地社会经济、科技发展程度、文化底蕴深厚程度与特色等密切相关,按各地区差异和实际情况设置适合当地的特色课程,如景德镇老年大学张扬瓷都文化开设"瓷艺""瓷乐"课程,将学校办成一个文化品牌,受到老年学员的欢迎①。

其三,开设发展老年人潜力的课程。2002年联合国第二届世界老龄大学提出了积极老龄化并写进了《政治宣言》。积极老龄化肯定老年人的社会价值,强调应努力创造条件让老年人回归社会,参与所在社会的经济、社会、文化和政治生活,充分发挥其技能、经验和智慧②。在自愿的前提下,老年教育应鼓励老年人参与社会发展,并开设相应的学历教育和社会参与类的老年课程。

(二)按需施教

近年来已有学者指出老年大学的课程设置要按照"学有所需"来考虑,因此课程的设置和教学内容要根据老年人不同兴趣、不同层次的需求来开展。以老年人的学习需求为出发点,深入分析老年人的发展问题,了解老年人的学习需求,发现老年人的学习兴趣,根据老年人真正的学习需要开设课程,老年人就会积极主动地参与到各种课程活动中,最终达到"老有所学、老有所乐"的发展目标。

按需施教,要考虑需求的共性和个性问题,共性即老年人的普遍学习需求,个性即特定时代、特定老年人群体(例如不同地区的老年人、不同文化层次的老年人)的学习需求。忽视共性,老年课程的设置会显得随意,忽视个性,则会使老年课程

---

①王旭.美国OLLI老年大学课程设置及启示[J].成人教育,2013,33(6):125-126.

②孙建国、薛承会,王琴.从社会参与角度探讨"后职业发展"概念及其与老年教育的关系[J].老龄科学研究,2015,3(2):14-19.

的设置变得古板一致,因此老年教育课程体系中两者要统一起来。

(三)多形式设课

1.课内课程

我国老年大学的课程设置有三种类型:综合性设课、多层次设课和单一性设课①。综合性设课指几种课程同时开设,除了必修课,老年人还可以选几门选修课。多层次设课是指一门课程分层次开设,可分为基础班、提高班、研究班等。单一性设课指只专门学某一门课,直至结业后再选择另外一门课。

三种类型的设课有各自的特点和优势。综合性设课有利于提高老年人多方面的素质,培养他们多方面的兴趣。多层次设课可以充分考虑入学老年人的文化水平差异和个人追求,同时通过循序渐进的课程设置,老年人可以深入学习某一门课。单一性设课可以节省老年人的精力,使老年人专心研究一个专业。老年大学在选择课程设置类型上,需要考虑老年学员特点、课程特点,要联系实际来决定。例如,入学老年学员层次不一,一些技能类的课程则要考虑多层次设课类型。

2.课外课程

终身学习的一个重要观点认为,学习(教育)是一个既发生在校内、又发生在校外的过程,所以从终身教育意义讲,"课程"也许不仅仅是校内课程,而且也是课外课程。所以除了传统的课堂教学方式,还可以开展其他的教育形式,如社会实践教育、休闲旅游教育、远程教育等。社会实践教育包括社区服务、志愿者服务等。社会实践教育可以使老年人走出去,积极地参与社会活动,利用自己的知识经验实现自我、服务社会。休闲旅游教育指有目的地组织老年人在国内外著名景区旅游,或进行郊游,领略自然风光,了解当地的风土人情,以便润泽生命,丰富阅历②。而远程教育的开展,可以让更多的老年人参与学习,通过电视、广播、互联网等媒体进行自主学习。

第二节　老年课程开发的依据

设置哪些老年教育课程?需要考虑的因素很多,从宏观角度讲,如经济、政治、文化因素以及学校的办学条件、办学宗旨等。从微观角度讲,则要考虑老年人的个体特点,如老年人的年龄、文化水平、健康状况、心理特点、学习需求等因素。下面主要从理论基础和老年个体特点两个层面来分析老年课程的开发。

---

①杨国权. 关于老年教育的课程设置问题[J]. 中国老年学杂志,1992,12(2):65-67.

②李学书. 中外老年教育发展和研究的反思与借鉴[J]. 比较教育研究,2014(11):56-59.

一、老年课程开发的理论基础

(一)泰勒原理

拉尔夫·泰勒(Ralph Tyler)是美国著名的教育学家、课程论专家,是现代课程理论的重要奠基者。他于 1949 年出版的《课程与教学的基本原理》一书中提出了著名的泰勒原理,被誉为"现代课程理论的圣经"。

泰勒在书中指出,开发任何课程和教学计划都必须回答以下四个基本问题:

(1)确定教育目标:学校应该达到哪些教育目标?

(2)选择学习经验:提供哪些学习经验才能实现这些目标?

(3)组织学习经验:怎样才能有效地组织这些学习经验?

(4)进行学习评价:怎样才能确定这些目标正在得到实现?

按照泰勒原理,课程开发的首要任务就是确定课程所要达到的教育目标。教育目标的确定主要考虑三个方面:一是对学习者本身的研究;二是对当代社会生活的研究;三是学科专家对目标的建议。可以看出,泰勒认为教育目标的来源是要在充分调查基础上进行的,而目标最后的确定既取决于课程编制者的教育理念,也受制于其所处的时代和社会背景①。对学习者本身的研究,他提出要调查学习者的需求,并通过健康、直接的社会关系、社会-公民关系、消费生活、职业生活、休闲生活等方面对学员的需求进行调查研究,并建议可以用观察、访谈、问卷、测验及查阅档案记录等研究方法来获取资料②。针对"当代社会生活的研究",泰勒认为可以从健康、家庭、娱乐、职业、宗教、消费、宗教生活等七个方面进行③。

其后再用教育哲学和学习理论对已经选择出来的教育目标进行筛选。泰勒认为,每所学校都有自己的学校教育哲学,每个学校可以筛选与学校教育哲学相一致的教育目标,而学习心理知识可以帮我们辨别哪些目标是可行的。

确定好教育目标后,要考虑哪些学习经验才会让学员产生有效学习,从而达到教育目标。学习经验是指学习者与他做出反应的环境中的外部条件之间的相互关系。泰勒提出了有效学习的十个条件,具体如下:

(1)学习经验提供给学习者机会,去实践课程目标蕴含的内容;

(2)使学员由于实践该目标获得满足感;

(3)学习者的动机,即学习者自身卷入的推动力,是一个重要的条件;

(4)学习者发现他以往的反应方式不令人满意,因而激励他去尝试新的方式;

(5)学习者在试图进行他所要学习的新行为时,应该得到一些指导;

---

①②③马丽."泰勒原理"述评[J].甘肃高师学报,2015,20(1):113-116.

(6)学习者应该有适当的、足够的进行这方面活动的材料;

(7)学习者应该有时间来进行这种行为、实践这种行为,直至这种行为成为他全部技能中的一部分;

(8)学习者应该有大量连续实践的机会,仅仅重复是无效的,而且很快就会变成无效的;

(9)为每一个学习者制定要求超出他水平的标准,但这个标准是能达到的;

(10)第10个条件和第9个条件是联系的,那就是学习者在没有教师的情况下也能继续学习。

在确定了有助于学习的学习经验后,接下来就是组织学习经验,泰勒提出在组织学习经验时,应遵循三个准则:连续性、顺序性和整合性。连续性指直线式地重申主要的课程要素;顺序性强调要把每一后继经验都建立在先前经验的基础上,同时又要更广泛、更深入地探究所涉及的事物;整合性是指各种学习经验之间的横向关系,便于学员获得统一的观点,并把自己的行为与所学的课程内容统一起来。

泰勒提出的第四个问题是关于学习评价,评价一门课程的教学计划达到教育目标的程度。在评价手段上,泰勒反对把评价看作纸笔测验的同义词,提出可以采用问卷、观察、交谈、样品收集等方法。

泰勒的《课程与教学的基本原理》作为现代课程理论的奠基之作,对中西方课程理论和实践产生了广泛的影响,而泰勒理论的一些观点在老年课程建构方面同样有不可忽视的指导性作用。例如,泰勒主张要考虑学习者、社会生活、专家建议三方面因素后再提出课程所要达到的教育目标,泰勒的观点充分考虑了学员的需求、社会背景的影响以及专家建议;同样地,充分考虑这三方面的因素对老年教育目标的选择以及老年课程的建构来讲也有重要的意义。可见,科学的老年课程开发应该吸收课程理论方面的知识,并在此理论基础上进行必要的研究与实践,不断完善自己的课程体系。

(二) 成功老龄化

哈维赫斯特(R. J. Havighurst)于1961年首先提出了成功老龄化概念,他对成功老龄化的定义是"长寿"和"生活满意"。Palmore(1979)将成功老龄化定义为寿命在75岁以上,并且能保持较好的健康和幸福感。

Bowling和Dieppe于2005年总结归纳出过去几十年对成功老龄化定义的三种方式:①生理医学方法,如长寿,最少的身体、心理功能损伤和丧失,没有老年性疾病,身体健康,较好的生活自理能力、行为能力,以及较好的认知功能。②心理社会方法。与生理医学方法强调没有疾病和身体健康相比,心理社会方法论更强调生活满意度、社会参与和社会功能,以及个人成长等心理资源。例如,生活满意度

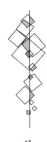

包括个人对过去和现在生活的满意程度、自我概念、期望和实现目标的差距等;社会参与包括和他人的积极互动、互惠性的社会参与、社会整合等;心理资源则包括积极的自我价值观、自我效能和控制感等。③除了上述两个客观测量指标外,还有一种定义就是老年人自己认为什么是成功老龄化以及他们对自己是否算是成功老龄化的主观评定,即所谓的非专家观点(lay views)。老年人自己对成功老龄化的定义很分化,包括了心智、身体和社会健康、功能和资源、生活满意度、财务安全、有成就感、有生产性和价值,甚至是有幽默感。与 Bowling 和 Dieppe 的结果相似,Depp 和 Jeste(2009)对成功老龄化定义的量化文献研究中,区分出了 10 类成功老龄化定义,其中前四类分别是生理功能(26%)、认知功能(13%)、生活满意度和主观幸福感(9%)以及参与社会、生产性活动(8%)。

Rowe 和 Kahn 认为,人的老化过程受到内在和外在因素的影响。随着年龄的增长,内在基因等因素的影响逐渐减弱,外在非基因因素的影响增强。内在因素本身并不能决定在老年期是否会面临风险。外在的环境因素,例如生活方式,反而对老年期是否会面临疾病和功能丧失的风险有重要影响。这些因素不仅反映了老化进程,往往也是病理性因素的前导。据此,Rowe 和 Kahn(1987)提出了包括三个相互作用成分的成功老龄化模型(图 4-1)。这三个成分分别是避免疾病、功能丧失的风险因素,动作和认知功能的维持,积极参与生活。其中,避免疾病、功能丧失的风险因素,不仅强调目前没有心脏病、脑卒中、糖尿病等疾病,没有穿衣、洗澡、吃饭等日常生活自理功能丧失,也强调没有吸烟、高血压以及肥胖等危险因素的存在;动作和认知功能方面则包括了平衡能力、身体灵活性和言语记忆、视觉空间能力以及自我效能等心理认知指标。这三个成分相互联系、彼此影响:良好的动作和认知功

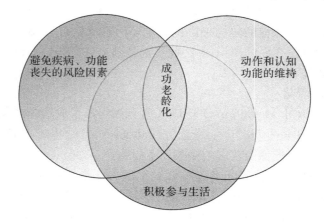

图 4-1 成功老龄化模型

能提供了参与活动的可能性,积极参加各种活动为动作和认知功能的使用、锻炼和保持提供了场所。成功老龄化就是在这三个成分上都表现出最优化。Rowe 和 Kahn 认为,老年人的动作和认知功能都具有弹性,可以通过干预和训练加以改善;而对于参与活动成分,他们特别强调人际关系互动和生产性活动。

成功老龄化是维系老年人个体和外部世界建设性的平衡关系和良性的互动关系,并在这个过程中使老年人的价值实现最大化——从"老有所为"到"老有所用",进而到"老有所成"。与此同时,使整个社会在成功老龄化的推动下去实现人的全面发展、代与代之间的公平和公正以及老年人与政治、经济、文化全面的协调发展。

以前我们在对待老年的态度上有两大缺失:一是只将老年人看作是被关怀、被照顾对象,甚至当作"包袱""等老",却忽视了老年人身上存在的能动性、积极性和创造性,以及他们长期磨炼积累的智慧、才干、能力。二是将老年人的需求只看作是一个老有所养的问题,认为解决了老有所养就等于解决了老年人的全部问题。而成功老龄化体现的是老年人的发展意识,其中包括参与社会活动等。老年人继续参与社会活动,既解决了精神寄托问题,又释放了老年人的正能量。

根据成功老龄化理论,设置老年课程时要考虑老年人生理功能、心理功能和社会活动能力的最优化,促进老年人身体、情绪、认知、社会功能的全面发展。

二、老年个体特点与老年课程的开发

(一)心理特点

对于老年群体,大部分人首先关注的是他们生理上的衰老和认知功能的减退,如外貌的老化、行动力的减退、记忆力的衰退等,老年人心理健康问题往往没有受到应有的重视。世界卫生组织(WHO)提出的关于健康老龄化的概念是老年人群体达到身体、心理和社会功能的完美状态。

研究表明,70%~80%的老年疾病与心理因素有关,且心理因素对身心健康的影响越来越突出[1]。研究发现,随着年龄的增长,老年人对物质生活的满意度提高,但是老年人在精神生活方面显得孤独寂寞,在家庭中的权威性角色弱化,人际关系的广度和深度较差,需要家庭和社会给予更多的关心和照料[2]。社会支持作为影响心理健康的心理社会因素之一,有研究提出,老年人随着年龄的增加,获得的社会支持总量在减少[3]。社会支持由能够提供物质和人际资源的社会关系构

---

①吴振云.老年心理健康的内涵、评估和研究概况[J].中国老年学杂志,2003,23(12):799-801.

②李德明,陈天勇.认知年老化和老年心理健康[J].心理科学进展,2006,14(4):560-564.

③陈立新,姚远.社会支持对老年人心理健康影响的研究[J].人口研究,2005,29(4):73-78.

成,一般是指社会各方面,包括家庭、亲属、朋友等所给予个体的精神和物质的帮助,它反映了人与社会关系的紧密程度。社会支持对维持良好的情绪体验有重要的意义,一个人获得的社会支持越多,越不容易产生负面情绪。可见,老年人获得社会支持的减少将意味着产生各种心理问题的风险增大。

随着我国社会的发展,空巢老人家庭越来越多。由于子女不在身边,老人得不到关心和照料,容易在精神上产生孤独寂寞感,可能会产生一些心理问题,如抑郁、偏激、自闭、失落、僵化、焦虑等。特别是一些丧偶的独居老人,与夫妻同住的老人相比,心理健康状况更差。所以老年人的心理健康问题亟须引起教育者的关注和介入。

另外,在逐渐衰老的过程中,大部分老年人会出现不同程度的人格失调,如情绪波动、心境不安、烦躁,时而有孤独与失落体验,行为上的自控水平也有可能下降。如果此时老人不能进行自我调节或得到相应的帮助与引导,就会出现不同严重程度的心理问题。研究者认为,老年人有如下几种人格健康问题应引起重视[①]:

1. 抑郁型人格问题

由于老年人的神经系统发生了一些变化,认知功能出现不同程度的下降,使得一部分老年人易从消极方面看待自己、看自己走过的人生之路,严重的会导致情感抑郁、心灰意冷,或对国家、社会、子女的过分挂念和忧虑。

2. 偏执型人格问题

有这类问题的老年人,由于对外部世界的了解逐步减少,易按照自己固有的模式看待问题,不容易理解不同意见。由于固执己见,难以与他人建立良好的人际关系。

3. 被动攻击型人格问题

一些老年人在离退休后,会出现一些矛盾心理,他们对某些人或社会问题抱有自己的不同看法,解决起来又力不从心,因此往往通过发牢骚的方式宣泄自己内心的不满情绪。

4. 易怒型人格问题

这类老年人对退休生活缺乏心理准备,怀旧心理强烈,觉得现在许多事不如以往如意,于是常处于心境不佳的境地,容易对自己看不惯的人或事产生埋怨或不满情绪。

在一项关于重庆老年人心理健康服务的需求研究中,发现使老年人产生心理问题的原因依次是家庭矛盾、躯体疾病、无法发展个人爱好、衰老、人际关系、经济

---

①栗继祖.应当重视老年人格健康问题的研究[J].山西高等学校社会科学学报,1999,11(6):40-41.

困难、面对死亡、歧视感①。家庭矛盾具体表现在：子女不能回家，子女没来看望，孩子负担重，孙子花钱大手大脚，孩子判刑、劳教，子女工作不稳定，子女离婚，孙子要跳楼等。躯体疾病具体表现在：愁病，身体问题，心脏病磨人，血压高，脑梗，冠心病，腿痛，以后生病咋办，糖尿病等。无法发展个人爱好具体表现在：老伴生病，照顾孙辈，没时间去打门球，不能去聊天，与外界隔离，不能出去走走，不能旅游等。衰老具体表现在：看书困难，记忆力下降，话到嘴边说不出，怕老，怕老了没有人认识等。

在老年教育中，不仅要重视生理健康教育，还要重视心理健康教育，老年健康教育是身心健康的统一。保持良好的心理状态，对提高生命质量和健康长寿有重要的意义。因此，老年课程的开发要渗透老年心理健康教育。第一，通过各类基础课程活动，如绘画课、书法课、医疗保健课等，拓宽老人的知识面，使他们掌握一些生活的基本技能。另外，通过集体活动扩大老年人的交际圈，使老人在人际交往中获得社会支持和精神慰藉，提高他们的生活满意度，促进他们的心理健康。第二，设立专门的身体健康咨询服务平台，提供疾病的预防知识、如何保持健康以及免费检查血糖、血脂等。第三，设立老年心理健康课程，如心理健康讲座，传授老年人心理卫生知识，使老人掌握一些生活事件的积极应对方式、健康的情绪宣泄知识、如何面对衰老等，以此预防一些常见的心理问题。第四，提供专业的老年心理咨询服务，满足老人心理咨询的需要，解决老年人的心理问题。

(二)学习需求

1.普遍需求与特殊需求的关系

老年人的学习需求既有普遍性，又有特殊性。老年阶段有其独特的人生议题，如健康问题、休闲娱乐问题等，这说明老年人学习需求存在一定的普遍性，而不同职业经历、不同文化水平等又决定了老年人学习需求的特殊性。老年人的学习需求会直接影响其参与课程活动的积极性与主动性，因此老年教育课程的开发要在充分了解和认识老年人学习需求的基础上进行，不符合老年人学习需求的课程设置不仅会造成资源上的浪费，还会阻碍老年人的学习与发展。

研究发现，退休后大部分老年人更愿意有更多属于自己的时间，可以自由发展自己的兴趣。他们希望参与没有压力、没有负担、没有功利性的学习活动，这种学习过程是一种快乐的过程，它能给学习者极大的身心愉悦，使老年人从中享受学习

---

①滕丽新，王国威，王健瑜，等.重庆老年人心理健康服务的需求[J].中国老年学杂志，2013，33(12)：2855-2857.

的愉快和幸福①。大部分老年人很关心健康问题,对医学、保健类的课程很感兴趣。这反映了老年人普遍性的学习需求,所以在课程的开设上,应多设置一些以保健、休闲、发展兴趣为主的课程,如开设太极养生、美食制作类的课程。

对城市老年人学习需求的调查发现②,老年人学习意愿涵盖戏曲表演、人文、历史、法律知识、语言培训等知识类,人际沟通、心理辅导、老年生涯规划等精神生活类,老年服饰时尚搭配、器乐演奏等时尚类,由此可见老年人学习兴趣广泛、学习需求多样化。除了关注老年人的基本需求,也要重视老年人学习新技能、继续发展自己能力的意愿。所以在课程的开设上,也要注意老年人学习需求的特殊性,开设一些能满足老年人多元化需要的课程,充分发挥老年人的潜力,如开设摄影、外语、电脑学习类课程。

2. 学习需求理论

国内关于老年人学习需求理论的研究和探讨几乎没有。虽然国内关于老年人的学习需求做过调查,但都是基于已有的课程做兴趣、需要调查,并没有提出相应的学习需求理论。当然,国外关于老年人学习需求的理论也并不多,以下选取了霍德华和堀薰夫的老年人学习需求理论进行简单介绍。在未来的研究中,建议在老年人学习需求理论基础上编制相应的学习需求问卷,并以此根据老年人学习需求水平开设相应的课程或分班。

(1)霍华德的学习需求理论

在成人心理、社区教育、教育老年学、教育心理学等领域都有重要贡献的美国学者霍华德·耶拉·麦克拉斯基(Howard Yale McClusky)于1971年在白宫老人会议上提出了老年人的五种学习需求,即应付需求(coping needs)、表现需求(expressive needs)、贡献需求(contributive needs)、影响需求(influence needs)和超越需求(transcendence needs)③。

应付需求——应付需求包括生存的需求,以及在社会中适切地发挥功能的需求。

表现需求——老年人会因自身原因而参与活动,他们经常将时间花在可以表

①岳瑛,暴桦. 关于老年大学学员学习需求情况的调查报告[J]. 天津市教科院学报,2003(6):55-59.

②刘媛媛,马自忠. 城市老年人学习需求及对策研究:以安徽省合肥市为例[J]. 山东农业工程学院学报,2014,31(3):106-107.

③Hiemstra R. The contributions of Howard Yale McClusky to an evolving discipline of educational gerontology[J]. Educational Gerontology: An International Quarterly,1981,6(2-3):209-226.

现自己的活动上。从活动本身或参与活动的经验中获得内在的回馈和满足。

贡献需求——老年人有无私奉献他人的意愿,显示出利他性,通过帮助他人和做有价值的事实现自己。剩余的精力会用于经营外在的自我形象或应付需求中。

影响需求——老年人有追求政治和智慧的欲望,保持参与社会公共事业的意愿,关心社会动态问题。剩余的精力可能会被用来发展相应的技能。

超越需求——老年人希望超越年龄带来的限制,统合整理生命意义和人生幸福感,坦然面对死亡,并学习平衡自己的精力和体力。

国外学者认为霍华德将老年人的学习需求做了非常有意义的分层,能更好地指导老年教育实践。就国内目前的老年人而言,他们经历了社会变迁,有相当一部分老年人作风朴实、乐于奉献,即使退休后也希望能为社会尽一份力,他们有着贡献的需求。也有部分老年人文化水平偏低,缺乏科学知识,在面对机体的衰老时,他们可能有更多的应付需求。一些老年人相对而言比较活泼开放,退休后也希望多参加社会活动,他们可能有更多的表现需求。一些老年人文化水平较高,人生经历和阅历多,有专业的知识和技能,可能退休后还是在自己的领域里奋斗着,他们可能有更多的影响需求和超越需求。

(2)堀薰夫的学习需求理论

日本老年教育学者堀薰夫对老年人的学习需求进行了调查,并用"连接"的概念对老年人的学习需求特征进行了说明。堀薰夫认为老年人有丧失的事实,如生理功能的下降、退休、子女离巢、与亲近的人生离死别等,还有对生命有限性的觉知,因此老年人对"连接"产生了需求。与过去的连接、与未来的连接、与社会的连接、与他人的连接、与异时代的连接,堀薰夫认为各个状态都有其独自开展学习的方法。堀薰夫做了整理后编制成表(表4-4)。

有学者根据堀薰夫的调查结果和理论观点,在问卷调查和实践记录中发现老年人关心的事项基本可以概括为"健康、社会贡献—志工/义工、爱好兴趣、工作/职业、家族"这五个领域,而"连接"的概念贯穿了各个领域,老年人很重视"连接"的感觉,这种感觉会影响到他们做人的尊严感、生命价值以及对社会的贡献①。可见,老年人并不因为持有物质生活而感到幸福,而是在与人相互"连接"中感到幸福。

①大学经营国际论坛编委会.大学品牌与经营:第二届大学经营国际论坛文集[C].北京:华文出版社,2008:63.

表 4-4　以连接为轴的老年人学习需求

需　求	连接的方向	所持有的内涵	学习活动
对亲和的需求	他人	充实人际关系	与其他老年人的交流活动
对回顾人生的需求	过去	回顾自己的过去,获得意义和完整感	回顾人生的活动
对超越的需求	未来	希望超越身体功能下降或有限性生命等制约条件	接触古典、历史、文学、艺术等
对应对社会变化的需求	当今社会	希望不落后于社会的变化	时事问题和志愿者活动
对与不同时代人群交流的需求	不同时代的人们	希望与下一代交流,传授自己的经验和知识	与不同时代人们的交流活动

3.再社会化的需要

社会化是个体对社会的认识和适应,它是通过个体与社会环境相互作用而实现的,是一个逐步内化的过程。再社会化是社会化的一种形式,是指一个人在面对不适应的新环境时,重新学习价值、角色和行为方式,即在生活每一阶段中吸收新的角色、价值或知识的过程。社会化具有终身性,应贯穿于整个生命过程中。老年人已经经历了漫长的社会化过程,对社会生活他们有较深的阅历和丰富的经验,但是面对快速变化的社会环境,老年人仍应保持社会化,不断学习新的事物,避免成为一个守旧、被动的群体。

要满足老年人再社会化的需要,主要考虑两方面的教育内容:一是老年心理教育(包括退休前教育和死亡教育等)。步入老年后,首先面临的是退休,生活方式的骤变、社会角色的转变会使绝大多数的老年人产生心理不适现象。退休前教育可以帮助老年人提前认识退休后的生活方式、角色定位等,从而使老年人能更好地适应退休后的生活。另外,老年人的身体状况大不如前,并开始思考死亡的问题,死亡教育则可以帮助老年人积极地面对死亡问题。

二是根据时代变化,设置新的课程内容。信息时代的快速发展,极大地改变了人们的生活方式,如网络购物、网络社交、网络课程等,人们的生活已经离不开网络。现代生活日新月异,每天都有新的事物出现,需要人们学习来融入这个社会。老年人学习互联网知识,融入信息化时代,了解这个时代的特点,不仅可以获取更多的知识,还可以使自己的生活变得更加便捷。此外,老年人掌握了互联网,就可以根据自己的需要、兴趣与能力，比如通过慕课、微课等网络课程进行自主学习，这也是满足老年人多元化需求的有效措施。因此，老年教育开设互联网知识课程对老年人完成再社会化过程是极有意义的。

第三节　老年课程建构的模块

一、老年课程的基本内容

课程内容是教育的基本要素之一，它源于社会文化，并随着社会文化的发展而不断发展变化。老年教育的课程内容也受社会文化特点、社会发展的要求、老年人身心特点、老年人的学习需求以及技术条件等因素的影响。

关于我国老年教育的基本内容，本章第一节回顾我国老年教育课程开发的历程中已经有所体现，大致囊括了健康养生、文学历史、计算机、外语、家政、文艺、器乐等内容。国内学者董之鹰认为，老年教育的内容包括了基本理论教育、普及知识教育、社会实践教育和文化休闲教育等方面①。基本理论教育包括社会老年学、医学老年学等老年学学科知识，以及老年健康理论教育和老年保障理论教育。董之鹰认为老年人的发展、健康和保障离不开基本理论教育。普及知识教育指传授适合老年人特点、符合老年人兴趣、贴近老年人生活、为老年人所需要的知识，课程可包括老年生理知识、老年心理知识、老年智力文化知识（文学、政治、语言等）和个人兴趣活动。社会实践教育是指组织老年人亲身参与社会、融入社会的教育，是适应现代社会发展需要的教育。文化休闲教育是为了满足老年人对休闲生活的需求，传授休闲生活的理念和方法。

我国台湾地区的长青学苑是行政部门创办的老年教育所，各地长青学苑所开设的课程，大致可分为六大类：语言、技艺研习、文史、卫生保健、社会经济、计算机。据调查，我国台湾地区的长青学苑与老人会所提供的老人教育课程多以休闲技艺为主。目前，我国台湾地区老年教育的课程设计有四大趋势：第一，从着重提升老年人的精神生活层面出发，由地方政府、民间团体规划知性、休闲、养生的学习课程内容。第二，为了让健康的老年人有再贡献社会的机会，提供志愿服务知识与技能的相关课程，这是以后台湾老年教育重要规划方案之一。第三，从健康老化的角度出发，设计完备的退休前准备教育活动，课程内容包括理财、退休生涯规划、老年身心保健及老年家庭生活适应等内容。第四，从文化传承、代际和谐的角度出发，在学校、社区中推动家人及代际相处学习活动，课程内容包括认识老化教育、祖孙活

①董之鹰.老年教育学[M].北京：中国社会出版社，2009：200-225.

动、家人关系及经验传承或实际体验教学等①。

发达国家老年大学在老年教育实施方式和内容上呈现多元化,并各具特色。同时,民间的营利性或非营利性老年教育组织根据老年人的学习需要开展形式多样的特色老年教育。

美国的老年教育根据不同阶段,选择不同的教学内容。退休前的教育内容涉及经济、法律问题,社会保障、保险,生活习惯、兴趣及将来的行动等。临退休前的一年半进行生活设计指导。通过这种教育活动,使即将退休的人明白退休后他们会遇到什么困难,如收入将会怎么样,对自己处境怎样分析等。值得一提的是,美国的老年教育比较重视死亡教育,教育内容涉及正确对待死亡、自己周围的环境、人与人的关系、关于对这个世界的价值和理念的理解与认识等,以帮助老年人减轻对死亡的不安,通过学习获得积极的应对态度。然而,不同机构开展的老年教育其教学内容往往涉及各个领域,如老年大学的教学内容从人文历史、绘画、写作、音乐、哲学到计算机应用、经济、法律、理财等,非常全面。老人游学营的内容则以人文学科为主,辅以自然科学,包括艺术、文学、历史、社会、物理、生物、科学、自然环境等。

英国早期的成人教育是指在义务教育范围之外,为成人所提供的非职业性课程,旨在将成年人教育为有教养的公民。这种内容界定在"文雅"教育的范畴,直到1973年英国的成人教育课程才开始侧重职业技术训练。英国地方教育当局开设的老年课程主要包括艺术工艺、工商管理、信息科技、个人创业、运动健身等。第三年龄大学在课程设置方面依据会员学习兴趣而设,注重课程的本土化以及学习者的享受性,内容相当多元活泼,范围极广,如教育、旅游、美术、文学、电脑、游泳等课程。典型的第三年龄大学课程通常是组织一系列兴趣活动小组,从语言学习到考古和哲学研究,从工艺小组到音乐欣赏和创造性写作,应有尽有,以满足不同老年群体的需要。

法国的老年大学课程实用性比较强,包括:体能锻炼以及延缓生理老化;卫生保健,预防老年病;研究文学、历史、政治、法律、时事,以提高对国家与时代的认识和责任感,有的学校还会开设社会学、老年学课程,加强理论研究。

针对老人,新加坡创办了乐龄俱乐部,其主题是"即使过了60岁,生活仍然璀璨",经常举办保健展览会、三代同堂舞蹈会、退休者座谈会、集体晨练、生日舞会、茶会等,还组织老年人参与全国性活动,如民防训练活动、提高公路安全意识活动、讲华语活动等,使老年人的生活充满乐趣,并增强国民的自豪感。

---

①吴东晖,蔡新霞.台湾老年教育发展理念、模式及其对大陆的启示[J].河南广播电视大学学报,2012,25(3):80-82.

日本老年教育的市民学院第一、二年学习"一般教养课程"，也称"约会课程"；第三、四年学习"专门课程"，分为"温暖福利科""乡土史科""趣味信息科""舒适健康科"四个科目。"专门课程"的四个科目主要通过实习、实践活动来学习。"温暖福利科"，注重大家在一起相互和谐的关系，和社区邻里广泛接触，培养相互怜恤之情，具体地学习一些应急治疗、护理，以及义务服务。"乡土史科"，首先学习地区概要，第二年学习乡土史，学习本乡人传记等。教科书使用地区教育委员会的小学副本教材。让老人们学习这样的课程，在于发掘地区史迹，传递社区文化，创建有地方特色的城镇。"趣味信息科"，目的也与社区的社会发展密切相关，如根据市政建设目标，把社区的活动制成录像资料，向本社区乃至全市居民介绍；另外通过学习打字来写自传，以及开展义务服务活动等。"舒适健康科"，目的是学习怎样把握自身的健康状况，积极参加社区活动，系统学习增进健康的理论、饮食生活的技能，以及各种运动技能等。每项技能和课程的学习都有辅导员指导和帮助。

通过对比分析国内外老年教育的课程设置形式，我们可以概括出以下四大特点：

第一，强调课程的针对性。美国的老年教育根据老年人所处的不同阶段（如退休前、临退休，以及死亡教育对应的时间段），确定不同的教学内容；同时，不同类型的机构提供的老年教学内容也不尽相同，以期增加老年人学习的选择性和教育的针对性。

第二，兼顾课程的实用性与兴趣性。开设满足老年人实际需要的课程类型，让老年学员能够学有所用，切实提高老年人晚年的生活品质。同时，兼顾兴趣性原则，让老年学员学有所乐，满足他们个性化、多方面的兴趣需求。我们能够分别从法国的老年大学和英国的第三年龄大学的课程设置中，明显看出这些特征。

第三，着重课程的精神提升功能。老年课程设置的理论基础，类似于积极心理学、成功老龄化或毕生发展理论，注重提升老年人积极的生活态度，增添老年人旺盛的生命活力，让他们体会到老年期是生命品质提升的又一阶段，通过多种活动方式，让他们享受作为长者的尊严和独特的人生况味。新加坡创办的乐龄俱乐部课程，鲜明体现了这一特征。

第四，协调课程的一般性与选择性。一般性（或必修性）课程满足老年人的共同需求；选择性课程聚焦老年人的个性化需要。这样，既可保证老年教育的整体水平，又能满足不同群体的特殊需求。我们从我国台湾的长青学苑和日本的老年市民学院的课程设置中可见一斑。

总之，不同阶段不同需求、必修与选修、实用与兴趣、精神提升功能，老年教育课程设计的这些核心要素，既体现了老年教育的特殊规律，又是老年大学有效课程开发的基本原则。

二、颐乐学院课程构建体系

(一)中国古代教育思想

在知识经济时代,伴随着由学校教育向终身教育的转化,必然会导致教育形式的变革,即由过去以灌输为主的教育形式向以兴趣为主的教育形式转变。所以,美国教育学家和管理学家彼德·德鲁克说:"终身学习也要求,学习是吸引人的,实际上,即使不是个人迫切需要的,也应成为一大乐事。"

关于"乐"学的思想,中国古代的许多思想家、教育家也已提之。我国古代的儒家虽然非常强调学习的终身性,但在儒家典籍中却很难找到"苦"字,反而到处充斥着"乐"字。以《论语》为例,在《论语》中没有一个"苦"字,而"乐"字却出现了20多次。比如,孔子言:"学而时习之,不亦说乎?"又言:"知之者不如好之者,好之者不如乐之者。"还自称:"发愤忘食,乐以忘忧,不知老之将至云尔。"显然,孔子一生都在学习,并在学习中发现了无穷的"乐趣"。

后世儒者继承了孔子的"乐"学思想,并使其成为儒家的一种精神。明代王阳明的弟子王艮曾作过一首《乐学歌》,集中阐发了儒家学与乐之间的关系,其《乐学歌》云:"人心本自乐,自将私欲缚。私欲一萌时,良知还自觉。一觉便消除,人心依旧乐。乐是乐此学,学是学此乐。不乐不是学,不学不是乐。乐便然后学,学便然后乐。乐是学,学是乐。於乎,天下之乐,何如此学,天下之学,何如此乐。"王艮的"不乐不是学,不学不是乐。乐便然后学,学便然后乐。乐是学,学是乐"一句,可谓把儒家以学为乐的精神发挥得淋漓尽致。

儒家向来非常重视实践,即所谓的"为"。孔子以礼、乐、射、御、书、数"六艺之学"教授弟子,而"六艺之学"无不与实践相关联。在《论语》中,孔子讲"不学诗,无以言""不学礼,无以立",显然,孔门学《诗》、学《礼》的目的在于"立"与"言",而"立"与"言"则都是一种实践性的活动。在言行关系上,孔子的基本主张是"言行一致",但当言行不一致的时候,他则更欣赏"讷于言而敏于行",而且还多次批评"巧言令色,鲜矣仁",这说明在言与行之间,他更看重"行",而其所谓"行"主要指的就是道德实践,即"为"。孔子之后,虽然孟、荀都非常重视道德实践,但真正具体谈到学与行之间关系的是荀子。荀子言:"不闻不若闻之,闻之不若见之,见之不若知之,知之不若行之,学至于行之而止矣。"由荀子"学至于行之而止"的观点不难看出,道德实践是儒家思想的最终归宿。

把"乐、学、为"思想进行系统阐述的是明代哲学家、教育家、泰州学派创始人王艮。王艮(1483—1541),字汝止,号心斋,明代泰州安丰场人。由于王艮并不是一个完全意义上的学究型学者,所以他的思想中会带有很多感性的成分,也就是说,王艮所谈的"乐"不仅仅具有本体境界层面的意义,而且更有一种感性的直观体验的意义,即在身心上的快乐,这是一种个人的体验。在我们日常生活中都有这样的体验,即在进行道德实践,如做好事后内心产生一种愉悦感。古代的"学"强调的是一种道德修养,所以"为"也是指道德实践,但如今的教育早不仅仅局限于"德",而是更为广泛的范围。所以"为"也由道德实践后的愉悦感拓宽到了运用自身知识后的愉悦感。

颐乐学院在"乐、学、为"的基础上,添加了一个"颐"字。颐,有修养、保养的意思,又是《周易》中的第二十七卦。颐卦,占卜得吉兆,研究颐养之道,在于自食其力。机体的衰退是每一个老年人必定经历和必须面对的,"颐"字很好地反映了老年人特定的人生议题——对健康的需要。在吸取中国古代教育思想的基础上,颐乐学院最终形成了以"颐、乐、学、为"为主线的课程体系。

(二)颐乐学院老年教育体系架构

颐乐学院是绿城集团推出的首个养老项目,目的是为活跃长者提供丰富的精神生活与全套的健康服务,为他们营造美好的准退休和退休生活。

1.课程设计理念

教育可分为正规的教育、非正规但正式的教育以及非正式的教育。老年教育由此可分为三种类型,其一是有目的、有计划、有组织的正规教育,其二虽是有组织的教育,但目的性和计划性并不强,其三是自我导向的自我教育。这三种类型的参与者可以用学习金字塔来比较其参与的情形(图4-2)。

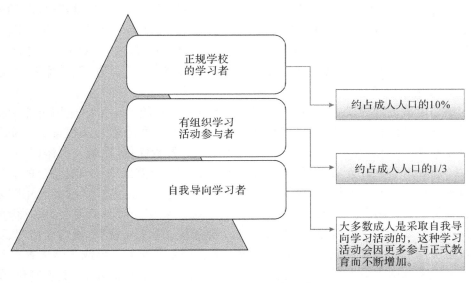

图4-2 老年教育的三种参与类型

自我导向的自我教育可以因时、因地、因人而异,自主性强,灵活性大,但是由于缺乏团体激励因素,持久性不强,而且由于没有专家指导,效益低下,还容易走进误区。第二种教育主要表现形式是小区的老年教育,这种教育的优点是直接面对现实问题帮助老人直接学习,老人之间还可以相互交流、相互学习、相互激励,缺点是学习目标不明确、不专业、课程设置松散。第一种教育主要表现形式是老年大学,优点是目标明确,课程设计专业,有专家指导,缺点是过于学校化,统一性强,个性不足。

颐乐老年教育模式是上述三种教育的整合。颐乐学院教育强调系统而专业化的课程设计,强调专家指引,并且非常强调相互交流、相互学习和相互激励,但是并没有像上述正规教育那样统一性强、个性化不足,它强调弹性化的课程设置,主张提供菜单式的课程体系设计,为每个人选择最适合自己的菜单,力图为每个人量身打造学习内容,教育富有个性。

不仅如此,颐乐学院不仅强调显性课程的设计,还重视隐形课程的设计,把吃喝住行、人际交往、环境陶冶、娱乐活动等统统纳入课程体系,名为学院式养老,实为个人开辟第二人生、过高品质生活的乐园。

2. 课程体系

老年大学创建之初,开设的多为颐养康乐型课程:第一类为促进身心健康的卫生保健、生理心理保健等;第二类为增添生活情趣的书法、国画、音乐、舞蹈等;第三类为有益于更新知识的历史、地理、文学、诗词等;第四类为有利于增长技能的缝纫、家电、养殖、种植等。后来根据老年学员需求逐渐增设英语、日语、电脑应用、网页制作、钢琴、电子琴、油画、铅笔画、理财证券、股票研究等课程。对 112 所老年大学的调查表明,现有课程大致分为文史政经、书画摄影、文艺体育、医学保健、家政技艺 5 类,共 196 门课程。

颐乐学院的课程设置正在从颐养康乐型为主的基础上逐步向应用技能型扩展。在成功老龄化理论和中国古代教育思想的基础上,颐乐学院课程设置时充分考虑了老年人生理功能、心理功能和社会活动能力的最优化,强调人身体(颐)、情绪(乐)、认知(学)、社会功能(为)的全面发展。在颐乐学院架构了具有特色的老年教育课程体系(图 4-3),以"开辟第二人生、过高品质生活"为主线,"颐养天年""乐知天命""学无止境""为善悦己"为四大支点。"颐养天年"下设体育健身、医疗保健类课程;"乐知天命"下设娱乐社团、乐观人生类课程;"学无止境"下设专业研习、百科纵览类课程;"为善悦己"下设圆梦行动、志愿服务类课程。形成了八大系列课程。八大系列课程下根据具体情况设太极养生、书法怡情、绘画添彩、美食制作、最美人声、金声玉振、舞动生命、留住精彩、梨园荟萃、国学品读等系列主题课程。

颐乐学院课程体系中的"颐养天年"系列课程满足了老年人对健康的普遍性

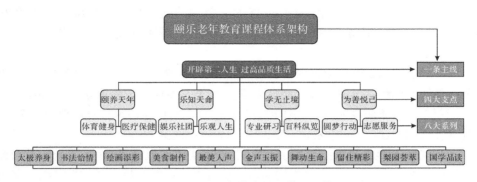

图 4-3　颐乐老年教育课程体系架构

需求,即满足了老年人的应付需求。"乐知天命"中的娱乐社团类课程(包括国学俱乐部、美食俱乐部、舞蹈俱乐部等)的设定主要是为了满足老年人对休闲娱乐的普遍性需求,即霍华德所提出的表现需求和堀薰夫提出的对亲和的需求;而乐观人生类课程(包括生命教育、心理健康教育、退休生涯规划、家庭关系教育等)的设定主要是为了老年人更好地适应退休生活,重新定位自己的角色,完成再社会化,其中也包含了堀薰夫提出的对回顾人生的需求,以获得意义和完整感,以及霍华德提出的超越需求。

"学无止境"系列课程的设定是为了满足老年人继续发展自己、挖掘自己潜能的需求,即霍华德提出的影响需求和堀薰夫提出的对超越的需求。其中,专业研习类课程(包括计算机、摄影等)的设置采用多层次形式,将一门课程分为基础班、提高班、研究班,以满足不同层次水平老年人的需求。百科纵览类课程主要包括文学、历史、政治、法律、时事等。

"为善悦己"系列课程的设定是为了满足老年人服务社会、实现人生价值的需要,也就是堀薰夫所提出的对与不同时代人群交流的需求,他们希望与下一代交流,传授自己的经验和知识,其中志愿服务类课程属于课外课程,这类课程是颐乐学院的一大特色,说明颐乐学院对老年教育的观点不只局限于"福利性""休闲性"的认识层面上,而是认识到了老年人的价值,看到了他们对社会的作用。圆梦行动类课程积极关注老年人的内心世界和愿望,包括了一些帮助老年人实现第二人生的活动,如组织老年人旅游、演出以及提供老年创业服务等。

总体上颐乐学院的设课属于综合性形式,所有颐乐学院的老年学员都必须学习 8 学分的通识课程。通识课程旨在帮助老年人完成促进发展、提高生活品质的最基本课程,包括医疗保健基本知识、时新课程(如电脑课)、人际沟通、老年人维权、杨式太极等课程。

颐乐学院的课程体系不仅包括学科课程,也包括社团活动(如秋游、春游、书画协会、学农协会、垂钓协会、摄影学会、诗学学会、太极拳学会、交谊舞联谊会、民乐队、校礼仪队、校歌唱团、校舞蹈团、养生武术队、校合唱团、英语合唱团等)。

3."菜单式"选课制度

"菜单式"选课制度是指根据自己的兴趣、能力来弹性选择课程。"菜单式"选课制度即弹性选课制度。弹性选课制度是满足老年人多样化发展需求的一种必然选择。老年人不再被动地选择已经限定好的课程,而是可以自由地选择适合自己个性、条件和发展的课程,充分地发挥了老年人的积极性和主动性。

上海老年大学也提出过与"菜单式"选课制度相类似的设想——"老年教育超市",希望为老年人提供"课程多样、各有特色、可供选择"的"教育超市"平台,能最大限度地满足老年学员的各种学习需求①。颐乐学院的"菜单式"选课制度和上海老年大学的"老年教育超市"设想在基本理念上是比较一致的,均是贯彻终身教育的思想。

为了能将合适的老年课程分别推荐给各个老年人,颐乐学院建立了老年人入学评估系统。通过对老年人学习风格和学习需求的评估结果,向老人推送推荐课表。颐乐学院通过量表"探索我的学习风格(Exploring My Learning Style)"评估老年人的学习风格。量表将老年人的学习分为四种:行动型、理论型、反思型、实际型。行动型老年人表现活跃,思维敏捷,并且希望有机会开始、尝试、体验和主动参与到获取知识的过程,他们思路开阔,专注于当前的事物,但是对实际应用中的细节问题没有耐心。行动型老年人喜欢与他人进行思想上的碰撞,喜欢以团队的方式解决问题,并且也喜欢在团队中崭露头角成为众人瞩目的中心,他们在参与新的体验、问题、复杂任务以及与他人协作时学习效果最好,而在听课或要求阅读、写作以及要求独立思考这些方面的效果比较差。

经过入学评估后,一个老年人的学习风格是行动型,那么推荐给这个老年人的课表中在课程内容上将包含比较多的活动类课程(如社团活动、志愿服务等)供其自主选择。另外,根据行动型老年人的思维敏捷、爱好体验和主动参与,而对细节问题和需要静思的活动没有耐心的特点,会推荐一些在授课方式上比较活泼生动的老师的课程。

老年人的学习需求评估工具目前正在制订中。学习需求评估工具有两方面的作用,一方面是课程设置的依据,另一方面也是向老年人推荐课程的依据。

由上可见,"菜单式"选课制度可以让每一个老年人扬长避短地发展自己,只有这样才能真正使老年人主动地发展,老年教育才能真正地提供老年人"开辟第二人生"的机会。

---

①郑令德.和谐社会与老年教育[M].上海:上海教育出版社,2007:232.

第五章 老年教学实践

老年教学实践是老年教育过程的重要载体和组织形式,是老年教育效果的重要保障机制,它既具有一般教学过程的特点,如备课、上课和教学评价等基本过程、传统教学模式的运用等,同时又具有自己的特点和任务,如根据老年人的年龄特点和心理特征,以及实际生活的需要来设计教学的内容和进程。目前,我国老年教育工作的教学实践,主要面临教学与实践的分离、教师对老年群体不太了解、老年学员对课程学习不感兴趣等问题。准确把握老年教学过程的这些特点,是解决上述问题的突破口,也是实现有效老年教学实践的必要前提。

第一节 老年教学的过程

老年教学是老年教育的工作核心,是实现老年教育目标的基本途径。教学过程主要包括备课、上课、布置作业、课外辅导和评价这几个基本环节。老年教育的教学过程,除了具有普通教育的共性外,还具有因为教育对象的特殊性而产生的特殊性。

一、老年教学的备课过程

备课是教学工作的首要环节,是上好一节课的前提和保证。教师对备课的态度和投入的精力,都会充分体现在教学过程中。备课由制定教学目标、精选教学内容、选择教学方法、设计教学过程这四个环节组成。

(一)依据老年人身心特点,制定适宜性教学目标

教学目标是开展教学活动所预期达到的效果,是教学活动的出发点和最终归宿,在整个教学活动的实施、评价中起指导性作用。老年教学的目标不同于普通教育的教学目标:普通教育的教学目标,是以传授知识、培养能力、树立正确的价值观为主,而老年教育的教学目标,主要是通过传授知识和培养心智能力来尽量满足老年学习者的需求。前者主要基于社会需要和个体发展两个维度而制定,而后者主要从老年人自身单方面的需求来确定(当然这种需求通常与社会需要并不矛盾),满足他们更高层面上的社会化。因此,老年教学的目标既要从三个维度来制定,即

知识与能力、过程与方法、情感态度与价值观,又要基于老年教育对象的特征和老年学员的需求、求学目的,来确定更多样化的目标。如绿城颐乐学院以"改善并提高长者的生活品质"为办学目标,通过"要健康、要快乐、还要新朋友"的精神诉求,鼓励退休在家的长者走出家门,参与到颐乐学院的教学与学习活动中来。

老年学员的基本特征,可以略表如下:

第一,老年人具有生理功能衰退、反应迟钝、记忆力下降的特点,教学目标不可照搬普通教育,而要考虑到老年教育对象的特征,在心理过程方面宜适当降低要求。老年人生理功能逐渐自然衰退,不能承受过重的学习压力;各种反应的速度减慢,不适应快速节奏。老年人的智力,一般比青年、中年人要差一些,但对他们科学地进行智力功能训练,可以改善他们的智力。老年人个性心理特征稳定,具有较完善的自我意识和个性倾向,还具有勤勉、纪律性、集体主义等优秀的心理品质,对学习有顽强的毅力,理解能力、想象能力和运用能力都较强。

第二,老年学员的需求是多样化的,主要可以分为三种:一是娱乐性的需求,由此开设的课程,如声乐、舞蹈、戏曲、美术等,可以陶冶情操,修身养性。二是求知的需求,基于此可以开设理论性的课程,如历史、哲学、地理等,有利于老年学员拓宽视野、扩大知识面。三是解决实际问题的需求,可以开设实用性的课程,如计算机、外语、保健、护理、饮食健康等,帮助老年人解答日常生活和工作中的现实问题。

第三,教学目标与求学目的是紧密相关的,老年学员的求学目的是教学目标的风向标。实现老有所学、老有所为、老有所乐的目的要体现在一切教学活动中,帮助老年人在愉快轻松的教学环境里,学习到顺应时代潮流的知识,体验学习的乐趣,实现自我的价值。

例如,老年学员学习"老年英语",大多是为了出国旅游、探亲交流,或是为了排除英语阅读的障碍,而不是为了应试或就业。因此,基于老年人记忆力和理解力衰退,单词记不住、语法学不会的现象,知识与能力层面的教学目标就可以设为帮助老年人学习日常交流的词汇、基础的语法知识,培养基本的口语会话能力。过程与方法层面的目标可以设定为通过词典、图片和实物学习来记忆单词,教会单词记忆的简单方法,通过游戏、表演,巩固应用所学的词汇和句型。情感态度价值观维度的目标可以设定为提高老年人学习英语的兴趣和信心,让老年人感受到学习英语的快乐。

(二)精选教学内容,统一要求与因求施教相结合

统一要求是指各科教学应依据老年教育的特点,对教学计划、教学大纲、教科书及教学目的、教学内容等做出统一的规划与要求,使学员在学习期限内能掌握所规定的基本知识和技能,达到统一的学习目标。因求施教是指教学应从实际出发,兼顾学员的差异,按照他们的不同特点和需求有针对性地进行教学,使学习者学有所得,学有所成。统一要求与因求施教相结合的原则是根据老年学员的身心特点提出来的。从年龄、生理功能及思维、记忆等心理特征看,学员有不少相同或相近之处,这是统一安排教学工作的基础;但是,他们在生活经历、知识水平和兴趣爱好等方面又存在不少差异。这就要求教师在教学中不能采用一个模式,搞"一刀切",而必须在全面提高教学质量的前提下,采取因求施教的方法,以充分发挥每个学员的聪明才智和特长。统一要求与因求施教这两者之间的关系是教学目的与教学手段的关系,前者是目的,后者是手段。在教学中,只有因求施教,才能达到统一的要求;而要达到统一的要求,就必须因求施教,两者是辩证的统一。教学中,教师应从以下几个方面来贯彻这一原则:

1.教学应当有统一的标准和要求

教师应在全面了解教材及学员情况的基础上,确定好所教课程具体的教学内容和教学目的,对学员提出统一的学习要求。老年人参加学习主要是为了增长知识,丰富精神生活,使自己的晚年更健康,更愉快,更潇洒,更有价值。教师在确定教学内容及教学目的时,要充分考虑老年人在增知、健身、怡情等方面的共同需求,制订出切实可行的统一计划,努力做到教学目的统一、教学内容统一、教学进度统一、考核标准统一。

2.教师应全面掌握学员的一般情况和个别学员的特点

课前,教师要深入调查研究,了解全班学员的知识水平、接受能力以及班级的学习风气等;同时,还要了解每个学员的特点及学习需求。在此基础上处理好一般与个别、集体与个人的关系。在教学中,教师应把主要精力放在中等程度的学员身上,使讲授的内容为绝大多数学员所需要和接受。在教学的某些环节和某些内容上又应兼顾个别,使有某些特点的学员和学习有困难的学员都能得到提高和发展。

3.教学要恰当地掌握广度、深度和进度

教师必须从大多数学员的实际水平出发,恰当地估计他们的接受能力和水平。各科教学要坚持面向大多数学员,认真处理好教学内容的深浅和难易、教学速度的快慢等问题。研究表明,当学习的内容与要求和学习者的认识发展水平不完全一致,即有中等程度的不适应时,学习者往往情绪饱满,求知欲极旺,学习兴趣极浓。人们把这种状态称为"教学的最佳心理状态",教学就在于帮助学员尽快进入并持久地保持这种心理状态。

4.教师要根据学员的特点提出相应的要求

第一,对那些文化程度较高、原有基础较好、接受能力较强的学员,可以给他们布置难度较大、数量较多的作业,让他们多学一点,学好一点;对那些文化程度较低、基础较差、学习又不甚得法的学员,则应多给一些鼓励,多进行一些个别辅导,帮助他们树立信心,掌握学习方法。第二,对有某些特长的学员可组织学科兴趣小组,因时因地制宜地开展各项活动,或专题探讨,或相互观摩,或组织各类竞赛,使大家的才能得到有效的培养与提高。第三,根据老年教育较为宽松自由的特点,可以弹性编班,允许个别学员在学习某一学科时到水平较高的其他班去听课,也可组织平行班级进行观摩交流,共同提高。

(三)选择教学方法,老有所学与老有所为相结合

学为结合是老年教育一项重要的教学原则。这一原则是我国社会主义教育目的和老龄工作"五有"方针的具体体现。我国社会主义教育各项方针政策的基点是"教育必须为社会主义建设服务"。我们必须在教学中坚持学为结合,坚持理论与实践结合。学为结合是中国教育的优良传统。孔子早在两千多年前就主张"知行统一"。他的孙子子思主张"博学之,审问之,慎思之,明辨之,笃行之",这"学""问""思""辨""行"的联系,实质上就是"学""为"两者的结合和统一。我国现代著名教育家陶行知倡导"教、学、做"合一,强调"学"与"做"的紧密结合。在老年教育教学中强调和推行"学"与"为"的结合,正是对我国优秀教育传统的继承和发扬。

"学""为"结合也是老年学员的热切愿望。老年人从自己工作了几十年的岗位退下来后,由于社会角色和生活节律的变化,产生了明显的不适应感。他们热切希望自己能老有所学、老有所为,能为他人、为社会再服务,再做贡献。在老年教育中应重视"学""为"结合,使学员通过学习掌握他们希望学到的知识和本领,从而实现其发挥余热的愿望。学为结合中"学"与"为"的关系是辩证的,"学"为"为"创造条件,"为"是"学"的目的。既可以"学"促"为",也可以"为"促"学"。

老年教育教学中怎样做到"学""为"的有机结合呢?首先,引导学员在"学"字上狠下功夫。"学"是"学""为"结合的前提。没有"学",没有掌握真正有用的知识和本领,"为"就会流于一句空话。在"学"字上狠下功夫,关键在于帮助学员更好地掌握所学的知识与技能,全面增加"为"的思想动力、体力和智能,为他们实现老有所为奠定基础。

其次,深入探索"学""为"结合的方式。在老年教育中,"学""为"结合的方式主要有三:一是"学"中有"为",以"学"促"为"。这就是通常所说的教学要理论联系实际,要学以致用。这种方式要求教师在理论与实践的结合中传授知识,并引导学员运用知识于实践;同时,又应引导学员在学习中加强练习、实习等实践性环节,使之能更牢固地掌握所学的知识和技能。二是为"为"而"学",以"为"促"学"。学员在"为"的过程中,常常会遇到许多难以解决的新问题,使"为"与"学"之间出现新的矛盾,这样就促使学员更认真地去"学",从而使"学"与"为"在更高的层次上实现新的统一,进行新的结合。三是广辟学为结合的渠道。这里的"为",应包括服务自我、服务家庭和服务社会这三个方面。在这三个服务中,主旋律应当是服务社会,并应用它来统师和引导服务自我和服务家庭。教学时应引导学员明确"学""为"结合的

方向,引导大家把自己的学习需求立足于或趋向于为社会服务上,努力做到自乐乐人,自立立人,自达达人,进而使自己的晚年生活更有价值、更有意义。

(四)设计教学过程,教师主导与学员主体相结合

老年教育的教学活动,是通过教师的"教"和学员的"学"来实现的,是教师与学员的双边活动。其中,教师是知识与技能的传授者,在教学中起主导作用;学员是学习知识与技能的主体,是教学质量和教学效果的承担者、体现者。教学过程实际上是教师充分发挥主体作用,调动学员的主动性、积极性,使之能动地获取知识与技能的过程;也可以说,教学过程是教师的主导作用和学员的主体作用这两者矛盾统一的过程。教学工作要取得最佳的效果,必须正确处理师生之间的关系。在教学过程中,教师的主导作用和学员的主体作用是紧密联系的,正确发挥教师在教学中的主导作用是充分调动学员自觉性和积极性的前提,而充分发挥学员的主体作用又是教师发挥主导作用的主要目的。这两者中任何一方的存在,都是以另一方的存在为条件的。深刻认识这两者的辩证关系,充分调动"教"与"学"双方的潜能,才能顺利完成教学任务。贯彻教师主导作用和学员主体作用相结合的原则,做好以下几点至关重要:

1. 教师应认真完成设计、主持、调整整个教学过程的任务

所谓设计,是指教师根据教学目的、教学内容和学员特点,事先对教学过程进行周密的计划和安排。所谓主持,就是教师根据教学计划向学员传授知识和技能,科学安排教学进程,组织学员积极主动地进行学习。所谓调整,就是教师根据教材和学员的具体情况,及时准确地修订教学计划,增删教学内容,以保证教学工作的顺利进行。

2. 引导学员明确学习目的,端正学习态度,形成正确的学习动机

明确的学习目的,正确的学习态度,旺盛的求知欲,这是激发学员奋发学习的重要内驱力,也是取得良好教学效果的重要前提。教师应注意加强学习目的教育,启发学员明确老年教育的重要意义,提高大家学习的使命感和自豪感;同时,教学中还应使学员明确所学学科和每一课题具体的目的要求,激发其学习的兴趣和求知欲。

3. 教师要积极改进教学方法,讲究教学艺术,不断提高教学质量

从一定意义上讲,老年教育是一种志趣教育,是一种较轻松的、带有消遣性的、较少心理压力的教育。教师要善于以新颖的教学内容和灵活多样的教学方法来吸引和教育学员,使之产生强烈的学习要求。特别要注意多采用"启发式",废止"注入式",多让学员动手、动口、动脑,尽量做到动静结合,体脑同步,寓教于乐,使学员在轻松活泼的气氛中进行学习。要积极改进教学方法,灵活自如地运用诸如讲授法、练习法、现场教学法、相互观摩法等,以提高课堂教学的魅力,激发学员的学习

欲望和兴趣。要注意组织学员能者为师,互教互学,取长补短,共同提高。

4.着力培养学员对学习的自我管理能力

各科教师应充分发挥班委会的作用,组织班干部及时收集学员对于教学的意见和建议,帮助自己进一步搞好教学工作。教师应着力培养学员的自学能力。在教学中,教师不仅要向学员传授知识和技能,而且要教给大家获取这些知识和技能的方法,以提高大家独立学习和自我钻研的能力。

二、老年教学的上课过程

教学是实现教育目的的基本途径,是将预先的教学方案创造性应用于教学活动中。实施老年教学,须注意以下三方面:第一,在教学全过程中贯彻以老年学员为主体,满足老年人的需求,促进老年人全面发展的原则。第二,组织及时地复习和巩固对老年学员来说十分必要,可以预防学员的知识遗忘。第三,师生、生生间的互动与交流能确保学员的主体地位,加强学员的学习体验。老年大学的课堂教学是老年教育的核心和基础,不同类型的课程,其教学过程存在差异性,但仍有一定的规律可循。通过对实际课堂教学过程的观察,我们可以大致总结出以下四个步骤:

(一)激发兴趣

我国著名的教育家陶行知认为"兴趣是最好的老师"。托尔斯泰也说过"成功的教学所需要的不是强制,而是激发学员的兴趣"。引发教育对象的学习兴趣,首先要了解教育对象的特征和喜好。老年人具有自尊心强、自信心不足、反应时间增加、记忆力下降等特征,他们喜爱和熟悉的不一定是当今社会的潮流趋势。适当地运用老年人所擅长和喜爱的内容导入教学,可以增强老年学员的自信心,带动其学习热情,激发其学习兴趣。

讲授基本理论知识时,适当地联系与所讲内容有关的实际问题,做到用实例说明观点,用操作说明道理,用理论指导实践,使学员更好地掌握基本知识和基本技能,让学员看得着、摸得到、会运用,从而大大调动学员学习的兴趣和积极性。例如在声乐课教学中,教师可先播放一些经典的革命歌曲、民歌等,熟悉的旋律和铭记的歌词,往往能引起老年人的兴趣和共鸣,他们会很快投入到学唱中去,有助于教师进入下一个教学环节。

(二)传授新知

老年学习者的生理功能和学习能力,一般弱于普通学员,而且老年人的求学目的不是为了取得学分学位或者就业,因此,在讲授新课时,教师既要调控好新知识的难度和一节课所教授的知识量,又要尽可能创设轻松愉快的学习环境,让老年人乐于接受新知识,享受学习的乐趣,获得成就感。

一方面,要提高教学语言的艺术性。老年人的自尊心较强,易产生挫败感,在教学中教师的语言要体现对学员的尊重和鼓励。即使学员犯了错误,也要用委婉的语气来提醒他,以表扬鼓励为主,树立学习者的自信心。另一方面,传授新知识要灵活运用方法,通过图片、视频、表演、操作等多种直观方式,减轻老年人的认知加工负担。

在传授新知时,要根据老年人年高体弱的生理特点,合理地组织教学。第一,教学时间不宜过长,使学员用脑适度。教学持续一段时间,当他们学习感到疲劳时,就作适当休息,或更换另一种教学活动方式,做到有劳有逸,有张有弛。第二,注意掌握教学节奏,不贪多求快,不操之过急,避免"欲速则不达"的现象发生。第三,对学员学习时间的安排,也采取一定的灵活性,除必要的集体上课之外,其他时间让学员自己掌握,注意避免在时间上有压力的学习任务。

英语语法的教学是老年英语教学的重难点。完整系统的语法知识教学,这种常规方式对老年学员来说过于繁杂,学员可能会因为听不懂而自信心不足、兴趣下降。有经验的教师通常先教授日常生活中简单的句式,等学员熟悉后归纳总结出规律,再进行语法的讲解。这种以生活为基础、由浅入深、循序渐进的传授方式,对老年学习者更为适合。

(三)巩固复习

复习、练习是帮助学员及时巩固所学知识和技能的重要手段。随着年龄的增长,老年人的注意力和记忆力呈下降趋势。老年人对新事物的记忆力较差,而对旧知识的反复复习与对新知识的重复操练,则有助于老年学员减缓遗忘的速度,加深其对知识的记忆与理解。孔子讲"温故而知新""学而时习之",就强调了复习、练习等基本训练在学习过程中所起的重要作用。

在教学中,教师应根据教材和学员的实际,科学安排各项基本训练,努力做到与教材的讲授保持同步,使学员扎实地掌握所学的知识与技能。复习这一环节在计算机、英语课程的教学中尤为适用。在教授完新知识后应及时巩固,并在下节课和以后的课程中有意重复以进行拓展深化,帮助老年人唤醒记忆,再进行下一阶段的学习。复习环节可以由教师引导,也可以由学习水平较高的学员带领全体老年群体进行复习,发挥优秀学员的榜样示范作用,激发其他学员的学习热情。

(四)互动交流

教学过程中的交流环节包括师生之间、生生之间的交流。教学双方的互动与交流体现了学员的主体性,有利于营造自由、平等、开放、轻松、愉悦的教学氛围,从而激发学员的积极性,提高教学效果,达成教学目标。师生间的交流便于教师了解老年学员的学习基础、教学难点,教师基于交流结果,选择与调整教学内容与教学方法,激发全体学员踊跃参与、积极思考的热情。教师可以采取提问、情境表演的方式与学员互动交流。老年大学既是老年朋友的学习场所,也是交友场所。老年朋友在退休后交际圈变窄,日常交往以子女、亲人为主,易产生孤寂感。教学过程中的互动与交流,可以满足老年人丰富人际关系的需求,结交爱好相投、年龄和精力相近的朋友,减少由于社会交往不足的孤寂感,为晚年生活增添乐趣。

三、老年教学的评价过程

教学评价是对教学过程和教学结果的评测与价值判断,评价对象包括整个教学过程、教师的教学工作、学员的学习行为与结果。教学评价具有判断、导向、反馈、育人的功能。通过对老年教学的评价,可以判断教学工作对老年教育的价值,引导评价对象向既定目标与标准发展,能够及时找出并反馈教学中存在的问题,促进学员和教师的共同发展。教学评价依据评价功能可以分为诊断性评价、形成性评价、总结性评价;依据评价主体的不同可以分为自我评价和他人评价;依据评价对象的不同可以分为定量评价、定性评价。老年教学的评价应强调主体多元化,无论是对课堂教学的评价,还是对教师与学员的评价,都应强调多主体的参与,所以,教学评价的主体应由学校领导及管理者、教育专家、教师、学员等组成。下文将根据评价对象来选用合适的评价方法和模式,对老年教学的评价过程进行探讨。

(一)老年课堂教学的评价

20世纪60年代,斯塔弗尔比姆(Stufflebeam D. L.)首创了CIPP评价模式,并在教育领域得到了广泛的推广和应用。CIPP评价模式主要包括四个评价步骤:背景评价(context evaluation)、输入评价(input evaluation)、过程评价(process evaluation)与成果评价(product evaluation)。21世纪初,斯氏又将CIPP评价模式的四个环节变成七个环节,即把成果评价分解为影响(impact)和成效(effectiveness)两个环节,并增加可持续性(sustainability)和可推广性(transportability)两个环节①。CIPP模式强调评价的目的不是为了证明(prove),而是为了改进(improve)。此模式与泰勒的目标评价模式相比,强调对教学过程的评价,真正将评价活动贯穿到教学过程的每一环节,并为教学活动的改进提供诊断和反馈意见。

老年课堂教学的评价主要采取诊断性评价与形成性评价、定性评价与定量评价相结合。评价主体是教育管理者、教师、学员。CIPP评价模式的流程和主张对老年教学的评价具有借鉴和启示意义,老年课堂教学的评价过程可以参考该模式来进行阐述。

---

①邓凤.CIPP评价模式在实践教学评价中的应用探讨[J].中国科技信息,2011(24):171.

1. 背景评价

背景评价是指对教学活动的需求、资源和问题的评价。背景评价的主要任务是调查教学和课程的背景，了解学校、教师、老年学习者的需求，诊断实际教学中可能出现的问题，并以此为依据制订教学的评价目标。强调课堂教学目标和课程目标的评价，并以评价对象的需求为重要依据，从而提高教学目标的合理性和科学性。

2. 输入评价

输入评价是指对达成目标所需的资源和利用资源的策略进行评价，有助于评价者选择较有效的资源及策略。老年教学输入评价的主要任务是调查和评估老年教学方案、教学资源、老年学校的教学经费等。对老年教学方案和计划的评价可以从是否与教学目标相一致、教学所需的资源是否能得到满足、教学的设计与安排是否科学等内容出发，将结果反馈给教师，以帮助其调整教学方案、教学策略等。

3. 过程评价

过程评价主要包括对教学内容、教学方式方法、教师的教态与组织能力、师生互动、学员的反应等的评价，是对教学方案的具体实施进行的评价。观察实际的教学过程，发现其中的问题，并将结果反馈给教师本人与教育管理者，为教育工作者改进教学提供信息和建议。老年人在课堂教学中的参与程度和课堂表现，是教师选择教学内容、运用教学策略的重要影响因素。人们在对教学过程进行评价时往往会忽略这一因素。同时，以人为本的观念也应贯穿在教学评价中，老年学习者在教学中的体验与参与，相对所学习到的知识和培养的技能来说更为重要，因此若单纯采取评价标准量表来评定不能全面反映教学中师生出现的问题。形成性评价，即过程评价在老年教学评价中尤为适用。

4. 影响评价

影响评价是指对实施后的教学方案对师生的影响程度进行评价。教师是教学活动的实施者，教师在开展教学活动后对本人的教学水平、教学理念和心境都会有一定影响，教师会在课后反思和改进自己的教学。老年学习者是教学的最直接的感受者，学员在教学中收获知识，掌握技能，感受学习的乐趣，教学也能引起老年人在生活中心态和行为的改变。

5. 成效评价

成效评价是指对教学方案实施后的效果进行评价。该环节更加强调教学对受教育者日常生活和工作的实际影响，例如老年学习者在经过一学期的学习后所掌握的知识和技能，能以文艺表演、摄影展、舞蹈合唱的形式展示出来，甚至将老年人的业余爱好变成专业的工作。

6. 可持续性评价

可持续性评价是指对教学活动是否能得到持续开展的评价。评价的主要任务是了解师生对教学活动是否有必要得到长期实施的意愿,以及制约教学活动开展的因素等,如老年教育的经费、场所、条件、资源等。

7.可推广性评价

可推广性评价是指把该教学模式在其他领域进行推广的可行性进行评价。可以把某门课程的教学模式应用到其他教学中去,也可以是某教师的教学模式在别的省(区、市)得到推广,考察推广的可行性以及制约因素。

(二)对教师的评价

教师在授课时,一定要注意自己的教态温和、热情;讲话时,吐字要清晰,语速宜慢,但音量要足,使听力差的学员能够听清楚;板书要勤,字形要大,关键内容反复出现,使反应慢的学员有机会记住,特别是古典诗文欣赏课,以及书法、绘画技法的讲授,教师表述的内容较多的部分,尤宜如此。

对教师的评价形式多样,通常以组织评价、教师自评、学员评价、教师间相互评价为主要形式。教育管理者应建立教学评价组织,可以由教育专家、领导、教师、学员代表组成,共同参与评价。学员参与对教学与教师的评价是必要的,老年学员对教学质量和教师教学水平的判断最为直观,学员的评价在一定程度上也代表着他们的价值取向,为教学活动的设计与管理、教师的选聘与培养、课程的开设提供依据。定性评价是对教师教学水平、综合素质、专业素质的描述性评价,难免带有主观性。采取课堂教学评价表或者给老年学员分发调查问卷,对教师的评价有一个定量的评定与分析,将定性评价和定量评价相结合就更为合理、科学。

通过学校和学员对教师的监督评比,提高学员对教师的满意度。学校可以通过设立意见箱、下发意见征求表等形式,让学员给教师的上课打分,给教师的课程提供一些意见和建议。同时,为了督促老师能够根据学员的一些建设性的意见改善教学工作。学期结束,学校将根据学员的意见和打分结果,结合平时的了解,评选出一定比例的优秀教师给予表彰。通过这些措施,使得教师能够不断去适应学员的情况,从而提高学员对教师的满意度,构建和谐的师生关系。

(三)对老年学员的评价

过程评价、定性评价在评价老年学员时较为常用。评价主体可以是教师评价和自我评价相结合。对老年学习者学习结果的评价,一般不以考核、考试和分数赋值的形式来评定其学习水平,而是采用定性评价,从而更好地反映老年学习者在教学中的体验感受、学习成果与收获。老年教育不同于普通教育,它强调人本性,要求体现老有所学、老有所为、老有所乐的观念,因此,评价老年学员的指标体系应具有独特的标准和全面的指标项目。

第一,引导学员明确学习目的,端正学习态度,形成正确的学习动机。明确的学习目的,正确的学习态度,旺盛的求知欲是激发学员奋发学习的重要内驱力,也是取得良好教学效果的重要前提。教师应注意加强学习目的的教育,启发学员明确老年教育的重要意义,提高大家学习的使命感和自豪感;同时,教学中还应使学员明确所学学科和每一课题具体的目的要求,激发其学习的兴趣和求知欲。

第二,鼓励多实践,强调交作业。任何一门课程,课堂学习都是有时限的。明确课前预习什么,练习什么,准备什么,是课前对教学内容的扩充,也为课堂教学做了必要的准备,扫清学习障碍。布置作业,是对学员的督促,是教学活动后对学习内容的扩充,也是对学员的一种压力。只是针对老年学员,压力也要适可而止,一定要量力而行。书法绘画,一般一天有两小时的作业即可,而诗词背诵,一般三天一首七律或中调的词,或百字以上的短文即可。天长日久,一经积累便会变为学员课余生活的乐趣。

第三,老年学员的作业,一旦完成,就要勤展示,加点评,多鼓励。老人和孩子一样,对荣誉和成就都有积极的追求。勤展示,多鼓励,会促进老年学员学习的积极性。当然,老师的讲评也要实事求是。鼓励是指出进步,哪怕极微小的进步。没有这种鼓励,会挫伤基础差的学员积极性,甚至会挫伤他们的自尊心;但是,无根据地指出作品的不足或一味地表扬,也会让学员反感,认为老师不真诚。最好的鼓励办法来自活动,音乐班搞点独唱表演,书画班办点作品展览,诗文班开些个人作品朗诵会。这些活动,可结合节日、郊游进行,使之灵活多样。

第四,强调"学"与"为"相结合。在老年教育中,"学""为"结合的方式主要有三:一是"学"中有"为",以"学"促"为"。这就是通常所说的教学要理论联系实际,要学以致用。这种方式要求教师在理论与实践的结合中传授知识,并引导学员运用知识于实践;同时,又应引导学员在学习中加强练习、实习等实践性环节,使之能更牢固地掌握所学的知识和技能。二是为"为"而"学",以"为"促"学"。学员在"为"的过程中常常会遇到许多难以解决的新问题,使"为"与"学"之间出现新的矛盾,这样就促使学员更认真地去"学",从而使"学"与"为"在更高的层次上去实现新的统一,进行新的结合。三是广辟"学""为"结合的渠道。这里的"为",应包括服务自我、服务家庭和服务社会这三个方面。在这三个服务中,主旋律应当是服务社会,并应用它来统帅和引导服务自我和服务家庭。教学时应引导学员明确"学""为"结合的方向,引导大家把自己的学习需求立足于或趋向于为社会服务上,努力做到自乐乐人,自立立人,自达达人,进而使自己的晚年生活更有价值、更有意义。

通过学校和教师对学员的监督评比,提高教师对学员的满意度。强化对学员的监督评比,学校可以和教师一起,定期举办各类评比活动,根据教师的意见和评价,评选出一批优秀的学员进行表彰。同时,根据教师的意见和评价,适时推荐优秀的学员外出参加各种比赛和社会公益活动。这样,可以促进学员更加努力地学习,提高教师对学员的满意度,最终实现和谐的师生关系。

第二节　老年教学的模式

教学模式是指在一定教学思想或教学理论指导下建立起来的较为稳定的教学活动结构框架和活动方式方法。老年教育的对象、内容、形式都具有多样性,这就要求老年教育教学模式既要在宏观上把握教学活动整体及各要素之间的关系和功能,又要具有可操作性①。在老年教育相关理论的指导下,结合老年教育的实际经验,老年教育形成了诸多有效的教学模式,如传递-接受式教学模式、问题探究式教学模式、单元式教学模式、情景参与体验式教学模式、教学做合一模式等。随着计算机、网络、现代教育技术、手机的广泛应用以及老年教育自身需要的日益增强,老年教学模式也随之出现多样化发展态势,在传统的教学模式基础上,衍生出诸多新型的教学模式,如养教结合、游学结合、移动学习等,为老年学习者提供了以人为本、便于操作的学习方式。

一、传统型教学模式的运用

从我国老年教育的实践看,主要教学模式有五类:第一,专题讲座模式;第二,问题研讨模式,一般采用交流式、评述式、辩证式、质疑式等方式;第三,单元教学模式,通过真实案例,引导学员分析讨论,提高学员分析问题、解决问题的能力;第四,情景体验模式,学员在教学情景中参与体验为主;第五,实地考察或社会实践模式。在教学方法上,尝试采用启发式、讨论式、案例相结合、课堂教学与社会实践相结合的方法,使学员学得有味,学了有用,兴趣爱好得到发挥。此外,师生之间应该建立一种新型的、和谐的、亲密无间的关系,做到亦师亦友,相互尊重,共同探讨,教学相长。

(一)专题讲座模式

该教学模式是以行为心理学原理为理论基础,以传授基础知识、培养基本技能为目标,强调充分发挥教师主导作用,整个教学过程以教师的讲授和指导为主,学员处于被动接受和学习的状态。该模式的基本教学程序是:复习旧课—激发学习动机—讲授新课—巩固练习—检查评价—间隔性复习。该模式在老年教育中应用广泛,优点是可以使学员高效率地掌握学习内容,可以将学科知识系统详细地介绍给学员。但是,该模式不注重学员的实践操作和学习体验,忽视了学员的创新思维能力,所以,教师不宜在整节课都采用该模式,以免在教学过程中出现"满堂灌"现象。

---

①张东平.老年教育社会学[M].上海:同济大学出版社,2014:263.

在基础知识的教学中,教师可以采用此教学模式,实现高效地传授教学内容,达成教学目标。或者教师可以在教学中的某一环节运用该模式以提高教学效果。例如在讲授老年英语时,教师须将语音、语调、英语语法、语用的使用环境系统详细地传授给学员,采用该模式是最高效的。当然,这也要求教师提高自身的语言表达能力,用幽默风趣、简洁易懂的语言来讲解。

(二)问题讨论模式

老年教学着重"应用"二字,老年学习者的求学目的在一定程度上是解决日常生活和工作问题。该教学模式以问题为中心,能激发老年学员的兴趣和积极性,引导学员自主探究或小组合作来学习知识,培养老年人的思维能力、探究精神、合作意识。该模式的基本教学程序是:教师提出问题—学员自主探究或小组讨论—教师总结评价。

问题探究式教学强调学员的主体性,学员可以在课堂上自由地表达自己的观点,探究解决问题的方式方法,并通过小组讨论,得出结论。教师的提问应贴近老年人的生活,满足老年学习者的现实需求和心理需求,能真正引起学员探究和学习的兴趣。

此模式较适合应用在老年保健、护理、养生课程中。老年学习者对卫生知识和养生知识都是很感兴趣的,教师在此类教学中可先提出问题,如"老年朋友们,你们知道如何预防心血管疾病吗",再引导学员通过查找资料、小组讨论来得出结论,最后再由教师系统地总结预防心血管疾病的方法。

(三)单元教学模式

该教学模式又称为专题式教学模式,是指以主题为中心构建教学单元,是以问题为中心教学模式的拓展。单元教学与单纯的按知识结构和系统来教学相比,打破了各个知识点之间的壁垒,有助于教师和学员更好地把握知识的构建。每个教学单元包括若干个教学环节,而教学环节由学员自学、教师讲授、小组研讨、案例分析、同伴交流、实习作业、实地考察等构成[1]。该模式教学环节丰富,可以培养学员的自学能力、小组协作能力、实践操作能力,教师可根据教学内容设计教学单元。

在设计教学单元时,要求教师按照主题对教材和学科知识进行梳理和串联,选择对老年学员来说难度适中、满足于学习者需求的教学内容。不同课时的教学组织形式各异,适宜的教学组织形式能大大提高教学效果。通过整个单元的学习,老年学习者对该主题有了基本的了解和认识,最终解决学习者的问题。该模式较适合对老年学员来说难度较大的课程,如计算机教学。

---

①叶中海. 老年教育学通论[M]. 上海:同济大学出版社,2014:87-88.

(四)情景体验模式

该教学模式的产生是现代教学的内在要求。现代教学强调教师主导、学员主体的观念,教学是由教师和学员的双边活动构成的,学员在教学情景中的参与体验和由此产生的情感对学习活动是有一定影响的。情景体验教学模式可以激发学员参与教学过程的主动性,引导学员积极参与课堂教学。该模式的基本教学程序是:情景设计—提出问题—体验展示—评价反馈四个教学环节。教学情景设计应该故事化和问题化。学员能根据情景设计故事,并以问题为导向引导学员联系实际搜集资料和知识,解决学员学习过程中的问题。教学评价包括确定评价主体—制定评价标准—实施评价过程—反馈评价结果四个环节①。评价主体可以是学员与教师相结合,评价项目应包括展示内容、形式体验等。

此模式适合运用在老年教育的地方课程、外国文化课程的教学中。例如,在"外国饮食文化"课的教学中,首先,教师可邀请外国朋友参与到教学中来,创设一个老年学员到外国朋友家中做客的情景,让学员置身于一个轻松愉快的教学环境中。其次,教师提出几个基本问题,如"外国的饮食文化与中国的有何共同点和区别""到外国朋友家中用餐需注意什么礼仪"等,以此类问题作为学习的中心内容,通过学员、外国朋友、教师之间的交流讨论和模拟场景演练,让老年学员获得最直观的体验感和参与感,并得以解决问题。最后,由学员来谈谈该教学的感受和收获,教师对整个教学过程进行总结,对学员的学习效果进行评价。同样地,该模式也可以运用到越剧课程、国外时政热点问题、外国文学等课程的教学中。

(五)教学做合一模式

该模式是以中国教育家陶行知的"教学做合一"思想为理论基础,旨在培养学员的创造能力、实践能力。该模式在高等职业教育中应用广泛,而它对老年教育的教学也有启示意义,能在老有所学的基础上实现老有所为。此模式的教学方法主要有情境教学法、任务教学法、演示法等。基本的教学程序包括:教师讲解示范—教师布置任务—学员练习任务—教师指导点评。

此教学模式较适用于培养技能的实践操作类课程,教师在老年教学过程中须树立"教学做合一"的教学理念,结合实际设计教学环节,根据老年人的经验和兴趣开发教育资源,将"做上教,做上学"的理念深入运用到教学实践中去,真正做到在"做"中、行动中完成教学任务。

例如,在教授"Windows操作系统基本常识"时,教师可以采用边讲解、边演示如何操作的方式,再布置学员自由练习的任务,在学员的反复操练后进行讲评。课后,老年大学的机房也应对老年学员开放,以便于他们复习知识,提高操作实践能力。

---

①刘冰.情景参与体验式教学模式初探[J].中国成人教育,2009(16):96-97.

二、创新型教学模式的运用

为了更好地实现知识交流、信息传递、资源共享，应加快网络教育技术的普及。这里介绍几种目前在世界范围内流行起来的信息化教学模式，以及国外创新型的老年教育模式。

(一)翻转课堂教学模式

翻转课堂(flipped classroom 或 inverted classroom)是指学员在课堂外自主学习知识，包括规划学习内容和学习方式等，在课堂上教师和学员相互交流，答疑解惑，探讨知识等。这种教学模式与传统的课堂教学模式相比，学习者可以更主动、灵活地学习，实践性和参与度更高，因此该模式可以充分运用到老年教育的课堂教学中。老年学习者的学习基础、学习能力、学习目标都差异较大，传统的课程教学模式不太利于实施因材施教，也不利于水平各异的老年学习者的个人发展。而采用翻转课堂教学模式，学习者可以根据自己的基础和兴趣制定学习目标，选择学习内容，增强了学习的主动性，如自主观看教学视频、聆听讲座、阅读材料等，并及时记下学习过程中遇到的各类问题。在课堂上，教师可以解答学员疑惑，共同探讨交流，给予老年学员针对性的辅导。

翻转课堂教学模式具有自主性、灵活性、人性化等显著特点。教师可针对某一问题录制短小精悍的教学视频，并提供在线讨论和辅导的平台。老年学员在课下自行观看视频学习，学习能力较差的可暂停、回放视频，并在平台上与教师、学员探讨问题。在课堂上，教师通过对学员共同的疑惑进行解答或个别辅导，帮助学员消化吸收知识，并应用到实际生活中①。

(二)MOOCs 教学模式

MOOCs(massive open online courses)指的是大规模的网络开放课程，也就是人们所说的慕课。慕课是将事先录制好的课程发布在网络平台上，学习者可以通过在线观看视频、测评的形式进行学习，并获得证书。该模式扩大了受教育的对象范围，实现了资源共享，不受时空限制，学员可以按照自己的基础和能力安排学习进程和计划，满足不同层次学习者的需求。老年教育发展缓慢的原因之一，就是师资力量和老年学习者人数的不足。部分老年人由于当地没有老年大学，行动不便、经济实力不一而没有机会参与老年教育。采取慕课的形式进行教学，就能解决师资问题，突破教学条件和教学资源的限制，扩大课程的受众面，提高教学的效率。

该模式在老年教育中的应用仅靠教师的努力是不够的，须借助老年教育管理部门和社区的帮助，建立老年教育网络课程平台，将录制好的课程视频上传至平

---

① 庄卓.翻转课堂优化老年大学计算机课堂探析[J].黑龙江科技信息,2014(32):212.

台,供学习者在线观看学习,并和教师、其他学员交流探讨,在完成学习后对学习成果进行测试。在我国部分发达地区,已有先让老年学习者自行对网络开放课程进行学习,再集中到学校让教师解答学员疑惑的尝试。

(三)协作学习教学模式

协作学习是指学习者为了达成学习目标,通过小组、团体的形式共同完成学习任务。学员在小组协作学习活动中,互相交流沟通,团结协作,有利于发展学员的思维能力、沟通能力、协作能力、团队精神。教师在该教学模式中起指导作用,负责制定教学目标,划分协作小组,组织协作学习的进行,确保学习效果。协作小组的划分直接影响教学效果,教师要根据老年学习者的学习能力和基础来分组。不同的教学内容须采取不同的组织形式,如采用辩论、合作、角色扮演等模式组织学员进行协作学习,或者由学员自行组织读书沙龙等。

(四)嵌套式循环教学模式

嵌套式循环教学模式是指每节课由复习—讲授—交流组成小循环,每节课讲授的内容,又会在下一课时和下学期中重复而形成大循环,大循环包含小循环的一种与"忘性"相对抗的教学模式。该模式的特点和优点是凸显以人为本的观念,适合老年人的生理功能和学习能力呈下降趋势的特点。通过将教学内容反复呈现,加强对知识的记忆,并在此基础上加深对知识的理解,提升了学习效果。

运用该模式须充分了解老年人的生理、心理特点;采用实用性、针对性、易读性高的教材或资料;重视复习和交流环节。此模式适合像计算机课程这一类老年人较陌生、难度高的课程,以循序渐进的教学方式使老年学习者轻松愉快地学习。小循环即每节课都和上节课有重复内容,每节课分为三个单元:复习重复、讲授新课、消化交流,三个单元各占等分时间。每节课讲授的内容又会在下节课和下学期的前几节课中复习而形成大循环。小循环包含在大循环中,循环嵌套,重复操练交流①。

(五)养教结合教学模式

养教结合教学模式是指在民政部门和老年教育部门的牵头下,将养老机构和老年教育服务组织进行有效结合,共同促进老年教育事业的发展。近年来,随着"养教结合"这一观念的提出,全国各地的教育部门和民政部门都在进行不断的探索,出现了以下两种教学模式:第一种是由老年学校和社区学校牵头,与该区域的养老机构进行合作,为该养老机构的老年人提供上门教育服务。第二种是以养老机构为主导,积极地调动养老机构内部的有效资源,以养老机构的社工和康复治疗师为主导,开展以老年人身体健康为主体的老年教育活动。在养老机构入住的老

---

①孙建国.中国老年教育探索与实践[M].北京:科学出版社,2011:207-210.

人年龄较大,教学难度较高,开展教学活动应以"以养为主"为原则①。

开展养教结合的教学活动,首先根据受教者的身体状况、年龄、文化水平、兴趣爱好选择教学内容和设置课程,营造娱乐与知识相结合的教学环境,采取多样化、个性化的组织形式,灵活地安排上课时间和教学进度。主管部门整合老年教育机构和养老机构、老年社区的资源,解决师资问题。

(六)游学结合教学模式

游学结合的教学模式是指以旅游活动的形式,让老年学习者离开常住地,前往国内或者国外某地,在个人与环境多维元素交融激荡下,促进认知、情感、技能等方面有意义且持久的改变。寓含教育性质的旅游是老年教育领域的一个新的趋势,老年旅游人口的增加和老人短期寄宿学习所取得的成效,为开办游学结合的老年教育活动增大了可能性。

在先进国家(如美国)的高龄者旅游学习是较具有代表性的,主要分为营利组织〔如旅游学习(Travel Learn)、老人旅游俱乐部(Elder Travel Club,ETC)〕和非营利组织〔如老人寄宿所(Elders Hotel)、退休学习学会(Learning in Retirement Institutes,LRIs)〕。

中国台湾新北市新店区重光社区大学开设了一门"银发乐活旅游学习"课程,该课程以活跃老化为目标,以中高龄者为主体,通过户外活动、机构采访、导览解说、体验学习、经验分享等方式,促进中高龄者在旅游学习过程中身心活化、增广见闻、开阔视野、享受乐龄岁月,成为积极参与社会、终身学习的活跃长者②。

我国大陆地区也开设了类似的课程,如上海市长宁区的全国社区教育特色课程"自助旅游"。但是我国的老年旅游学习的办理机构和组织还尚未建立,难以高效、优质地推广这种教学模式。我国可以仿照美国等发达国家的管理形式,将老年旅游学习进行规范化的开发和管理。

(七)移动学习教学模式

移动学习(mobile-learning)是指学习者利用学习设备和无线网络,不受时空限制地开展学习活动,并与教师实现交互式教学活动的一种新型学习模式,是数字化学习的拓展。移动学习具有便捷性、及时性、普及型、个性化等特点,其优点体现在它突破了时空的限制,扩大了受教育的对象,方便及时传播课程学习内容。但在目前,移动学习在移动计算技术、学习资源、学习评价等方面尚存在不足,这些问题亟待解决。同时,移动学习作为一种新型的教学模式,如何与传统的教学模式相结合,提高教学效果也是重要的研究课题。

①王浩.基于养教结合的老年教育策略研究[J].中国成人教育,2014(21):101-102.

②朱芬郁.高龄教育概念、方案与趋势[M].台北:五南图书出版有限公司,2011:115-118.

在该模式中,教师根据移动学习的特点和老年人学习时间的需求以及兴趣,开发出内容微型化的学习资源,如文本、图片、音频视频、网址链接等,然后将学习资源上传到移动客户端,老年学习者可以根据时间、需求或者学习推荐引导查找、下载学习资源。学习者也可以将自己的学习感受、资源与别人分享。但是鉴于老年朋友在手机操作上存在一定困难,在学习资源设计、客户端设计上还有待探索。

(八)睦邻学习教学模式

睦邻学习立足于传统的家庭邻里关系,借助社区的丰富资源,形成一个固定场所、固定群体之间的交流平台,以学习为主要内容的"升级版"的组织形式,为老年人提供就近学习的平台和载体,弥补子女工作繁忙、无暇与父母沟通的缺憾。

老年教学开展睦邻学习可以从学习场所、学习内容、组织管理、学习评价四方面着手。在学习场所上,要有固定的学习场所,选择便利、就近的场地,或者在居民家轮流进行。在学习内容上,根据参与者的学习需求,共同探讨,自主管理,制订学习计划,确定相对固定的学习内容,并按照计划有序展开。在教学组织管理上,主要采取自我管理的方式,通过学习者自荐并结合民主推荐的方式,建立自我管理小组,分工协作。最后,要建立一定的学习档案,对学习活动进行记录,采取照片、文字、录像等方式将学习成果展示出来。在具体实践中要注意与居民教学点有所区分①。

总之,老年教学模式要以开放式教学为主要形式,以传授知识技能为主要内容,以丰富多彩、灵活多样的教学形式为支持,以教师为主导,学员为主体,实行差异化教学,发挥每一位学员的优点和特长。本着"因人施教、因需施教、循序渐进、寓教于乐、学以致用"的教学原则,选择合适的教学模式。

三、对老年教学模式的展望

中国老龄化现象越来越严重,将来会有更多的老年人有学习需求。建设老年学校、拓展师资队伍、开展多种形式的教学活动是满足老年学习者学习需求的途径,而创新老年教育教学模式也是解决这一问题的有效方法。

(一)数字化的教学模式

随着信息化水平的不断提高和现代教育技术的发展,将新技术、新媒体与老年教育相结合的可能性和可操作性极大。在英国,远程教育得到广泛重视,其开放大学是现代远程教育的典范,通过开设"课程网络""课程网络学习日""虚拟学习小组"等专门为老年人服务的网络,满足不同居住区域和不同文化层次老年人的学习

需求①。因此，建议老年大学可以购买一定数量的电脑，并对老年人进行电脑基本应用技术的培训指导。此外，可以吸引著名学者网上授课，加强教学数据库建设，以满足大量的多源信息交流。实现开放式网上教学，如广播教学、VOD点播、远程示范、网上检索、网上讨论、网上答疑、网上测评等。学员也可以按照自己的兴趣和需要下载学习内容，进行自主学习。

我们既要扩大老年教育的生源，也要提高老年教育的质量，以新颖、创新、有效的教学模式为老年教育服务，完善教学活动的设计和教学方式方法的运用。新一代的老年学习者对计算机、智慧型手机、平板电脑都是较为熟悉的，将老年教学与网络、计算机、手机相结合，可以加快学习内容的传播速度，使更多的老年人便利快捷地受到教育。

(二)新型教学模式与传统教学模式的结合

教学模式的创新为老年教育所带来的，不仅仅是组织开展教学活动的程序和形式，更重要的，是一种新型的教学观念、教学思想。新型的教学模式凸显以人为本的理念，真正实现让老年人在老有所学的基础上老有所为、老有所乐，是一种寓教于乐，促进老年人全面发展的教学方式方法。但是，创新的教学模式可能也存在某种弊端，它不利于老年学习者高效且系统完整地学习知识，也无法及时评价和反馈老年人的学习情况。与美国相比，我国老年教育者普遍关注老年大学、函授大学的办学模式、课程设置与教学特色，却往往忽视其他老年群体的培训班、进修班、社区活动、健康乐园、专题讲座等非正规教育形式的筹划与协调工作②。因此，需要将传统的和创新的教学模式相结合，才能实现老年教学效果的最大化。如何整合传统和创新的教学模式来改进教学，是老年教育领域值得探索的课题。

第三节 老年教学的策略

教学策略是指教师为了实现教学目标，对教学过程中的教学思想、方法方式和组织形式进行计划、设计和调控。根据不同的分类标准，有人将教学策略分为：方法型策略、内容型策略、形式型策略和任务型策略；替代性策略、生成性策略和指导性策略；基本教学策略和特殊教学策略；教学实施策略与教学监控策略等。正确运用教学策略，有助于教师对教学内容、方法、任务的选择，从而做出全面、客观的思考和决策，提高教学效果。老年教学过程主要包括向老年学习者传授知识，组织开展教学活动，培养老年学员的技能。据此，下文将老年教学策略分为知识讲授、活

---

① 王旭. 英国老年教育及其借鉴[J]. 成人教育，2011(12):122-124.
② 宋秋英. 我国老年教育体系中的缺位与补位之辨析[J]. 中国成人教育，2011(5):5-7.

动组织和技能培养三种策略来阐述。

一、老年教学的知识讲授策略

讲授法是教师在课堂教学中常用的方法。讲授是指教师运用语言,系统地向学员传授知识。讲授法的优点是:学员能高效获得大量系统的知识,知识的条理性和逻辑性强,教育成本低,便于实行。其不足之处在于:不容易发挥学员学习的主动性、积极性,容易造成"满堂灌"现象,影响教学效果。在老年教学中,理论性的课程多采取讲授的方式,但是教师对知识的讲授在内容、语言、组织上往往存在不足。

知识讲授策略的实施,必须遵循以下几个原则:学员主体性原则、启发性原则、适时性原则、综合性原则。教师应更新教育观念,把学员放在教学的主体地位,在知识的选择、讲授方式、讲授语言中须体现学员主体性原则。老年人的学习能力减弱,一节课中讲授的新知识不宜过多,以免造成学业负担和压力过重。同时,讲授的知识难度适中,要能引起老年学习者的兴趣。在讲授过程中不应是教师单方面的机械讲授,而应通过师生的互动,实现学员对知识的主动建构。启发性原则是指教师的讲授能启发学员积极思维,调动学习积极性,通过启发诱导,让学员思考和探索,更好地掌握知识和技能。适时性原则是指要把握好讲授的时机。老年人的注意力较差,教师讲授新知识应在学员注意力最为集中和最有积极性之时。对基础的、有难度的、容易混淆的知识应当讲授,而须学员自行探究和领悟的知识,教师不应全采用讲授法。综合性原则是指将讲授法和其他教学方式方法结合使用,在讲授的基础上融入创新的教学策略,以达到最佳的教学效果。

(一)讲授知识的选择和组织

1. 讲授知识的准确性

讲授知识的准确无误是保证讲授质量的前提。老年学习者有丰富的阅历和经验,学识渊博的也不在少数,若教师传授的知识有误,则会降低教师在学员心中的威望,降低学员对教师的信心,影响教学效果。因此,教师对系统的学科知识的阐述必须准确无误,且能根据教学实际情况选择难度适中、严谨准确的教学内容。这就要求教师提高个人的专业素养和综合素质。

2. 讲授知识的条理性

知识组织的条理性直接影响到学员对学习内容的理解和吸收。教师和学员处理知识的思维往往不同,教师应从学员建构知识结构的顺序出发,充分考虑到学员的思维能力和理解能力。老年学习者的反应能力和思维能力不如年轻人,他们思考问题的逻辑有其独特性,教师须充分考虑到这一点。

首先,教师要深入钻研教材,把握学科知识的重难点,将繁杂的知识用简约的语言有条理地串联起来。其次,了解老年学习者的学习基础、学习能力、学习状态,按照学员的心理逻辑顺序和知识建构过程将知识传授给学员,帮助学员理解和掌握知识。

3.讲授知识贴近生活

老年学习者最想获得的知识是有利于解决实际生活和工作问题的知识,这部分知识也是他们最感兴趣的。在知识的准确性、条理性的基础上,贴近老年人的日常生活的知识也是教师选择讲授知识的标准之一。老年人具有怀旧的特征,对他们时代的文化有特殊的情感,唤醒学员已有的知识经验,能激发他们学习的热情和好奇心。

(二)讲授语言的艺术性

随着年龄的增长,老年学员的听力和视力逐渐下降,因此,讲授语言要口齿清晰、语速放慢、音量增强。在讲授较难理解的知识时,更要放慢语速和节奏,并反复强调,加深学员对知识的记忆和理解。

老年学习者的自尊心较强,大部分学员比教师还要年长,阅历也比教师丰富,且也取得了一定的成就。教师的语言要时时体现出对学员的尊重,可用"您"来称呼老年学员,把老年学员当作学员和朋友,要注意保持耐心。

由于老年朋友的身心功能衰退,导致其对自己的信心不足,时常怀疑自己的学习能力。教师在教学过程中应以表扬肯定为主,鼓励老年学习者,增强其学习信心。在老年学习者感到挫败和情绪低落时,用鼓励性的语言帮助他们重拾信心,缓解焦虑的情绪和压力。

教师语言的艺术性还表现在教师个人的语言风格上。良好的台风、得体的语言都能体现教师的文化修养,给学员留下难忘的印象。此外,体态语也能帮助教师更好地讲授教学内容,调动学员的情感,提升教学效果。将口头语和体态语适度结合,引导学员深入地理解知识,也能引起学员的共鸣。

(三)讲授方式方法的综合性

1.讲授法的创新发展

教师讲授的效果和质量取决于学员对知识的理解、认同、体悟。教师要想提高讲授的质量,首先应更新教师对讲授的认识。许多教师将讲授与"注入式教学""填鸭式教学"画等号,其实不然,准确地把握讲授的时机和内容能有效地将知识传递给学员。其次,要充分了解学员,根据老年学习者的基础和需求、教学内容、课程内容等,选择合理有效的讲授方式。讲授策略包括讲读法、讲解法、讲述法、讲演法四种基本类型,在实际教学中应用这些方法时应以学员主体性的发挥为原则。

(1)创设情景

创设情景是指在教学过程中为了达到教学目标,教师创设形象生动的场景,引起学员的感受和体验,激发学员的情感,帮助他们理解教学内容,促进他们全面发展的教学方法。创设情景最重要的是调动学员的情感,激起学员的反思,引起他们的共鸣,从而得到知识和情感的收获,提高教学效果。

该教学方法较适合运用在地方课程的教学中,比如江浙地区的老年大学开展的越剧课程。首先,教师引导学员创设情境,在让学员初步感知越剧流派——徐派唱腔时,教师先范唱一段徐玉兰在《红楼梦》中的经典唱段《金玉良缘》,学员被教师韵味十足的唱腔和洒脱奔放的做功所吸引,接着学员提问徐派唱腔的特点,教师再进一步分析讲解徐派的演唱技巧的重难点,学员就容易把握越剧徐派艺术的高亢奔放、曲调跌宕起伏的特点,为探究越剧其他流派做好铺垫①。

(2)善用提问

提问是教师讲授知识时与学员互动的重要环节,一个有效的提问可以促进学员思维能力的发展和提高学员主动参与的意识。在老年教学过程中,教师对知识的讲授不应全部直接讲述,而要善于利用提问来引导启发学员。教师的提问应该难易结合,先提出老年学员易于回答的问题,巩固所教授的知识,增强老年学员的自我效能感和自信心。然后,提出需要学员自行思考和探究的问题,引导学员通过探究和合作收获知识,鼓励学员大胆地回答。

2.讲授法与其他教学方法手段相结合

要提高讲授知识的教学效果,除了对讲授进行改进创新外,还要注重整合各种教学方式方法。在教学过程中,多讲少讲、什么地方应该讲都是我们应该考虑的。要科学地处理好讲授与其他教学环节的关系,使整个教学过程井然有序,有条不紊,逐层推进。此外,其他教学方法和手段的合理使用也会提高讲授的效果,如演示法、讨论法、研究法等。现代化的教学手段和多媒体的使用更能帮助教师对教学内容的表达,使其更形象、生动。

二、老年教学的活动组织策略

(一)老年教学活动组织的原则

1.人本性原则

组织老年教学活动须将老年学员置于主体地位。首先,教学设计、组织、实施要从老年学员的生理特点和心理需求出发。教学活动的内容和开展的方法以学员的学习情况为依据。其次,老年学员有自由选择课程的权利,可根据自身的基础和兴趣来选择参与教学活动。最后,学员在教师和班干部的指导下开展教学活动的自主管理。

2.多样性原则

随着社会的迅速发展和信息传播渠道的拓宽,老年人的思想观念、生活方式、

---

① 李慧清.浅谈情境教学法在越剧唱腔教学中的运用[J].群文天地,2013(10):157.

社会活动、精神需求趋向多样化。普通的课堂教学已不能满足老年学习者的需求，只有让教学活动向多样化发展才能为老年教育带来生命力。除了英语、绘画、声乐、书法等常规的老年课程外，老年大学还应开展太极拳、健身操、计算机基础等教学活动，可以是短期的，也可以是长期的。设计和组织多样化的老年教学活动，能全面地满足老年人的需求，激发学习的积极性，实现人生价值。

(二)老年教学活动组织的形式

教学组织形式是指为完成教学任务而开展的教学活动的组织结构。教学组织形式影响教学活动的开展和教学效果。老年大学的教学组织形式主要包括以下三种：个别教学、班级教学、分组教学。个别教学是指教师对学员进行个别传授与指导。个别教学在我国古代运用较为普遍，它有利于教师在教学中因材施教，能够充分发挥学员的自主性和积极性，但在目前，老年教育发展和老年大学的开设，不能普遍运用这种教学组织形式，只能与其他组织形式配合使用。班级教学是将学员按照一定的年龄和知识程度编成班级，教师按照课表和作息时间表，有计划地向全班同学集体授课。当前老年教学活动的组织以班级教学为主，但是它不利于因材施教，不易于实现各层次学员的全面发展。分组教学是指按学员的能力和水平将学员分到不同层次的小组进行教学。这种组织形式既能扩大教育规模，又有利于教师顾及各层次的学员的学习，进行有针对性的教学。

目前老年教学活动的组织形式较为单一，教学活动常局限于课堂教学，课外的教学活动开展不多。结合我国老年教育的发展现状和上述三种教学组织形式，对老年教学活动的组织提出以下几点建议：

1. 班级教学和分组教学相结合

随着人们生活水平的提高和终身教育观念的增强，进入老年大学的老年人数大幅度增长，班级教学能很好地解决教学资源缺乏的问题。但是，老年学员的年龄段、学习基础、学习能力、需求兴趣都不同，对老年学员开展同样的教学活动并不合适。在班级教学的基础上，实施分组教学，对不同基础和需求的学习者进行有针对性的辅导，促进老年学员的全面发展是应然选择。

2. 开展课外教学活动

单一的课堂教学活动不利于发展学员的实践能力，也不能激发学员的学习热情。将教学活动拓展到课外，将所学的知识运用到实际生活中，能够实现老有所为。老年大学可与企业、高校、博物馆、图书馆开展合作，将老年教学活动搬出课堂，走向实践。

3. 组织网络教学

随着现代教学技术和手段的发展，将教学活动通过网络和媒体的形式来开展是必然趋势。网络教学可以迅速传播知识，扩大受教育的对象，也解决了老年人因行动不便和条件受限而丧失教育机会的问题。同时,学员可以自行制订个性化的学习计划和学习课程,教师则在网络平台上对学员的学习及时评价和指导。

三、老年教学的技能培养策略

老年人学习的目的是改善生活品质、参与社会活动、适应社会变迁、实现自我价值。老年学习者参与老年学习,不是为了获得劳动技能或学历文凭,而是希望获得能解决其实际生活中问题的技能,或满足其精神需求的多方面能力,比如计算机操作的基础技能、英语口语表达能力、钢琴即兴伴奏能力等。老年教学中培养的技能不同于普通教育,因此,培养老年人技能的方式方法、策略也有其独特性。

第一,教师要了解老年学员最想通过教学获得什么技能。不同层次、类型的老年学员的需要具有多样性,一些基础好的学员期望掌握较高层次的技能,而另一些没有基础或基础较弱的学员,只要求获得最基础的技能。明确老年学员不同的学习追求,是有针对性开展教学活动的前提。

第二,培养老年人的技能要在寓教于乐的教学氛围中进行。老年学习者对技能获得并不迫切,有些仅仅是对该课程有兴趣,或者是为了增加社交和交友机会而参与学习。老年人的学习能力较差,往往要花较多时间才能掌握一项技能。因此,培养技能的过程应该是轻松愉快的,不能给老年人过大的压力,以免造成学业负担过重,挫败其学习积极性。

第三,精选教学内容,不断改进教材。教学内容直接影响到技能的培养。老年教学的教材与普通教育的教材不同,应更注重以学以致用、简单实用为原则,删除繁杂难懂的理论,保留有助于老年学习者获得技能的内容。例如在计算机课程中,老年教学的内容应该是为技能培养服务的,因此计算机的发展历史等理论内容可以适当舍去,侧重于计算机实际操作步骤或程序的教学内容,以帮助老年学员获得基础的计算机操作能力。

第四,通过优化教学方法来培养技能。不同的课程培养的技能不同,培养的方法和策略也不同。例如,培养老年学习者的英语口语表达能力,我们可以采用表演法、角色扮演法等。先要鼓励老年学员敢于开口,乐于交流,请老年朋友将所学习到的英语词汇和句子变成情景对话,通过角色扮演的形式将对话绘声绘色地表演出来。这既对所学知识进行了巩固和强化,也在教学中提高了老年学员的口语表达能力。

第五,教师要正视传授知识和培养能力的关系。传授知识和培养能力是实施老年教学的两项基本任务。传授知识是培养能力的基础,能力又促进学员对知识的获取,知识与能力不能截然分开,它们是互相促进、相辅相成的辩证关系。在传授知识的基础上重视培养能力,不能只重视知识的传授,也不能只注重能力的培养。教师应该将传授知识与培养能力同时进行,比如教给学员学习的方法以帮助学员掌握知识。在教学过程中,教师要精心挑选教学内容,协调好知识和能力的关系来设计教学环节,实现知识和能力的双丰收。

另外,在教学策略的选择上,要始终坚持"三个结合"原则。一是动静结合。知识性较强的内容,可在教室中实施静态教学,如书法、诗词、中医养生等课程。实践性较强的内容,则需在户外活动中进行教学,如摄影、舞蹈、太极拳等课程。二是学乐结合。在上课时,做到知识性、趣味性、怡情性相结合,寓教于乐,大大提高学员学习兴趣,有效调动学员的学习积极性。比如在上摄影课的时候,不是单一、枯燥的讲解光学、角度这些摄影知识,还可以穿插到各地拍摄的趣闻以及拍出好作品的艰辛过程,从而提高学习的趣味性。三是讲练结合。大部分学员,走进老年大学除了能在晚年生活得更健康、更快乐外,还有"不学则已,学必有成"的强烈愿望。所以,教师不只是要千方百计地调动学员的学习兴趣,帮助学员获得知识,还要想方设法把知识转化为技能、技法。这就要求教师在课堂教学中,讲,要突出重点,联系实际,练,要针对实用技能,训练到位。比如可以采取班组与社区联合举办摄影展、书画展、文艺会演,鼓励班级、学员个人因地制宜发挥主观能动作用,给学员充分的练习机会。

第六章　老年教育管理

老年教育管理是老年教育教学走向有序和稳定的必要保障。从管理层次上分,包括国家或地方层面上的宏观管理,以及学校层面上的微观管理。根据内部解决问题的不同,老年教育管理的对象主要包括课程开发与实施管理、老年教学活动的管理和教学师资队伍的管理,以保障课程内容、教学过程和师资队伍的相对稳定和有序,发挥老年教育管理"以教代管、自我管理、自我负责"的管理目标。近些年来,绿城颐乐学院管理团队进行系统的思考以确立价值目标,完善学校的制度管理以保障教学秩序,设置学院的课程体系以满足多种需求,建设优秀教师队伍以提高教学效果,提高课程教学效果以达成学员期望,持续提高学院的服务水平以提升竞争力等。

第一节　课程开发与实施管理

课程在学校教育活动中占据着重要地位,是开展教学活动的基础。国内外的课程定义,有广义和狭义之分。广义的课程指依据教学目标,选择一定的知识体系组成教学内容及学习进程与安排。狭义的课程指任何一门学科。老年教育课程是老年教育发展的核心,是提高老年教学水平的关键。开发与设计出符合老年人特点与需求的、科学及富有创新性的课程,对老年教学活动的开展有极大的促进作用。

课程管理是学校管理的核心,从课程开发、课程实施、课程评价、课程研究四方面进行管理能够完善老年学校管理,使老年课程的开发与实施更为科学与高效。老年教育课程管理有两个不同主体:一个是教育行政部门对课程的教学计划(课程方案)、课程标准、教学大纲所做出的规范化管理,是对课程设置在宏观上的一种把握与调控,包括国家课程管理和地方课程管理。另一个是学校依据教学计划、课程标准、教学大纲对课程内容及其进程安排做出具体构建和管理,即学校课程管理。本章主要聚焦于微观的学校内部课程管理层面。

一、课程开发的现状及问题

当前,我国老年教育尚未形成统一的老年教育课程体系,许多老年学校的课程是根据学校自己的情况开设的,教师自主决定教授的内容、方式,也可随意更改教学内容和教学计划。这造成了老年教育课程设置混乱、单一、陈旧、不科学的局面。部分学校意识到了老年教育课程的重要性,对老年教育课程进行了科学的规划与开发。如上海师范大学老年大学对70门课程进行了科学的改革,确定了每门课程的教学大纲、课程目标和教学要求、教学进度安排,还评选出有示范性的骨干课程和特色课程,这对各个老年学校都具有借鉴和启示意义。

同时,众多的老年大学已开设了养生、书法、计算机、英语、摄影、音乐、舞蹈、绘画、体育等相关课程,但是老年教育多以娱乐性课程居多,理论性和专业性的课程比较缺乏。国外的老年教育则重视老年人的潜力,尊重老年人的权利,强调老年教育与社会的紧密联系。与国内的课程设置相比,国外课程增添了经济热点问题、老年病学、城市学等课程。

因此,与国外比较先进的老年教育课程体系相比,我国老年教育课程的设置和开发还存在着较多问题。

(一)尚无系统的课程计划和课程标准

教育部门还没有制定出老年教育课程设置与开发的统一标准,所以老年学校没有统一的课程计划和课程设置标准,导致目前的老年教育课程体系比较混乱与零散,各校各自为政,造成老年教学水平和效果的低下。最终,老年人所学到的知识容易割裂、不够系统,不利于老年人的发展。现在,非常有必要在国家层面规划出一个系统的、科学的课程方案及课程标准,从课程目标、课程内容、课程形式、课程评价等方面,对老年教育课程进行改革,保证老年教育课程的完整性、科学性、发展性。

(二)课程内容单一陈旧,课程资源不充足

国内多将老年教育视为闲暇教育,以休闲娱乐的课程为主,应用性不强,脱离老年人的生活,因此目前所设置的课程无法满足老年人的实际需要。随着中国老龄化和经济的迅速发展,课程理念与课程内容应当做出与时俱进的改变。比如,有不少老年人热爱在闲暇时间炒股,但是因为缺乏经济常识而损失巨大,老年学校可以开设一些经济学课程,让老年人了解经济常识。调查发现,至今老年教育教材和专著只有几十种,而其中部分教材由于出版时间早而过于陈旧,无法满足老年人的学习需求。这表明老年教育的课程资源和相关研究是很欠缺的。教材是教学的基础和依据,没有统一的教材就难以保证课程的连续性。所以,开发以教材为主的课程资源有利于规范课程内容,使老年人获得系统的基础知识。

(三)课程形式单一,远程教育有待发展

老年教育的课程主要指在教室内所开设的供老年学员学习的对象,如书法、音乐、美术等。但在我国现有的 1.85 亿老年人中,进入老年大学或老年学校接受继续教育的老年人的比重只占 2.66%[①]。也就是说,绝大部分的老年人都没有在老年阶段继续接受教育。部分老年人是由于行动不便、居住地点附近没有老年大学、时间冲突等原因未受到老年教育。所以,在学校开展的课程学习这一单一形式不利于广大老年朋友普遍接受继续教育。我们可以利用现代教育技术,开设更多的远程课程,让老年人可以自行安排上课时间,在互联网上选择自己感兴趣的网络课程学习,可以促进老年教育规模的不断扩大。

(四)课程设置缺乏层次性,学员导向不明显

老年学校的学员来自各行各业,他们已有的基础和水平各异,需求和爱好也不尽相同。如果设置同一层次的课程就不利于老年人的自身发展。在课程设置上,可以根据老年人的兴趣和需要,开设普通班和提高班,让原本没有基础的老年学员从简单了解开始,让已有基础的学员提高原有水平。由于老年教育的发展相对缓慢,学校经费有限,现在的课程设置大多以教师为导向,学校与教师开设什么课程,老年人就学习什么课程,这就无法满足老年人的多样化需求。开设以学员为导向的课程,给老年人提供自主选择课程的机会,可以促进老年人的全面发展。

目前老年课程管理中还存在诸多问题,例如:老年学校课程管理意识不强;教师缺乏课程管理权力;老年学校课程管理体制不完善;缺乏老年教育课程评价系统;课程结构不合理;等等。

在现有形势与条件下,为了解决课程设置与开发中的这些问题,首先,老年学校需要树立课程管理意识。在学校课程管理实践中,要重视学校及教师的课程管理意识,只有先树立课程管理意识,才能促进课程管理和课程改革。加强课程管理意识既是学校领导者的任务,也是教师的任务,要改变很多教师将自己视为课程的实施者而不是开发者的错误认识。以人为本,以学员需求为导向,切实解决在老年学校教师教什么学员就学什么,课程的设置由教师主观决定,没有充分考虑老年人的需求,而学校领导未对其做出具体的规划和整治的现状。否则,既影响到老年学习者的学习效果,也不利于教师教学水平的提高。要让所有教育工作者将课程开发、管理视为己任,积极主动地管理课程,实现老年教育课程的再创造和不断革新。

其次,构建老年学校课程管理运行机制。学校课程管理运行机制就是设立组织机构来协调课程各个要素的相互关系。学校要对课程进行有效管理,必须建立一个规章健全、机构设置合理的组织系统,并要遵循其运行的内在规律。老年学校

---

①叶中海.老年教育学通论[M].上海:同济大学出版社,2014:110.

课程管理的机构可以分为三个层次:一是决策机构,二是执行机构,三是操作机构。老年学校课程管理委员会是决策机构,负责制订计划,做出课程决策。执行机构包括教务处和科研处,主要负责把决策转化为具体行动,并负责组织课程开发。操作机构有教研组和教师,主要负责课程具体实施的管理。学校课程管理的运行过程包括四个阶段,即计划、执行、检查、修正阶段。课程决策、开发相当于计划阶段,课程实施是执行阶段,课程评价和信息反馈相当于检查、修正阶段。构建老年学校课程管理运行体制有助于课程管理进入规范化的系统管理,从而保证各部门和教育工作者各司其职,各尽其力①。

二、老年课程的开发管理

(一)老年教育课程开发的过程

美国著名的课程论专家拉尔夫·泰勒(Ralph Tyler)提出了经典的"泰勒原理",即在设计和开发任何课程时必须从确定课程目标、选择学习经验、组织学习经验、评价教育经验四个方面出发。这一理论在课程领域有着重要的指导作用,对老年教育的课程开发与设计也有很大的启示意义。课程开发是以课程目标为依据选择并组织课程内容,实施并评价课程的过程。基于"泰勒原理"的指导,以下将从四个方面对老年教育课程开发的过程进行探讨。

1. 课程目标的设计

施良方教授认为"课程目标是指导整个课程编制过程最为关键的准则",课程内容及其组织、实施、评价都要以课程目标为基础。制定科学的课程目标可以提高课程设置的合理性,是开发课程的前提和依据。制定课程目标,一方面要满足老年人的需要。在课程设置上,既要增长知识,又要陶冶情操;既要满足求知与娱乐的需求,又要贴近老年人的生活,能够解决老年人的实际问题。比如,开设健康保健课程可以指导老年人锻炼身体,缓解病痛。另一方面要权衡好学员、知识、社会三者间的关系。课程设置应当从知识中挑选出符合学员需求和社会发展的内容,以此为目标开发老年教育课程。比如,开设社会热点类课程可以帮助老年人了解当今社会的发展动向。

2. 课程内容的设计

课程内容是课程的核心,是根据课程目标,从科学知识中挑选出来并按照逻辑形式组织编排成的知识体系和经验体系,包括教材、学习活动、学习资源等。设计和开发老年教育课程内容,首先要依据老年教育的课程目标来选择和组织。

其次,在选择课程内容上,每门课程的侧重点不同。要注意不要局限于教材,

①黄爱萍.论学校课程管理及其运行[D].武汉:华中师范大学,2005:29-30.

也不要完全以学习活动为主。比如,在英语课程中,既要有系统的教材,让学员得到完整的知识体系,又要适当开展相关的学习活动,提高学员的英语运用能力。而在舞蹈类课程中,课程内容设计则应以开展活动、操作训练为主。

最后,在组织课程内容上,可以采用螺旋式结构或横向组织结构。考虑到老年人学习能力降低、记忆力下降的特点,在编排课程内容上可以采取螺旋式的逻辑形式,使课程内容重复出现,逐渐扩展和加深,帮助提高老年人学习效果和教学效率。或者采用横向结构组织课程内容,打破学科知识界限,以学员的兴趣和社会热点问题为依据,组织成一个专题,以专题形式组织课程。另外,选择和组织课程内容还需体现层次性,依据老年学员的不同基础和水平,开发出不同难度、深度的课程,比较有利于老年人的个性化发展。

3. 课程的实施

教师在具体实施课程前应是有所预设、有所计划的,但这并不意味着在实施过程中预设是一成不变、固定的。地区、学校、教师、学员都是影响课程实施的重要因素,赋予各个主体更多的自主性有利于实现课程改革,顺利地实施课程。各个地区和学校都具有不同的老年教育课程特色和教育理念,在实施课程的过程中融入地方特色和校园文化,可以大大显现课程价值。老年学校的教师和老年学员是课程实施中最为活跃的两个因素,教师对老年课程有着不同的理解和解读,会反映到具体教学当中,这无疑在实施课程中再次创造和开发了课程。教师不能只把自己当作课程实施者,而要成为一个课程的开发者、设计者,进行不断的反思、创造。老年人不同于普通的学习者,他们的生活经验和学习经验丰富,在课堂上老年学员和教师共同探讨知识,构建教育经验,为课程创生不断提供新的契机和依据。

4. 课程的评价

课程评价是指依据课程目标,对课程实施的可能性、有效性及其教育价值做出判断,包括两个方面,一是对课程实施情况的判断,二是对学员的学习成果的判断。课程评价具有导向功能、诊断功能、决策功能和促进发展功能。课程评价的导向功能是指课程评价的标准与课程目标紧密联系,通过评价学习完这门课对学员有何帮助,发挥评价对课程开发的指向性作用。诊断功能是指通过评价课程具体实施情况和学员学习情况,诊断出课程存在的问题,以及时调整和改善课程。决策功能是指通过评价课程的价值,为学校改革课程、教师实施课程、学员选择课程提供意见。促进发展功能是指对教学情况和学习效果的评判,以促进教师的教学能力发展和学员的全面发展。老年教育课程评价主要包括对教师实施课程和教学效果的评价和对老年学员学习效果的评价。评价可以由学校、教师做出,也可由学员互相评价。评价老年教育课程,可以提高教师教学水平和改善学员学习效果,为课程的设计和开发提供重要依据。

(二)老年课程开发管理的策略

老年教育课程是影响老年教学效果的重要因素,开发优质、多样化、有特色的老年教育课程,是提高老年教育教学质量的前提。由于教育部门并未制订老年教育统一的课程计划和课程标准,多数老年大学自行编写课程计划。这些计划仿照普通高校的课程方案制订而成,因此存在较多的问题,如对课程的内容、设计都规定得比较死板、具体,可操作性不强等。

正确的理念对课程实践有重要的指导意义。进行老年教育课程开发管理,首先要更新课程开发的管理观念。一方面要关注学习者的需求和兴趣。国内外的研究表明,老年人最感兴趣的学习内容包括健康保健、人文艺术、休闲生活、语言文化、才艺技能。我们在开发课程时要最大化满足他们的兴趣,开发以学员需要为导向的课程,让老年人学习他们最关心、最感兴趣的内容。另一方面,增强教师自主开发课程的信念。老年教育课程开发不仅仅是教育专家和课程专家的任务,而应该是所有教育工作者的共同任务。老年学校教师是课程的实施者,最了解老年教育课程的问题和改善途径,所以要鼓励教师自主开发课程,提高教育工作者的课程开发水平,加强课程论方面的专业知识学习。

其次,教育行政部门应制定国家课程方案,将课程的门类、总课时、课时分配做一个宏观上的把控。同时,也将课程管理的权力下放到地方和学校,实现国家、地方、学校三级课程管理权均衡发展。目前,老年学校在老年课程管理上具有较大的自主权,学校可以自主开发和设置课程,自由地选择教材与教育资源。下文主要从国家、地方、学校三个层面,对老年课程的开发管理进行探究,并提出相应策略。

1. 国家和地方制定统一的课程方案

国家和地方对老年课程的开发管理,应主要体现在制定统一的课程方案上。教育行政部门应对学校的课程目标、课程设置、课程实施、课程评价提出概括性的要求,各个地区和学校再以国家的课程方案为依据,结合老年学员的需求制定具体的课程标准和实施方案。统一的课程计划、课程标准过于笼统,无法满足老年学员独特的、多样化的需求,这就要求地方和学校根据实际情况做出适当的调整。各地区可根据地区经济条件和老年教育情况,制定出具有地方特色的老年课程方案。老年学校应以促进老年人全面发展,使其身心愉悦为终极目标,以国家和地方的课程计划、课程标准为蓝本,整合教育资源,其中包括师资、教育内容、硬件设施等,开发和管理老年教育课程。

2. 建立老年课程开发组织

由于尚无统一的课程规划,老年学校对老年课程的开发与设置处于自给自足的状态,大部分学校都是由教学负责人与教导处、教研组负责课程的开发与管理,而没有专门的组织去负责管理老年课程的开发。建设专门的老年课程开发管理组

织,明确各成员的职责与权力,可以使课程管理更高效,更易实现课程目标。

因此,老年学校有必要建立课程开发组织,该组织主要分为以下几部分:

(1)学校课程审议委员会。审议委员会组织由校长、教师代表、学员代表和社区相关人员构成。在课程开发过程中,委员会主要负责审议课程开发的方案,检查由教务处和教师撰写的课程方案和课程标准,从中发现问题并提出建议,提高老年课程的质量。

(2)教导处。作为学校课程管理的行政机构,主要负责计划、执行、检查、评估全校各门课程及各教研组的课程教学工作,落实各项课程管理措施。

(3)教研组。作为学校课程管理的执行机构,主要负责根据学校课程审议委员会的意见,制订学年及学期教学进度计划、教学研究活动计划;对教师进行指导,确保完成学校课程管理的各项要求;及时反映课程实施过程中出现的问题及教师的教学需求;研究学员的实际情况,为课程管理提供依据;联系各学科教师之间的合作,以促进课程合力的形成①。

3. 形成老年课程开发的管理制度

学校的规章制度是课程开发组织规范运行、课程管理进一步完善的保障。课程开发制度代表着该校的课程管理模式与管理理念,也保证了管理者的权力,避免组织内部的矛盾,提高了老年课程开发的效率。在老年教育领域,专门的老年课程开发的管理制度是比较缺乏的,这显然不利于推动老年课程的发展。

制定老年课程开发的管理制度,应该依据三个方面:一是国家、地方的老年课程制度与政策。目前我国老年教育在立法、课程制度方面都有待完善。二是结合各个老年学校的办学条件、校园特色来制定规章制度,不能照搬照抄其他国家和学校的制度。三是学校的课程开发制度应与老年课程的实践经验相结合,根据教师教学经验和学员的学习体验来完善制度。老年学校也可根据课程的分类,制定各类课程的管理条例、评价制度、课程标准等。

4. 扩大老年课程开发的队伍

老年课程开发者可以是教育专家、教育工作者、教师,也可以是社区相关人士,甚至是老年学员。开发者的多样化能使课程更为丰富和切合实际,全面而有针对性地满足学习者的需求。我国老年课程开发比较不成熟并发展缓慢,急需建立一支老年课程开发队伍,并逐步提高课程开发者的课程开发能力和科研能力。

首先,教师是课程开发的重要力量,但是由于教师时间、精力、能力、权力有限,课程开发的任务并不能得到妥善地完成。因此,学校管理者应采取措施,激励教师积极开发老年课程,团结众人力量达到开发老年课程的目标。课程开发的领导人

---

①黄爱萍. 论学校课程管理及其运行[D]. 武汉:华中师范大学,2005:32-33.

除了要鼓舞课程开发队伍的士气,正确决策和协调团队内部力量外,还要将课程开发的权力真正还给教师,让教师在课程开发组织中有发言权和主动性,共同管理老年课程开发。

此外,学校管理者应了解并满足不同教师的多样化需求。既要激励教师获得开发课程的成就感,也应通过外界的刺激来提高教师开发课程的积极性。比如,通过物质奖励和精神奖励、布置给教师力所能及的任务、提高教师的专业地位、增加教师参与课程开发培训的机会。

其次,学习型社会组织是一种新型的学习组织形式,可以通过加强学校与社区的合作,完善和丰富老年学校教育资源,提高老年课程的适应性。老年学校管理者应意识到社区在课程开发中的重要地位,尽量让社区力量参与到老年课程开发中来,根据社区人士对课程开发的意见来设置课程。

最后,老年学员作为学习的主体,是与课程紧密相关的,学员的需求和兴趣是课程开发的重要依据。让老年学员直接参与课程开发,可以从以下两方面进行:第一,赋予学员应有的自由选择课程的权利;第二,在课程开发过程中,让学员参与课程的审议,学校管理者应根据学员的建议,及时对课程做出调整。

5. 挖掘老年课程开发的资源

课程资源包括人力资源、物力资源、学习资源、(服务)机会资源等。管理好课程资源是课程管理的前提,是课程开发和发展的源头。课程资源的开发与利用,直接关系到课程的开设与实施。因此,课程管理要注重有机整合各类课程资源。

首先,打造一支专业、稳定、优秀的教师队伍。选聘和培训教师是课程资源管理的重要内容之一。老年大学的教师可以是中高等学校的在职教师、退休教师、社会专业人士或权威人士,也可以是社区内的优秀人才和老年学习者中的一员。很多老年学员在退休前也是各行各业的翘楚,学校可以充分利用这一人力资源,让师资队伍壮大和多元化。

其次,整合学习资源。教材的选用直接影响到课程的质量,学校应根据教育部门的指导性文件,吸取教育专家、课程专家、社会专业人士的建议,并结合老年学员发展的需求,选择、编订、开发最适合老年学习者使用的教材。此外,图书资料、音像视频资料学校也应该加以筛选和管理。

再次,调查表明,老年大学的课程与普通高等学校相比,缺少科学课程、人文课程、道德修养课程等。若仅凭老年大学一己之力,难以设计和开发出高质量的课程。普通高校若能参与老年教育课程的设计与研究,可以有效提升老年教育课程的质量,拓宽课程领域。甚至,让老年学员参与高校的教学工作,在教学服务中实现老有所为。比如,美国佛罗里达州的埃克德学院(Eckerd College),有一个称为"高年资者专业学会"的会员计划。该项目录取一百名退休人员,实行每周一次的研究讨论班制度,在其会员中组织有关政治和文学论题的讨论。这些退休人员以自己的专业技能和丰富的经验,在几个本科生班级中服务,指导学员讨论①。

最后,优化硬件设施。考虑到老年人行动迟缓的特点,老年教室可以设置在大专院校、小学、中学等,有条件的可以专门建设老年教室。在对学员学习场所的管理上须做好细节工作,提升教学服务水平。

另外,社区资源、专业协会、研究会等社会资源也都可以整合起来,为老年教育课程的开发服务。李秉德教授提出的学校"潜课程"也是课程资源之一,若对这些隐形的资源加以利用和开发,对课程的创生来说也是一笔不小的财富。

6. 及时评价老年课程

课程评价是对课程编订、实施情况所做的价值判断,包括对课程方案、教师教学、学员学习成果的评价。通过对课程评价进行管理,可以更好反思课程设置上的问题,确定课程改进方向。

首先,老年学校可以定期评价本校的学年课程方案,组织教研组评价教学进度计划,定期检查部分教师的教案,为改进课程提供切实的建议。这可以由老年学校教务处、师生、课程专家共同完成。

其次,评价教师的教学工作要采取多元化的方式,把结果评价与过程评价、定性评价与定量评价结合起来,建立一种全新的考核教师教学业绩的体系,要鼓励教师积极参与课程的开发。评价主体可以是领导、师生。

最后,对老年学员的评价方式应是多样的,以激励为主。此类评价由教师评价和自评相结合。完善老年教育课程评价系统,要注意老年课程不同于其他普通课程。由于教育对象的特殊性,老年教育的课程要求突出以人为本,以学员为导向。相应地,评价老年教育课程的标准也得体现自身特色,评价课程不仅仅着重关注教学效果和学习结果,更关注教学过程和老年人群对课程的满意度、认同度、参与度。

目前,有部分城市已对老年课程评价制定出相关标准。比如,上海市根据《上海市终身教育学分银行章程》和《上海市终身教育"学分银行"文化休闲教育学习项目认证办法》等文件,制定了文化休闲教育课程认证标准,采取定量评价和定性评价相结合的方法评价课程,并将经过课程专家组审核的课程纳入"学分银行"文化休闲教育课程目录②。

三、老年课程的实施管理

课程实施是将预设的课程执行、改进并创造的过程,它也是课程管理的重要组

---

① 杜作润. 普通高校如何正视老年教育?[J]. 复旦教育论坛,2013,11(2):15.
② 张少波. 老年教育管理学[M]. 上海:同济大学出版社,2014:144.

成部分。老年学校的课程实施不仅仅是一个按计划执行的过程,更是一个不断创造和优化的过程。

(一)开发阶段的课程实施管理

课程实施是课程开发的重要环节之一。通过对课程实施的管理,总结出实施课程过程的实际经验与不足,改进与创新课程,提高课程质量。预想的课程与实践的课程总是存在一定的差距,学校管理者应通过观摩教学,及时发现课程实施中的问题,并提高教师改进课程的意识,在开发中不断完善课程建设理念,为课程的创新开发服务。

评价课程设置是否合理,主要看课程设置是否适合老年人的心理、生理特点,是否符合老年学员需求。从当前老年大学学员整体素质来看,他们大多既有丰富的实践经验,又有较高的分析研究的能力和较好的理论基础,以往单一的“有什么学什么”的被动式的课程选择,已经远远不能满足他们的学习需求。与此同时,由于老年大学学员来自社会的方方面面,存在年龄、性别、文化、层次等方面的不同以及兴趣爱好和职业习惯的差异,单一的课程根本无法满足学员的学习需求,这就要求我们在课程设置上必须有突破、有创新。一是要注重课程设置的多样性。根据不同学员的需求,开设形式多样、内容丰富的专修课(即由学员自行选择的课程),如书法、诗词、音乐、越剧、舞蹈、太极拳、太极剑、摄影、电脑等课程,以满足不同学员的需求。二是要注重课程设置的灵活性。要根据学员的需求,每个学年对原有的课程进行适当的调整。比如现在电脑课程比较热门,学员人数较多,可以根据学员的不同水平,将原有的电脑课分为初级和高级两个班级,以便学员根据自己的水平选择不同的班级。三要注重课程设置的延续性。要根据社会的发展变化,提供各项已开设课程的后续教育课程,为学员向更高层次发展创造条件。比如摄影课,现在都是数码拍摄,可以增开摄影图像处理课,以便学员更好地利用现代化的设备。

(二)验证阶段的课程实施管理

在课程的验证阶段,课程实施的主要方式是教学。学校必须组织和管理好教学活动,通过强化教学管理实现对课程的管理。在具体实施老年教育课程时,老年学校的管理者要根据师生的特点和水平,自主决定课程资源、教学进度、授课程序、教学方法等。教学过程管理包括备课、上课、布置作业、课后辅导等环节。

对备课的管理,要注意给予老年学校教师充分的自主权,鼓励教师根据自己的特长爱好设计教学活动,编写有特色的学习材料。对上课的管理,老年学校要给教师自主开发教学模式、教学方法、教学组织形式的条件和机会,通过课堂教学观摩、专家现场指导等方式,逐步提高老年学校教师的自主精神与能力。

在课程实施的管理中,管理者和实施者要考虑到每位老年人的智能基础、学习动机、兴趣爱好之不同,有的学员对学科已有表层性了解,想要在专业上有更深层次的学习;有的学员之前并未接触过该门学科,没有任何基础。针对此种情况,学校可以进行分层教学,开设普通班、提高班,以满足不同层次的需求。比如,英语学科可以开设两种层次的课程:老年快乐学英语基础班、老年快乐学英语提高班。

绿城颐乐学院的课程设计始于学员的需求,终于学员的满意度。不定期抽查在杭州校区的课堂出勤率,发现课堂出勤率在85%以上的课程较受长者的欢迎。动态类课程普遍受老年学员欢迎,如健康与养生、杨氏太极拳阐微/真传、民族舞、声乐、摄影基础、电脑家庭应用等。对于普遍受长者欢迎的课程,学院予以保留;而对于不太受长者欢迎的课程,学院会考虑少开或停开;如果长者认为还是有必要开发的课程,可以考虑更换较受长者欢迎的教师。

(三)后续的课程实施管理

课程实施不仅指开发阶段的验证性课程实施,也包括后续的推广性课程实施。通过课程管理,可以将成熟、稳定的课程在老年教育领域加以推行。比如:实行老年教育师资在省(市)与县(区)之间流通,共享教师资源;建立老年教育二级师资库。将省(市)与县(区)老年大学的师资名单和所设课程公布于相关学习网站,供各级老年学校学习与参考①,从而实现老年教育优质资源的共享,在区域层面上提升老年教育水平。

第二节　老年教学活动的管理

教学管理是指管理者通过一定的管理手段,以教学的全过程为对象,使教学活动达成学校培养目标的过程。教学管理是学校管理的重点组成部分,它直接影响到教学质量的优劣。教学管理包括对教学计划、教学目标、教学过程、教学质量、教师、学员、学科、专业、课程、教材、教学管理制度、教学研究等多方面、全方位的管理。

做好教学管理工作意义重大。第一,教学管理是建立稳定的教学秩序的前提。学校只有建立起稳定的教学秩序,才能保证教学活动的顺利开展和教学质量的全面提高。第二,教学管理有利于调动教师教学的积极性。教师既是教学活动的实施者,也是教学的管理者,科学有效的教学管理能提高教师的教学水平和专业素养。第三,教学管理能提高学员的学习效果。通过对教学过程的优化改进和监控管理,教学质量必将逐步提升,学习者是最直接的受益者。

老年教学活动的管理主要包括教学常规管理、教学过程管理、教学评价管理。

---

①张少波.老年教育管理学[M].上海:同济大学出版社,2014:142.

下文将从这三个方面来进行论述，并提出相应的改进管理的建议。

一、教学活动的常规管理

（一）建立健全教学管理制度

严格的教学管理制度是教学管理优化的基石。学校管理制度具有规范性、强制性、稳定性，将教务工作、教学过程、教学计划、教师守则、学员守则都加以规范化、制度化，保证老年教学活动的开展有章可循。老年大学的教学管理制度应体现以人为本的原则，结合本校实际情况，为教学过程中的备课、上课、考评管理和对教师与学员的管理提供制度保障，比如《备课要求和评价方案》《课堂教学规范》《教师教学评估方案》等对教学的各环节和参与人员所做出的具体规定。教学管理制度的制定应由管理者、教师共同讨论研究，并结合实际的教学经验来进行，以保证教学管理制度切合实际与切实可行。

（二）建立健全教学管理系统

明确职责范围，将权力和任务下放到管理各部门及各成员中。此外，老年大学可创建现代化的教学管理系统，如"老年大学信息管理平台系统"，实现信息技术与教学管理的完美融合。可将专业设置、课程设置、教学信息、教师教育、教学评价等信息录入此系统中，教学管理人员，包括教师和学员，都可登录此平台搜索查询和管理有关教学的事宜。

（三）编制学校课程计划和课程标准

制定老年教学的目标，并以此为依据编制课程计划和课程标准，确定课程的设置和教学时间的安排，保证老年大学的教学工作有计划、有步骤地开展。课程标准是根据学科内容及其体系和教学计划的要求编写的教学指导文件，它以纲要的形式规定课程的教学目的、任务；知识、技能的范围、深度与体系结构；教学进度和教学法的基本要求。课程计划（课程方案）是指学校为了实现教育目的而制定的有关课程设置的文件。课程计划和课程标准是开展教学工作和编写教材的主要依据，也是检查学员学业成绩和评估教师教学质量的重要准则。根据课程计划和课程标准来开发老年课程和实施老年教学，促进老年教学活动的高效。

（四）开展教学质量评估活动

加强教师的教学质量和学员的学习质量的管理。通过监控教学质量，反馈教学中存在的问题，为改进教学提供依据。管理者可以通过问卷调查、座谈会等形式了解教师和学员对学校教学管理的建议，并督促教师的备课和开展教学活动，加强检查指导，及时总结经验，提高教学质量。同时，教学质量一般通过老年学员的学习成果来体现，对老年学员来说，学习到的知识和技能是评估项目之一；学员的情感体验、态度价值观也是重要的评估内容。在实施教学质量管理时，须调动多方力量,包括教师、学员、领导、教育工作者、专家等,共同参与到对老年教学质量鉴定的过程中。

(五)组织开展教学研究活动

研究是优化教学的重要手段之一。教研活动是保证老年教学不断创新,跟上时代步伐的关键性举措。首先,可以成立教学研究小组或教学研讨会,由教研处、学科带头人和教师组成,建成一支专业的老年教育教学研究队伍,定期开展教研活动,积极探讨改进教学的措施。其次,采取奖励措施,激励教有余力、具备一定科研能力的教学人员积极开展教研活动,提高老年教学的质量,促进教学工作的改革。

二、教学活动的过程管理

教学活动是教师的教和学员的学的统一活动,教学活动的过程是教师与学员互动交流、共同发展的过程。教学活动的过程管理是对教学过程的各个环节和要素进行指导、检查和调控的过程。

(一)优化教学环节

管理教学活动的过程要以提高教学质量为宗旨,具体来说,需要从备课、上课与考评这三个主要环节来抓过程管理。

1. 备课管理

备课是教学过程的首要环节,管理好备课环节是保证教学活动顺利实施的基础。我们可以通过制定课程标准、集体备课、教学设计评比的形式,来规范备课环节的管理。

(1)制定课程标准。每学期开学初,老年大学应组织教师认真学习地方或者学校的课程标准,根据课程标准中的学科课程设置和课时安排,对教学目标、教学内容、课时安排、教学重难点做出一学期(年)的通盘考虑以及切实可行的设计和安排。

(2)开展集体备课。老年大学的课程设置相对独立,没有形成专门的学科备课组,因此若在老年大学内部开展集体备课,具有一定的挑战性和难度。老年教育的相关管理部门可以以市、区为单位组成学科备课组,定期开展集体备课活动。各老年大学派教师代表参与备课,特别是对新开设的课程进行试讲,之后全体成员讨论、交流、评价,指出教学活动设计存在的问题和改进建议,有利于新开设课程快速走向成熟。

(3)开展教学设计的评比活动,比如说课比赛等。教学设计最能体现教师的教学理念、解读教材的能力和专业素养。教学设计的评比标准除了教师对教学目标、教学过程、教学重难点的把握外,还要注重设计的创新性和针对性。开展此类活动既能提高教师备课的质量,也能提高教师备课的积极性。

2.上课管理

上课是整个教学工作的中心环节,所以也成为教学管理的重点。管理者应经常开展听课评课活动,获得第一手的材料;成立教学督导小组了解教学情况;定期召开学员座谈会,了解学员对教学活动的评价。

(1)开展听课评课活动。老年大学的课程多数由教师和学校自行开设,其合理性和有效性值得商榷。通过同校或异校的教师、教研组、领导听课和评课,展示优秀创新课程,相互交流经验,探讨教法,切磋技艺,能够推动教师教学方法的改革,优化课堂教学结构,提高教师的教学水平,也能提高课堂教学效率和教学质量。

(2)成立教学督导小组。由学校教研组、领导、教师代表组成教学督导小组,负责监督、指导、评价、反馈教学活动的开展情况。比如,根据《课堂教学评估量表》,对听课情况进行评估,将结果记录在教师业务档案,并把问题和改进建议反馈给教师。

(3)定期召开学员座谈会。学员是教学活动过程中重要的参与者,也是教学活动的最终受惠者和评鉴人,了解他们的感受体验和建议,对改进课堂教学最为有效。老年大学要定期召开学员座谈会,询问他们的意见,既能切实提高教学效果,又能增进学员对课程的参与度和认同感。

3.考评管理

由于老年教学对象的特殊性,老年教学考评应强调弹性原则,对学员的考评不再是硬性的指标和分数,而应要求学校和教师设计独特创新的考评指标体系,精心设计考评的过程和环节,以促进老年学员的全面发展为目标,比如采取档案袋评价的形式。这类考评方式尤其适合应用在美术、音乐、摄影课程中,可将学员的优异表现记录下来,既能展示其进步情况,亦可留作纪念。

(二)班级学风建设

加强班级学风建设,营造良好的班级学习氛围,是形成优良校风的基础,是保证教育质量的重要前提。

第一,要营造良好的学习氛围。自由开放、寓教于乐的学习氛围对老年学习者来说较为适宜。可以通过多种方式,如师生间平等的交流与互动,来提高老年学员参与课堂的积极性,促进学员的全面发展。

第二,充分发挥班干部的作用。选择学习能力或者基础较好的学员担任班干部,起到带头示范作用,帮助教师共同开展教学活动。

第三,激发学员的学习动机。老年学习者倾向于在短时间内获得显著的学习成果,在学习过程中遇到难题时通常会产生挫败感,自信心减弱。教师应及时觉察老年人的情绪反应,多鼓励赏识学员,帮助学员明确学习目标,调动学员的积极性。

第四,提高班级凝聚力。通过组织集体活动,让学员体验到集体合作的力量,建立班级如家的归属感和情感体验。当遇到难题和疑惑时,鼓励学员通过互助和讨论的方式,用集体的力量来解决,形成互帮互助、坚持不懈、温暖大家庭的班级精神。

三、教学活动的评价管理

(一)制定以人为本的评价标准

目前教学活动的评价指标呈现简单划一的特点,除了教学目标的达成、教学活动的设计、学员对知识和技能的获得情况等硬性指标外,教学评价的标准更应体现人本性特质。评价的人本性主要通过老年学员的参与度和满意度、情感态度、体验感受以及教师的教学热情、教学背景、个人的教学风格等来凸显。以人为本的评价标准拓宽了教学管理的思路,通过多样化的评价标准鼓励教师的教学,既能帮助青年教师的成长,也能激发老年教师的教学积极性。评价标准的制定要广泛征求多元主体的意见,做到专业、有效的教学评价,为教学活动的改善提供依据。

(二)教学评价主体的多元化

老年教育具有公益性和社会性,涉及民生社会保障,因此老年教学的评价主体应提倡多元化。首先,老年大学的领导、教师、学员和相关的教育工作人员的评价必不可少,他们是教学活动的直接参与者。其次,老年教育协会的领导、专家以及各专业的著名人物对老年教学的评价往往更客观,评价视角较为宏观。最后,民政部门的领导、工作者以及社区相关人员的参与评价,有助于协调好老年教育与社会保障的关系,造福老年群体。多元化的评价主体能够做出更可观、合理的教学评价,反馈教学中存在的真实问题,达成教学目标。

(三)开发教学评价管理系统

随着现代教育技术的发展,利用先进的信息技术来管理教学评价已是一大趋势。教学评价管理系统是以提高教学评价管理效率为目标,以现代教育教学评价理论为指导,为老年大学开展教学评价工作提供技术支撑和平台。该系统先将评价指标体系、基础数据、教师数据、学员数据、教学管理人员、教育专家以及他们的评价录入系统中,再自动生成有关教师和教学工作的评价列表,以及反映学员学习进展情况的多方面信息。该系统的开发,不仅便于老年大学教学评价的管理,更有利于建立稳定长效的教学工作评价机制。

(四)建立有效的奖励机制

教学评价和奖励机制结合起来,能提高教学评价管理的有效性,调动教师教学的积极性和学员学习的积极性,促进教学管理最优化。奖励机制的实施主要包括以下两方面:第一,教学的平时检查和期末评估情况记录在教师业务档案中,作为职务晋升、评选先进、干部提拔的主要依据之一。第二,老年大学设置专项奖金对优秀教师给予物质上的奖励。采取精神奖励和物质奖励相结合的方式,有助于提高教师对教学活动的重视程度,促使教师养成认真负责的工作态度和严格规范的工作习惯,提高教学质量。

绿城颐乐学院在2012学年期末(12月)对学员满意度做了调查,发放问卷调查1301份,回收问卷1247份,在读学员有效覆盖率75.7%。其中1168份问卷中选择继续2013年的课程学习,续报率为93.66%。1108份问卷中对"是否会推荐他人报名"选择"是"的占比为88.85%。他们参加课程的原因,为了兴趣爱好(25%)、锻炼身体(22%)、自我提升(15%)、结识新朋友(19%)、实际需要(9%)。通过学习,认为收获较大的有锻炼了身体、丰富了知识、提升了手艺、受到了家人的称赞、心情变得越来越好、结识了新朋友、丰富了生活,分别占比18%、17%、6%、9%、15%、18%、15%。从这两组数据中,我们既能发现老年长者对于接受教育的心理诉求,也能看出老年教育教学确实在很多方面满足了他们的价值预期。调查过程中还发现,学员普遍对颐乐学院组织的大型活动,如年度结业典礼感到兴奋,颐乐学院每年至少举行一次大型教学汇报演出,老年学员对此活动十分期盼。通过多年来的教学实践,"颐、乐、学、为"的目标和"要健康、要快乐、还要新朋友"的号召已经得到了广大学员的认可和好评。

第三节 老年教学主体的管理

师资管理是指教育行政部门和学校对教师的选聘、培养、评价、待遇等工作进行管理的过程,包括教育行政部门对教师的管理和学校对教师的管理两个方面。师资队伍的管理对老年教育教学质量有着至关重要的影响,加强师资队伍的管理既是提高教师自我效能感和教师素质、激发教师教学积极性的需求,也是促进老年学校和老年教育发展的必然要求。

但在目前,老年教学的师资队伍管理中仍然存在着诸多问题,集中表现如下:

第一,教师选聘机制不完善,师资队伍不稳定。绝大多数老年学校尚无专职编制教师,实行教师聘任制,教师均为外聘人员。教师主要来源于中学、大专院校的兼职教师,专业协会名人或社会知名人士等,这就造成师资队伍极不稳定,流动性大,导致教师管理效率低下。

第二,教师缺乏教育专业素养,教师退出机制不完善。首先,多数教师是外聘人员,缺乏专业的老年教育知识和教师资格证书,对老年人的特点和老年教学的基本规律不甚了解,在教学内容和教学方法的选择上存在着较大的随意性,从而影响教学质量和教学效果。其次,由于教师没有编制,部分教师缺乏责任感、教学热情和耐心,大大影响了教学水平。最后,教师退出机制不完善,教师竞争意识不强,以致部分教学水平和个人素养低下的教师没有加以淘汰,教师素质的良莠不齐必然会影响教学效果。

第三,教师待遇有待提高,教师的教研条件有待改善。老年学校的物力、财力有限,从物质奖励和精神奖励两方面看,教师的待遇都不优厚,无法吸引高素质人才进入教师队伍,也无法激发教师的教学热情。此外,老年大学的硬件设施往往较为落后,现代化教学设备和图书资料不够齐全,并且较少召开研讨会或教育科研活动,没有给教师提供足够的教学和科研条件,不利于教师的个人发展和教学、研究水平的提高。

第四,教师管理机制不合理。首先,老年学校未建立完善的教师激励和评聘制度,没有对教师的教学情况及时做出反馈,无法科学评价教师的教学水平,难以调动教师的教学积极性。其次,老年学校很少对教师的教学内容、教学方法、教学水平、学员满意度做调查,调查结果也未能及时转化为改进工作的建议,教师失去了改进教学工作的外部反馈机制。

一、师资队伍的常规管理

在老年教育场所的数量日益攀升的背后,存在着师资队伍短缺的危机。从事老年教育工作的一般都是退休人员、兼职人员,专门从事老年教育的人员少之又少。提高教学质量的关键是配备一支高质量、相对稳定的教师队伍。在师资条件的建设方面,要坚持四条原则:第一,要有丰富的教学工作经验;第二,在群众中有一定威望和知名度;第三,热爱老年教育事业,把在老年学校任教看作是一项光荣使命;第四,知识比较丰富,特别是实践知识比较丰富。要严格要求每位教师认真备课,情绪饱满地上好每一堂课。

教师是课堂教学的直接组织者和实施者,只有不断提升教师的积极性,才能不断提高教学质量。老年学校的教师多为外聘人员,教师专业素养和教学水平参差不齐。为了促进老年教学工作的顺利推进和老年教育健康发展,需要完善选聘教师的机制,加强教师队伍的建设。那如何提升教的能动性呢?可以从尊师文化构建、选聘、培训、科学研究等四个环节入手,尤其是通过把好选聘关和积极开展培训两条途径,极大提高教师的能动性。

(一)树立师资管理理念,营造尊师校园文化

以人为本是树立师资管理理念的基础。我国自古就有尊师敬师的传统,尊重教师、关心关爱教师是学校的责任。老年学校师资队伍不稳定,部分教师同时在外校兼职,对老年学校没有归属感,对老年教育没有热情。老年学校应尊重教师的教学理念,不断激励教师创造性的课程开发和教学展示,让他们在服务老人的过程中实现自我价值,与老人共同成长;同时,注意引导学员学会关爱教师,营造尊师重教

的校园文化氛围,逐步树立起教师对老年大学的认同感和归属感。

(二)完善教师选聘机制,建立教师解聘机制

首先,要制定选聘教师的标准。一是要热爱老年教育,有热情,有爱心、责任心和奉献精神,了解老年人的特点、需求与爱好。二是要有专业的教育知识和专业的学科知识,有丰富的教育经验和高超的教学水平。三是要有现代的老年教育理念,乐于研究老年教育、开发特色课程、创新教学方式方法。四是尊老爱老,有个人魅力和风格,能迅速拉近与老年人的距离,得到老年人的喜爱。为了更好地达到上述目的,在选聘教师时应把握两个原则:一是保证质量,老年大学教师绝对不能凑合,不能将就,没有高素质的教师队伍,就不能有高水平的教学质量。因此,要选择那些学员普遍反映良好的教师作为任课教师。二是相对稳定,老年教育有着自身的特点和规律性,教师只有把握了这些特点和规律性,才能成功地开展教学活动。老年大学选聘教师不能搞突击,不能临时抱佛脚,要有计划,要讲长效。

其次,要拓宽教师引用渠道。在师资队伍建设层面,可采取以专为主、聘兼相结合的途径。可以从资历或资格的维度规定选用专职教师的基本条件,专门任用老年学专业的毕业生或培养其他相关专业的毕业生,也可以聘任退休教师或老干部,充分发挥他们思维深刻、判断力强的优势,充实老年教育教师队伍。此外,还可聘请一些具有丰富专业知识技能、教学实践丰富的高校专家担任老年教育机构的兼职教师,形成一支师德高尚、向心力强、门类齐全、结构合理的老年教育师资队伍①。也可在小区业主中聘用有一技之长者作为教师,如颐乐学院截至 2012 年 12 月有专兼职教师 87 人,其中业主教师总体占比 62%。

在坚持专兼职教师队伍稳定发展的情况下,也可加强志愿者服务队伍建设,以提供人力保障。县城以上老年大学应该有一定数额的教师编制,面向社会,公开选聘部分教学需要的专职教师。选聘教师要把热爱老年教育、精通教学业务、教学方法好、身体健康、有时间保证作为主要的标准。为保持师资队伍的相对稳定,教师的聘任一般以三年为一周期较好,最短不能少于一年。人选一经确定,由校委会发给聘请书,根据工作量,按时发讲课费②。

再次,要提高教师的积极性,除了要选聘有责任心、水平高的教师以外,更重要的是要积极开展对所选聘的教师的培训工作,让教师在教学过程中能够更加得心应手。一要加强师德培训。在充分尊重教师,信任教师,大力宣传和表彰成绩显著的教师的基础上,加强对教师的师德教育,使教师具备良好的职业道德规范,树立

第六章 老年教育管理

---

①宋秋英.我国老年教育体系中的缺位与补位之辨析[J].中国成人教育,2011(5):5-7.

②龚淑荣.因材施教,注重教育公平性:论老年大学"以人为本"的创新式教学管理方式[J].学术前沿,2012(5):6.

乐为老年教育事业作奉献的精神。二要做好短期培训工作,组织教师参加上级老年大学或其他相关机构组织的各种培训。三要积极开展教研活动,组织教学经验交流,定期组织教师到其他学校进行教学研讨和经验交流。

最后,建立优秀老年教育师资库。把各老年学校的优秀教师及各种专门人才的材料,按不同专业分类储存,形成老年学校师资人才库。加强各校优秀教师的流通,有利于实现师资共享和教师流动,为区域层面整体提升老年教育水平奠定智力基础。

当然,也要建立教师解聘机制。教务处应严格管理老年教育师资队伍,参照教师的教学评价结果,并结合教师之间、学员的评价,对于年龄偏大、身体较差或教学水平不高的教师予以解聘。通过教务处教学评估反馈结果,综合考虑教学部意见、同行教师评价以及学院意见,实行末位淘汰制,确保学校高质量教师队伍建设,提高教学质量[1]。本着宁缺毋滥的原则,切实保证教师队伍的高素质。

(三)建设专业师资队伍,注重专业人才培养

教师的专业水平,直接影响到老年教育的质量和老年学习者的学习热情。与国外相比,我国老年教育的师资队伍的综合素质有待进一步提升。韩国十分重视老年教育专业人员的培养,在很多高校附属终身教育院开设了老年教育专业人员的培训课程,并设有各种资格证考试,从业人员必须持证上岗。其教育部推行的老年教育人才培育计划,规定每年向指定的培养大学拨款资助,培养对象包括现任教师、今后有意致力于老年教育的社会福祉指导师、终身教育师及志愿者等。教育内容包括对老年的理解、老年教育的方法及课程设计等。此外,韩国自 1986 年起推行终身教育师资格证考试,至 2012 年已有 8 万余名教师取得了该资格证。目前韩国所有的终身教育机构中,近 70% 配有持证上岗的专业教师[2]。为了切实提升老年教育工作人员尤其是老年教师的综合素质,韩国的上述举措对于我国建设老年教育师资队伍具有重要的启示性意义,持证上岗应该成为对老年教育工作者的基本要求。

自 2012 年,我国台湾教育主管部门发布两项关于高龄教育专业人员培训的文件——《"教育部"乐龄教育专业人员培训要点》《"教育部"乐龄教育专业人员培训实施计划》。《"教育部"乐龄教育专业人员培训要点》的配套政策于 2012 年 4 月颁布,旨在培训乐龄教育专业人员。乐龄专业人员,包括讲师、专业计划管理师、自主学习团体带领等三类。乐龄教育专业人员之培训,分三阶段进行。"初阶"由直辖市、县市政府办理;"进阶"由委托机构办理;"实作"由乐龄机构进行。通过者,发各

---

①孙建国.中国老年教育探索与实践[M].北京:科学出版社,2011:226-229.
②刘静.韩国老年教育的特点及其对中国的启示[J].成人教育,2015(35):86.

类乐龄教育专业人员证书。《"教育部"乐龄教育专业人员培训实施计划》旨在落实乐龄教育专业人员培训工作,培训对象包括乐龄教育人员、主管机关之主管、承办人员等。该计划包括初阶培训 36 小时,进阶培训 24 小时,实作 36 小时,合计 96 小时,交流座谈 6 小时、成果发表 6 小时,总计为 108 小时。修毕所有课程,发给合格证明。

中国台湾高龄教育专业人员培训特点:第一,有步骤、分阶段进行。不同类型的乐龄教育专业人员都是分初阶、进阶和实习,借着培训课程增长专业技能,提升专业水准。第二,课程注重理论和实践相结合。比如,在初阶培训期间,理论课程有"介绍活跃老化的概念""高龄者的生理特征""高龄者的心理特征""高龄者的灵性特征""高龄者的人际关系特征""乐龄中心创新的理念""专业服务人员伦理",实践课程有"方案规划与实作案例""探讨乐龄中心对外形的策略与方法""志工培训与增能运用"。无论是乐龄教育人员还是主管或是承办人员,都需要参加实习,并且实习在课程中所占的比重很大,可见其对实践的重视。第三,要求严格。缺席课程达课程总数的十二分之一者,纵培训完成也不予发合格证书①。

(四)提高师资队伍素质,开展教学科研活动

教师队伍素质的高低事关教学质量和学员的学习效果,开展教学科研活动,提升教师的问题研究与解决问题的能力,是加强教师队伍素质建设的重要抓手。师资队伍的素质包括政治道德、学科专业知识、教育专业知识等。一个政治素质过硬、思想立场鲜明、品德高尚、学识渊博、具有专业的学科知识和教育能力的教师,是老年教育师资管理的目标和楷模。

老年学校的管理者要多给教师提供培训机会,多开展教研活动,帮助教师提升自身素养和教学质量。老年学校可以开展多层次、多类型的教研活动,如开展老年大学间的教研活动,交流老年教育的教学情况和师资管理理念;邀请老年教育专家、优秀教师、骨干教师开设讲座和论坛,或者成立老年教育教学研讨小组,定期开展教研活动。通过比较不同区域、不同教师的教育理念和教学活动设计,更新与提升管理人员的师资管理理念和教师的教学理念,在思想碰撞、观点分享中习得老年教育教学的规律。同时,教师自身应该经常进行自我管理、自我教育和自我更新,多观摩优秀教师的精品课程,听取专家讲座,经常反思自身存在的问题,以逐步改进教学策略,提高教学水平和教研能力。

为了实现这些管理目标,颐乐学院制定并颁布了一系列教师考核与发展制度,如《颐乐学院外聘兼职教师管理制度(试行)》《颐乐学院选聘班主任管理制度(试行)》《颐乐学院优秀教师评选制度(试行)》《颐乐学院教师管理制度(试行)》《颐乐

第六章 老年教育管理

---

①魏惠娟.台湾乐龄学习[M].台北:五南图书出版有限公司,2012:212-217.

学院教师基本职责(试行)》等。这些制度的执行,让教师正常工作的开展有据可依,保障了学院各项教学工作的有序开展。

二、师资队伍的过程管理和评价管理

(一)师资队伍的过程管理

师资队伍的过程管理主要是指对教师的教学工作和个人发展的指导和调控,提高教师的教学能力,激发教师的教学热情,充分发挥教师的自主性和创造性,帮助教师实现教学目标和提高教学效率。

1.提高教师的教学能力

教学能力主要包括教学设计能力、教学实施能力和教学监控能力三个方面。

首先,提高教学设计能力。通过组织教师共同编订、学习课程标准,教师能结合老年学习者的需求和兴趣,具体地设计和安排课程内容、课程时数,合理地处理和分析教材,设计教学的过程和各要素。同时,开展有关教学设计的研讨会,发挥集体的力量,将教学设计做到最优化。

其次,提高教学实施能力。开展听课评课活动,听取优秀教师或者资深教师的上课经验,结合自身的教学经验和教学理念,在实施教学过程中以保证教学质量为前提,改革课堂教学的实施方案、结构等。

最后,提高教学监控能力,包括对教学活动的计划和安排、对实施教学的检查和反馈、对自我的反思和调节。注重加强教师的自我管理理念,对教学工作的计划和开展中存在的问题进行分析。反思自身的不足,改进教学活动的开展。

2.激发教师的教学热情

教育管理者必须采取措施激发教师的教学热情,比如学习道德规范、开展教学设计评比、为教师送温暖等活动,以精神奖励和物质奖励相结合的方式,培养教师的工作热情和创新意识。

首先,强化教师的职业道德。老年大学的教师以兼职教师居多,部分教师缺乏责任感和敬业精神,造成教学工作热情低下的局面。教学管理者应积极开展师德培养活动,激发教师全身心投入到教学过程中。

其次,引入竞争机制和评价机制。将教学效果与教师的薪资和荣誉进行关联,或开展教师技能大赛,是引导教师注重专业发展和教学技能改进的重要举措。

最后,关心关爱教师。营造关爱教师的氛围,以情动人,帮助教师解决后顾之忧,使教师能自愿自发地加入教学改革的队伍,为老年教育教学的改善做出自己的贡献。

(二)师资队伍的评价管理

师资队伍的评价管理,可以从以下几方面进行:

1.实施教师评聘制度,建立教学评价机制

老年学校教务处和教研处共同开展老年学校教师评聘活动,评选出优秀教师,授予老年大学教授、副教授等职称,以资鼓励,树立优秀教师的榜样。对老年教育教师的评价有助于教学质量的提升和整体教育品质的提高。

老年学校可定期开展教师教学质量的检查评估活动。教务处组织专人检查评估教案、教学效果;开展听课授课活动,教研部、教师之间相互评价指导;教学管理者深入班级基层,了解学员学习情况和对教师授课的满意度等。以发展性原则为指导评价教师,注重教师教学的系统性和完整性,评价教师教学工作以鼓励、肯定为主。对教师教学质量的评价有利于教师的专业发展,也能帮助老年学校对教学进行规范化管理,优化教学的效果。

2.建立教师激励机制,提高教师待遇

关心爱护教师是学校应承担的责任,学校要保护教师的权益、满足教师的需求、落实教师的待遇。学校可以从物质和精神两个方面着手。在物质上,老年教育教师报酬实施基础性绩效工资和奖励性绩效工资相结合的方法,在按劳分配的基础上构建绩效管理体系,建立并完善激励机制,采取岗位津贴、按劳取酬、优劳优酬等灵活多样的报酬管理制度和激励模式,保障老年教育教师的基本权益,调动教师的教学积极性[1]。在精神上,对老年教育教师实施资格考核,评选优秀教师,授予荣誉称号并颁发证书。评定人员可以是各省(区、市)老年大学主管部门或老年大学教务处。通过物质奖励和精神奖励,提高教师教学和创新的积极性,也能激发教师间的良性竞争,使教师队伍趋于精英化、优质化。颐乐学院会定期在全国范围内推出若干位明星教师,并在全国陆续开展"颐乐名师进园区"活动。

3.以发展性评价促进教师专业发展

教师的考核与发展制度,以发展性评价作为其基本精神。

第一,着眼于教师的发展。发展性评价基于一定的培养目标,这些目标显示了被评价者发展的方向,也构成了评价的依据,这些目标主要来自课程标准,也充分考虑了被评价者的实际情况。发展性评价将着眼点放在被评价者的未来,包括大众教育和终身学习的需要。

第二,注重评价的诊断功能。发展性评价的根本目的是促进被评价者的提高。评价过程中,对被评价者的现状、发展特征以及发展水平的描述和认定必须是评价者和被评价者共同认可的,如果涉及要通过评等级去描述某种特征,也必须是被评价者认可的。这些描述或评定只用于分析被评价者存在的优势和不足,并在此基础上提出具体的改进建议,不应具有"高利害性"。

---

[1]金德琅.老年教育经济学[M].上海:同济大学出版社,2014:214-215.

第三,突出评价的过程。发展性评价强调收集并保存可以表明被评价者发展状况的关键资料,对这些资料的呈现和分析能够形成对被评价者发展变化过程的认识,并在此基础上针对被评价者的优势和不足给予被评价者激励或者具体的、有针对性的改进建议。

第四,关注教师个体的差异。个体的差异不仅指考试成绩的差异,还包括其生理特点、心理特征和兴趣爱好等各个方面的不同,发展性评价通过细致地观察并准确地判断每个被评价者的不同特点及其发展潜力,为被评价者提出适合其个人发展的建议。

第五,强调评价主体的多元化。评价主体多元化是指在发展性评价中,评价者应该是参与活动的全体对象的代表,以对被评价者进行全方位的评价。以评价学员的某次学习活动为例,评价者应该包括教师、家长、学员、学校领导和其他与该学习活动有关的人。

三、老年学员管理:以服务代管理的绿城模式

绿城颐乐学院以"改善并提高长者的生活品质"为办学目标,最终倡导老年朋友能够回归社会,对人类的发展创新与文明有所贡献。秉承"老有所养、老有所乐、老有所学、老有所为"的理念,聘请专家、教师长期为学员授课,并固定组织集体活动来丰富学员的生活。考察颐乐学院老年学员"管理"的过程,呈现出鲜明的四大特征,这些特征反映了颐乐学院"以服务代管理"的现代管理理念。

(一)人本性

首先,尊重老年学员的尊严和权利,关注老年学员的需求。以人为本理念把人作为主体、目的和尺度,视人为现代管理中最根本的要素和核心。坚持以人为本的理念,就是要尊重老年学员的尊严和权利,调适老年学员的心理和精神需求,满足老年学员求健、求知和求乐的学习要求,为个人发展提供广阔空间。颐乐学院课程体系完善、类型丰富,课程涵盖十大系别,即医学保健系、健身体育系、舞蹈系、音乐系、生活艺术系、书画系、摄影系、表演系、计算机系及外语系,能够充分满足老年学员的学习需求,健康与养生、杨氏太极拳、声乐、民族舞、天天饮食、摄影基础和电脑家庭应用是最受学员欢迎的课程。

其次,实行人性化管理,营造适宜老年人的学习氛围。以必要的规章制度为依据,充分注意人性要素,将"人性化"融入管理,使老年学员在有"人情味"的管理氛围下,自觉遵守各项规章制度,行为有序、心情舒畅地参与集体学习。同时,教师和管理者尊重老年学员的特性,有的放矢地引导、塑造良好的学习习惯,构筑融洽的人际关系,营造温馨的校园文化。

最后,激发潜能、提高技能,塑造老年学员新的人格特征。满足老年人增长知

识、完善人格和实现自我,从而提高生活质量和生命质量的需求,是老年教育的价值取向。老年教育管理注重老年学员主体性的发挥,体现人文关怀,更好地服务人、提高人、尊重人的主体地位,充分调动老年学员的学习积极性、创造性,激发他们的潜能,提升技能,完善自我。颐乐学院有充分的社会实践参与机会,既能巩固学习成果,又能学以致用,造福自我与他人。

(二)全面性

颐乐学院的领导与管理是一项系统性工作,在微观层面由多部门、多岗位、多方面、多环节构成。因此,颐乐学院的学员管理要体现全面原则,搞好全过程管理。颐乐学院管理是一个动态过程,检查工作成效,不仅要看最后结果,还要看整个过程,发现问题,及时纠正。制定质量评估指标,有检查、有反馈、有激励。

颐乐学院的创新发展,已经形成老年教育的多种途径、多种载体、多种方式。一是老年教育课堂教学模式有以教师活动为主的教学模式、以学员为主的教学模式和综合型的教学模式;二是老年教育途径有第一课堂学校教育、第二课堂社团活动、第三课堂社区活动;三是老年教育课程有传统课程、现代课程、特色课程;四是老年教育教学与科研相结合、理论与实践相结合、理论工作者与实践工作者相结合。适应各种老年群体的学习方式或老年群体的各种学习方式,逐渐拓展老年教育的覆盖面和受益面,有赖于创造各种条件,提供服务老年人学习的各种教育方式。颐乐学院的兴旺发展,与老年教育管理体现了全面原则直接相关。

(三)体贴性

我国有着丰富的尊老文化和悠久的敬老传统。在老龄事业和老年教育皆以老年人为服务对象的领域,其管理体现尊老敬老文化传统,是最自然不过的题中应有之义。而最能体现中国文化自身真正特质的,实际上不外乎通常所说的"体贴"二字。这种民族的文化特质就是,之于他人的喜怒哀乐的感同身受,之于他人痛苦的视人如己,如同孔子所说的"己所不欲勿施于人","己欲立而立人,己欲达而达人"。

"体贴"高于"恕"道。将心比心,以心度心,也即我心与他心的交流与沟通,是"恕"的真实性质和状态,但它也只是一种"心思"的运用。而"体贴"则是一种"身体"的践履,人的生命的"互动",人的交往的真正语言,我们中国古人更多的是通过"体贴"这一方式和人打交道的。"道之以礼",其实就是一种生命共同体中旨在促进人们之间亲和的"身体语言",它同样是古人的"体贴"的行为方式的一种体现。"体贴"以一种既亲切可感又沉默无声的动作语言,传达着人们自己内心的情感和对他人的关爱,并使社会借以形成一个和谐相处的共同体。人与人实质性的交往,人间之最质朴的情感,实际上主要不是通过思想合理的"道理",而是主要通过身体得体的"践履"得以传递落实的。"体贴"的词义在现代已演化为对别人的心理或境况进行了解并予以关心和照料,细心揣度别人的心情和处境并给予关切与照顾。

由于受家庭条件、身体状况和个人阅历等诸多因素以及老年人生理特点的影响,老年教育的组织管理就不能采取普通学校教育高纪律化的硬性管理模式,而必须采取灵活多变的形式、松散可变的结构和机动弹性的过程,以适应老年人的不同情况和需求。总之,就是要采取硬性规定、软性实施、启发自觉、与人为善的原则。颐乐学院教育管理渗透体贴原则,表现在使课程设置紧贴老年人生活需求,使教学方法符合其学习心理,使文化活动感染其快乐情绪,使常规管理提供其安全便利⋯⋯颐乐学院教育管理的体贴入微,既是管理的原则,也是管理的境界。

(四)规范化

规范化管理并不完全等同于制度化管理和标准化管理,尽管规范化管理最终也要落实到制度层面或标准层面来限定。老年学习是自由、自觉、自律的学习,颐乐学院办学在学制、招生、校规、课程、教材、师资等各方面,因地制宜,因材施教,各有特色,其管理也难以或无须完全制度化。规范化介于制度化、标准化和无制度、无标准之间的中间地带。因此,规范化管理成为颐乐学院老年教育管理摆脱困境的最佳选择,也是颐乐学院老年教育管理的最佳状态。颐乐学院教育管理的规范化,就是要按照"努力办好老年人满意的教育"的要求、按照体现时代精神的要求、按照符合老年教育发展规律的要求,对老年教育进行规范管理,使老年教育获得社会普遍认可和最佳社会效益。颐乐学院教育管理的规范原则,要求必须具有组织内部一致认同的价值观念体系作为指导思想,以此为依据形成各项规章制度和工作要求,并由此协调组织的运行和管理行为,使组织及其管理融合为一个整体,彼此协调照应,共同推进老年学校和老年教育事业的发展。

当然,"以服务代管理"的管理理念,并非完全抛弃外在制度的执行,"没有规矩不成方圆",颐乐学院同样制定并颁布了一系列学员管理制度,如《颐乐学院学员学籍管理制度(试行)》《颐乐学院学员社团组织管理制度(试行)》和《颐乐学院学员守则(试行)》。外部制度和内部服务各司其职、交相辉映,共同致力于"改善并提高长者的生活品质"的办学目标。

第七章　老年教育评价

随着社会经济的发展和中国老龄化进程的推进,我国的老年教育事业取得了长足的发展,许多老年教育机构的课程设置都逐渐摆脱混乱无序状态,转向规范发展,教学效果越来越受到重视,信息化管理水平也逐步提高。但由于老年教育组织机构的多样化,既有政府组织的老年大学,也有社区组织的老年教育,还有企业组织的学院式老年教育,这使得老年教育的教学质量参差不齐。因此,必须设计老年教育的评价体系,对各组织机构的老年教育课程设置、教学过程、教学效果、教学管理等各方面进行评价,以期改善老年教育的不足之处,促进老年教育的健康发展。本章尝试从课程开发和实施、教学效果、教学管理这三个领域来设计老年教育评价体系。

第一节　课程开发与实施评价

课程评价是教育评价的重要构成之一,课程开发、建设、实施离不开课程评价。然而,课程评价是手段,不是目的。它存在的必要性和根本目的在于为改进课程,为提高课程教育质量提供有效的反馈信息。

一、课程价值取向与课程评价

(一)老年教育应以人本主义价值观为主

在前面第四章关于课程设置的内容里,我们提到成功老龄化和终身教育理念指导下的老年教育课程评价价值取向主要以人本主义课程观为主,强调老年人的价值、尊严和自由,强调人文情怀和老年生理心理发展,课程教育主要致力于提高老年人的生活品质。当然为了有效提高教育质量,也需要适当考虑社会要求和知识逻辑,以知识服务于个人,以人为本,在满足个人发展的前提下可适当考虑老年个体的社会服务价值和知识的系统性与实用性,即老年教育课程价值取向应以人本主义课程观为主,学科中心课程观和社会价值课程观为辅。

人本主义课程观主张以人的心理需求为中心,注重学习者的情感、态度、理想与价值方面的发展,主张课程应该培养"完整的人"。那么,究竟什么样的人才是

"完整的人"呢？人本主义课程观创始人罗杰斯认为,所谓"完整的人"的基本特征是动态的、过程中的、有创造性的人,是"躯体、心智、情感、精神和心理力量融贯一体"的人。具体地说,他认为完整的人是情意与认知、感情与知性、情绪与行为相统一的,完整体现自我意识,努力自我实现的人,即知情意行统一的、自我实现的人①。人本主义课程观的这种理念与我们在第四章所提到的绿城老年学院课程设置的最主要目标"让老年人辟第二人生,过高品质生活"是完全一致的。

(二)老年教育的课程价值取向与课程评价②

我们已经确定了老年教育应该以人本主义课程观为主要取向,以人为本,那么就应该注重"人"的特点。毫无疑问,人具有社会性、复杂性。相比于中小学员或大学员,老年人由于社会化的时间更长,社会化程度更深,个体经历、职业、家庭背景等诸多因素的不同更造就了老年人的复杂性。因此,我们在研究我国老年教育课程评价时必须以一种全新的视野,充分考虑老年人群的复杂性,使课程评价更为全面、准确和可靠。

1. 老年教育应注重整体性评价

传统的以强调社会要求为取向或强调学科知识为取向的课程评价严重忽视了人(特别是老年人)的复杂性,把人看成是"单向度的人"而非"整体的人",是"理性的工具"而非"活生生的人",过分强调课程的"社会价值取向"而忽视成人的"生命存在",课程评价目标不能和教育目的协调一致,从而使课程评价呈现出"单一化"的严重倾向。因此,课程评价的目标要有整体意识,课程评价的目标应从单一走向综合,在构建整体性的评价目标的前提下,要注重充分发挥各具体子目标的功能,实现系统的整体功能,最终促进老年人的"完满发展"。

2. 老年教育应实行多元价值评价

课程评价是指依据一定的评价标准,通过系统地收集有关信息,采用各种定性、定量的方法,对课程的计划、实施、结果等有关问题做出价值判断并寻求改进途径的一种活动。评价标准不合理、不科学,必将导致评价失真。以往的课程遵循一元化的评价标准,"它总以一定的尺度或标准来衡量对象的价值"。随着评价理论的发展,这种一元化的评价标准越来越遭到人们的质疑,因为它"必然要排斥多样性,追求简单化和齐一性"。在一个共同的标准或模型之下,评价者用其认可的某一种价值标准实施评价,很难对自己的评价标准采取反思和证伪的态度,也很难再去思考其他评价标准存在的合理性。老年教育课程评价的主体是有复杂情感和行

---

①肖庆顺.罗杰斯人本主义课程观概说[J].沈阳师范大学学报(社会科学版),2003,27(2):83-85.

②高志宏.复杂性思维与成人教育课程评价[J].成人教育,2011(7):54-55.

为活动的"现实人""社会人"和"复杂人",而人是教育活动中最活跃、最复杂的因素。作为课程评价主体的"人"以及与之相关评价元素的模糊性、随机性和复杂多变性,导致评价过程和结果的不确定性以及多种发展的可能性,仅靠一元评价标准难以解释各评价元素间表现出的混沌、突变、协同性、非平衡性特征。因而,评价的标准、依据和价值取舍也必须以多维性的方式呈现。由此,我们应将课程评价的标准理解为多义的和具有解释张力的价值评判工具。

3. 老年教育应突出过程性评价

中小学教育以及大学教育的课程评价更多地关注结果评价,重视终结性评价,并将之视为检验课程质量优劣和评判课程目标主要的、甚至是唯一的参照物。这是一种重结果而轻过程的静态评价。从老年人的社会功能角度来看,老年人多已退休,主要的社会功能为发展爱好、发挥余热、安度晚年,因此老年教育课程评价应淡化评价的甄别、选拔功能,而主要发挥评价的导向、诊断、激励和发展性功能,因而必须突出过程性评价。

过程性评价是一个连续的、动态的、发展的过程,是从始到终、循环往复、不断修正的评价。过程性评价提倡评价和课程教学相互交叉、融合和渗透,避免了传统终结性评价只能在相对较长的一个课程阶段结束之后进行评价所造成的缺憾。在全面了解老年人学习需求的基础上,通过及时和必要的反馈,通过积极和正确的引导,最大限度地促进老年人发展。

要突出过程性评价,就要用发展的眼光进行评价,把促进老年人发展提高到重要的地位上来。为此,可通过采用档案袋或成长手册、自我评价和他人评价相结合、绝对评价和相对评价相结合、结果评价和过程评价相结合等多种方式,重视老年人发展过程中的各个环节,做到评价的连贯性和持续性,让老年人在不断学习中实现动态地生成,走向完满。

4. 老年教育应实施多主体参与评价

在传统的中小学与大学的课程评价中,评价的主体是教师、课程专家和相关管理人员,基本上体现的是一种自上而下的等级"控制"评价体系,如教师评价成人学员,管理者评价教师,缺少成人学员的全程参与,而且各环节关联较少,体现的是一种简单封闭的评价模式。而老年教育是一个复杂、开放的自组织系统,教育活动本身具有极强的丰富性和复杂性。评价的复杂性,体现在不仅要考虑到评价主体的因素,而且还要兼顾与人相关的特定外部环境和资源条件的发展与变化。这意味着,无论从宏观上对整个老年人群体和整个课程体系的评价,还是从微观上对单个具体老年人和单一学科的评价,都要由简单趋向复杂,由控制走向平等,实施多主体评价。多主体评价的优点在于,它能够从不同的角度提供较为全面和准确的信息,有利于提高课程评价的信度和效度。为了更好地发挥多主体参与评价的作用,一方面,要坚持他评和自评相结合的原则,特别是要加强老年人的自评,让老年人在评价中正确认识自己、了解自己,逐步将自我评价融为自己真实生活和真实体验的一部分,从而使评价从被动走向主动,从他律走向自律。另一方面,要将老年教育课程评价置身于整个社会环境下,调动教师、专家、社区及社会各界的积极配合和广泛参与,为课程评价提供更全面、更真实的环境。

二、课程评价方法

(一)定量评价方法

定量评价方法就是用数据形式和数学方法来分析、比较被评价课程的特征,并对此进行推断的一种信息分析和处理方法。这是一种建立在科学实证主义认识论基础上的评价方法,其主要特点有:①分析的重点是课程的可测性特征,实施精确而简洁的量化描述。②分析的是课程中具有数量关系的信息资料,例如用问卷调查或测验得到的信息等。③分析有严格而规范的程序,例如调查问卷的规范操作等。④分析结论由严格的统计方法运算推论得出,客观性强,受分析者主观影响较小。⑤效率高,可借助计算机分析软件等手段完成。

虽然定量评价方法可对课程的一些可测性特征进行精确、客观的描述,甚至能进行科学的推论,但也存在一些局限性,主要是:①可能会忽略课程中那些不可测量的重要方面。②排斥课程实施过程的丰富性和创造性,以及课程发展的持续性。③忽视一些计划外的结果。④评价指标过于统一,忽视价值的多元性。⑤难以反映课程的全面性、深刻性等特征①。

(二)定性评价方法

定性评价方法就是采取哲学思辨、逻辑分析等形式以语言描述方式来评价课程的信息分析和处理方法,又称为自然主义评价方法。它反对把复杂的课程和教学现象简化为数字或数据形式,认为这种做法会丢失重要的信息,得到的是歪曲的教育信息。它主张在自然的条件下,全面充分地把握课程的质的特点,形成对课程的完整看法。定性评价方法的主要特点有:①分析重点是课程的发展过程以及课程之间的相互关系。②分析的是对课程的质的描述材料,例如访谈记录、观察记录和文献资料等。③分析无严格的程序,有较大的灵活性。④分析方法主要采用归纳法和哲学思辨法,易受主观因素的影响。⑤对典型、精品课程能进行深化研究。

定性评价方法力求全面、充分地揭示和描述课程的各种属性,以在深层次上理解和把握对象的实质,进而进行深层次的价值判断。但由于它所采取的归纳、思辨

---

①周永凯,田红艳,王文博.现代大学教学评价理论与实务[M].北京:中国轻工业出版社,2010:129-129.

等方式的局限性,无疑也存在一些不利之处:①评价结果在很大程度上会受评价者的主观影响,降低评价的客观性。②无从知道评价的信度和效度。③不同评价者的评价结果无法进行比较。④对课程特征背后的原因进行探讨时会过度依赖课程所处的背景,具有一定的时效性。

从上面的分析中,我们可以看出定量评价方法和定性评价方法各有所长,各有特点,可以进行优势互补。在对老年教育的课程进行评价时应充分利用这两种方法各自的优点,对两种方法进行有效结合,根据不同课程或同一课程的不同特点选择适当的评价方法,尽可能全面、准确、客观地评价老年教育课程。

三、课程开发和实施的原则与评价体系

(一)课程开发和实施原则

老年教育彰显了教育的本质,其目标是为了人的终身发展,对于老年人来说是一种追求精神与文化的养老方式。老年教育课程要坚持教育的本质,按照老年人的需求,遵照教育的规律和老年教学的特点不断创新进行开发与建设。老年大学教育的课程设置不但要适用老年学员的需求,还要发掘老年学员深层次的需求,开拓新课程,建立课程系统,创新老年教育方式,引导老年学员进行全面系统的学习。

老年教育课程开发与建设需要进行调研论证,跟踪评估与调控,在这个过程中需要把握好三个基本原则①。

1. 老年课程开发要坚持适应性原则,以满足广大老年人健康、快乐、求知学习的需求

老年大学教育服务的对象是广大老年人。根据调查统计数据显示,目前接受老年教育的学员,主要是一批年龄在50~80岁的老年群体。退休是人生中的一个重要转折点,很多人都不能适应,所以他们需要一个新的活动场所和交流的群体,需要一个新的目标与位置继续发挥自己的才能,他们还需要学习新的知识与技能继续展示自己生命的价值。老年人进入老年学院学习,就是在退休后为自己开辟了一个继续融入社会、继续学习和继续为他人与社会服务的新起点,是一种实现人的终身发展的成功老龄化方式。老年课程开发一定要根据这些老年人的主体要求,依据本单位的实际情况进行设计和操作,满足这个特殊社会群体的心理和物质上的需求。

新的老年课程开设前进行学员需求调查,是课程建设一项具体与必需的工作。在调查中要了解学员的数量、年龄与知识结构,他们需求的课程目录,期望学习的

---

①吕伦渝. 老年教育的课程设置与建设[EB/OL]. (2015-03-21)[2017-10-11]. 上海老年大学网站:http://www. shlndx. com/Content. aspx? id=1067&cid=3&scid=23.

知识内容,以及预期目标,从中判断该课程发展的前景,得出开设与否的结论。

2.老年课程开发要坚持科学性原则,为广大老年人提供获取健康、知识和通向现代化生活的道路

今天的社会,是一个思想充分活跃、交通十分发达便捷、传媒丰富多样的信息化时代。我们在进行老年教育课程设置调查中,可以发现老年学员有着各种各样的需求。我们对此务必要有清晰的认识,认真地进行筛选,开设那些符合科学、能给予老年人身心健康发展和具有积极文化价值的课程。我们开设传统文化课程要大力宣传中华传统文化精髓,开设健身保健课程要大力推广养身保健知识,开设现代科技文化课程要大力宣传现代科学技术和现代文明等。老年课程要宣传先进的理念和思想,传播新知识、新文化,推广现代科学技术、新的科学生活方式和新的行为方式,这是老年大学课程开设的重要使命。

新的老年课程开设前需要对新开设的课程内容进行调查与审核,了解课程的具体内容、文化内涵和科技含量,多方位地听取专家和专业人员的意见,注意调查有关学校、有关专业课程实际成效,做出准确、科学的判断。

3.老年大学课程开发要坚持系统性原则,以引导广大老年人深入持久地开展学习

老年教育拥有最广泛的生源,社会上各种老年人,无论其学历与经历如何,只要愿意都可以享受老年教育。有教无类是老年学院的第一大特点。老年教育是终身教育,只要老年人有需求、自身条件又具备的课程就可以开设。拥有最丰富的课程领域是老年教育的第二大特点。老年教育实施的是生命教育,最具人性特点。拥有最活泼多样的教学形式是老年教育的第三大特点。根据以上特点,老年教育课程开设与实施较之普通教育宽松活泼得多,但是在经历了一个发展阶段,积累了一定的教学资源和经验以后,就必须把建设系统性的教育课程放到议事日程上来。系统性的教育课程设置有助于实现老年教育的教育本质属性,有助于实现老年教育的规范化和老年教育的发展,有助于提高老年教育的质量与水平。

新的老年课程开设前需要进行全面系统的设计,新开设的课程要考虑教学内容的系统性,既要设计其初级基础课程,还要设计中级提高类课程,甚至还要设计研究进修类课程。与此同时,还要考虑教学形式与教学方式的设计,保证课程质量。

老年课程不能简单搬用常规学历教育的教育课程内涵,务实与开拓创新是老年教育课程内涵建设必须坚持的精神。一要坚持时代性。要吸纳当代最新文化知识与科技成果,常变常新,跟上时代发展的步伐。二要坚持实用性。要符合学员的实际需求,让学员获得可实际操作的技术。三要坚持启迪性。课程内容的教授应该是研讨性、互动性的,学员在参与中得到收获。四要坚持愉悦性。课程内容要丰

富多彩,体现知识的新鲜与活泼,让学员在学习知识的同时收获快乐。

(二)评价指标体系

1. 老年心理需求调查

表 7-1 列出了一份老年心理需求调查问卷。

退休之后你准备怎样安排自己的老年生活? 你希望自己的老年生活是怎么样的? 下面有一些心理需求的描述,请根据自己心里的真实想法进行选择,并把相应的数字圈起来。数字越小,代表需求越小,"5"代表"非常需求","1"代表"非常不需求"。

表 7-1　老年心理需求调查问卷

心理需求	需求大小				
1. 认识更多的朋友	5	4	3	2	1
2. 有自己固定的群体(有自己固定的朋友)	5	4	3	2	1
3. 有人可以倾听和分享	5	4	3	2	1
4. 夫妻关系融洽	5	4	3	2	1
5. 老来有伴	5	4	3	2	1
6. 得到亲人的关心和爱护	5	4	3	2	1
7. 追寻自己的理想	5	4	3	2	1
8. 自己的能力得到发挥	5	4	3	2	1
9. 在工作中获得成就感	5	4	3	2	1
10. 学习新的东西	5	4	3	2	1
11. 发展新的兴趣	5	4	3	2	1
12. 跟上时代的步伐不落伍	5	4	3	2	1
13. 生活过得充实	5	4	3	2	1
14. 生活时间安排得紧凑	5	4	3	2	1
15. 生活变得精彩	5	4	3	2	1
16. 适应环境的变化	5	4	3	2	1
17. 自己的生理或者心理功能得到延续	5	4	3	2	1
18. 创造经济价值	5	4	3	2	1

续表

心理需求	需求大小				
19.知道自己的独特并欣赏自己(知道自己与众不同,认同自己)	5	4	3	2	1
20.能保持自己的独特之处	5	4	3	2	1
21.喜欢自己所做的决定	5	4	3	2	1
22.对目前的生活状况感到满意	5	4	3	2	1
23.在人群中,尽可能和别人一样	5	4	3	2	1
24.对自己的过去所取得的成就感到满意	5	4	3	2	1
25.能自主安排想要的生活	5	4	3	2	1
26.保持自己的行事风格	5	4	3	2	1
27.关注自己成长或者出生的地方	5	4	3	2	1
28.关注过去所从事过的职业	5	4	3	2	1
29.对过去的某地、某事、某人、某物有特别的情感	5	4	3	2	1
30.有明确是非观	5	4	3	2	1
31.有明确的生活目标	5	4	3	2	1
32.有明确的人生目标或方向	5	4	3	2	1
33.相信世界上有某种神秘的力量存在	5	4	3	2	1
34.找到值得为它奉献生命的事物(有自己痴迷的事物)	5	4	3	2	1

本问卷是浙江大学心理与行为科学系根据弗洛姆的心理需求理论所编制。第1~6题测量的是关联需要,人为了克服孤独,须与人建立关系,及个体有爱人与被爱的需求,并渴望与人产生关联。第7~18题测量的是超越需求,指人们为了能超越物质条件的局限,而在精神层面上展现出创造性的人格品质。第19~26题测量的是认同需求,此需要指出人们需知道自己是什么样的人、与他人的差异,以确定自己的独特性,个人的社会地位、职业、宗教、国家等均可以提供此认同需求。第27~29题测量的是寻根需求,指我们需要与我们的环境和自己的过去形成有意义的连接,即感觉自己归属于某种东西——一种职业、一个家庭、一种传统、一种宗教等。第30~34题测量的是定向需求,指人需有一生活的目标和方向,从而在追求此目标的过程中,发觉生命的价值和意义。根据老年人的心理需求,可设置课程模块。

2.课程开发调查

下面以杭州绿城集团颐乐学院老年教育的部分课程为例。表7-2主要调查对象为普通老年人,让他们对欲参加的课程进行选择。由于杭州绿城集团颐乐学院属于养老式社区,这与一般的走读式老年大学不同,故此评价表里忽略了老年人的居住地等信息。

表7-2 老年教育课程开发评价表(老年人适用)

性别_____ 年龄_____ 退休前职业_____ 受教育水平_____

序号	课程名称	想参加	今后会考虑参加	不想参加
1	人际沟通			
2	旅游文化			
3	英语口语			
4	电脑网络知识			
5	太极拳			
6	舞蹈			
7	书法			
8	摄影			
9	瑜伽			
10	绘画			
11	插花			
12	声乐			
13	急救知识			
14	老年心理保健			
15	老年运动保健			
16	老年医疗保健			
17	佛学			
18	养生论			
19	中医学与古代哲学			
20	人生哲学			
21	幸福人生			

表7-3主要调查对象为老年教育的专家或专业人员,让他们根据评价标准对各个课程进行主观评价,其中评价标准可根据课程体系进行修改和细化。被评课程如果均能达到评价标准,则在"A"栏中打"√",如果大部分能达到,则在"B"栏中

打"√"，以此类推。最后的评价结果可作为课程开设的参考信息，被评价为"A"的课程可考虑优先开设，但最好结合表7-2的结果一起进行考虑。

表7-3　老年教育课程开发评价表（专家、专业人员适用）

课程科目	课程名称	评价标准	完全达到 A	大部分达到 B	基本达到 C	部分达到 D
通识科	人际沟通	(1)是否符合科目的设置目标。(2)课程内容是否符合老年人需求。(3)课程设置是否考虑老年人的群体特点。(4)课程是否可实施,具有可行性				
通识科	旅游文化					
通识科	英语口语					
通识科	电脑网络知识					
修身科	太极拳					
修身科	舞蹈					
修身科	书法					
修身科	摄影					
修身科	瑜伽					
修身科	绘画					
修身科	插花					
修身科	声乐					
修身科	急救知识					
修身科	老年心理保健					
修身科	老年运动保健					
修身科	老年医疗保健					
明理科	佛学					
明理科	养生论					
明理科	中医学与古代哲学					
立命科	人生哲学					
立命科	幸福人生					

3.课程实施评价

课程的实施与课程的教学条件和课程日常管理有关。为了保证课程教学的顺利进行，要具备相应的软、硬件条件，如教师、仪器、设备、场地等。因此，要对教学条件进行评价，其要素有：具备资格的教师是否到位、教学媒体及其状态（完好率）、教学软件的质量和效果、仪器设备及其完好率、场地环境状况。可采取现场检查、观察使用状态和效果、师生反馈等方法进行评价。表 7-4 是教学条件评价表。

表 7-4　教学条件评价表

评价要素	权重	A	B	C	D
具备资格的教师是否到位	0.4	40	30	20	10
教学媒体及其状态(完好率)	0.1	10	7.5	5	2.5
教学软件的质量和效果	0.1	10	7.5	5	2.5
仪器设备及其完好率	0.1	10	7.5	5	2.5
场地环境状况	0.3	30	22.5	15	7.5
总评分数/等级					

表 7-4 中的评价要素和每项评价要素的权重都可以根据实际情况进行制定和调整。总评分数就是把各评价要素的得分相加,总分大于等于 90 分的为优,低于 90 分大于等于 80 分的为良,低于 80 分大于等于 70 分的为中,低于 70 分大于等于 60 分的为合格,低于 60 分的为不合格。

教学条件为课程的实施提供了保障,日常的课程管理则使得课程实施得以顺利进行。因此对课程的日常管理也需要进行评价,其评价要素包括课程大纲、教学方案及其执行情况、课程的学分管理、课程班级的管理、教学条件的管理、教学任务分配及执行情况。可采用随机抽查、学员座谈、教学文件系统检查等方法进行评价。

表 7-5 中的评价要素和每项评价要素的权重都可以根据实际情况进行制定和调整。总评分数就是把各评价要素的得分相加,总分的等级划分与表 7-4 相同。

表 7-5　日常课程管理评价表

评价要素	权重	A	B	C	D
课程大纲、教学方案及其执行情况	0.2	20	15	10	5
课程的学分管理	0.2	20	15	10	5
课程班级的管理	0.2	20	15	10	5
教学条件的管理	0.2	20	15	10	5
教学任务分配及执行情况	0.2	20	15	10	5
总评分数/等级					

第二节 老年教学效果评价

教学效果评价,是指通过系统地收集教学信息,对教育过程中教学质量进行定性定量鉴别测定,从而做出正确价值判断的过程。教学效果评价是教学管理过程的一个重要环节。科学合理的教学效果评价是保证教学质量、提高学员素质的重要环节,完善的教学体系需要有与之相匹配的教学效果评价体系。

一、教学效果评价的功能和原则

(一)评价功能

老年教育教学效果评价主要有三个功能。

1.导向功能

通过教学效果评价能够对老年学员的课程学习和教师课程教学进行方向性引导,评价目标、评价指标及评价方式都是学员和教师在教与学的过程中努力的方向。此外,通过教学评价,还可以为老年教育研究提供方向。

2.诊断功能

通过评价,可以找出老年教育课堂教学过程中存在的问题,通过评价反馈,帮助改进教学中存在的问题,改善教学效果,改变教学方式,提高教学质量。通过评价,可以反映教师、学员、教学机构多方面的情况。对教师而言,评价有利于鉴定其教学质量的好坏、教学能力的高低、教学潜力的大小等;对学员而言,评价有利于鉴定其认知能力、运动功能水平、发展潜力等;对教学机构而言,评价有利于及时发现教学管理中的一些漏洞或问题。

3.激励功能

通过评价,可以对老年教育教学效果好的方面进行展示和表扬,激励教师教学和学员学习的热情。通过教学效果的展示,提高老年学员"老有所用"的自信心,从而积极为社会服务发挥余热。对教学机构而言,通过教学效果评价可以相互借鉴,取长补短,从而形成良好的竞争氛围。

(二)评价原则

老年教育效果评价是一项系统工程,在制定各项评价方案之前首先要确定评价原则。科学合理的评价原则能引导我们设计一个相对科学的评价方案,使评价方案具有可操作性,评价结果能被很好地运用,能促进老年教育教学效果的提高。一个科学合理的老年教学效果评价体系,应具备以下几个原则:①导向性原则。导向性原则使老年教育教学效果评价能够成为老年教育教学工作评价的依据,提高老年教育教学质量的抓手,老年教育教师教学工作努力的方向。②敏感性原则。

老年教育教学效果评价体系能够将教学效果好与不好的教师有效区分开来。③可靠性原则。老年教育教学效果的不同评价者对该教师教学效果的评价应该具有一致性,评价结论应该基本相同。④准确性原则。老年教育教学效果评价内容应与老年教育教学工作内容密切相关,与老年教育的导向目标密切相关,评价指标要素和评价内容密切相关,这是评价取得成功与否的基本条件。⑤可接受性原则。老年教育教学效果评价体系只有得到教学管理人员、教师和学员的支持才能推行。⑥实用性。教学效果评价应有效控制评价成本。评价体系的设计、实施和信息利用都需要花费时间、精力和财力,教学机构使用老年教育教学效果评价体系的收益必须大于其成本。

二、教学效果评价的主体和方法

(一)教学效果评价的主体

教学效果到底由谁来进行评价? 一般来说,评价主体的选择应具备三个条件:有时间参与评价;有能力参与评价;有动力参与评价。从这个角度来看,老年教育中,老年学员、同事、教师本人、教学管理者、相关领域的专家均可以成为评价主体。根据不同评价目的,对不同评价对象进行评价时,评价主体的构成也不同。

1. 教学管理者

教学管理者具备评价主体甄选的三个条件,且一直是评价主体中的主流,负责评价教学计划、教学质量、教学目标、有无教学事故与差错、教学资料、教学组织与安排、实践教学质量以及教师的教学纪律、教学态度等。他们具有权威性和单向性,主要进行优劣认定,但与被评价者缺乏交流。

2. 学员

在教学活动中,学员是学习的主体,是主要参与者,对教学有着最直接、最全面的感受和体验,对教学最具发言权。但学员为主体对教学进行评价会受到学员个人喜好的影响,很难做到全面、客观和公正。因此评价前的教育和引导很重要且必要。学员作为主体进行评价可通过打分、座谈、问卷、征求意见等方法开展。

3. 同事

同事也符合甄选条件。同事对本专业学科领域有一定深入的认识,对评价客体的专业领域也有一定的了解,能从同行及专业的角度去评价教师的教学质量,而且因为教师间的相互了解,同事可能更加了解教学设计的背景意图和一些课堂上观察不到的行为,使得评价更为客观准确。教师之间的互评是教学效果评价的一条重要途径。

4. 教师本人

授课教师必须对所授课程的教学活动进行自我评价。教师自我评价就是

以自我为主体,教师依据评价原则按照一定评价标准和发展目标,主动对自己的知识、能力、道德品质、教育教学工作等做出评价。自我评价是不可忽视的一种评价主体,控制好,能够获得较为客观的评价结论,而且,鼓励教师自我评价,是教师参与评价的重要途径,非常有利于教师改进自己的教学方式,提高教学效率。

5. 相关领域的专家、督导

相关领域的专家、督导熟悉教育规律,也符合甄选条件,在教育评价中也具有权威性。督导必须德高望重或专业技能过硬,一般不承担任何教学任务,以保证监督、检查、评估和指导的客观公正性,促进教学管理的规范化建设和教师水平、教学质量的提升。专家、督导可以由大学专业教师担任。

(二)评价方法

教学效果评价的方法有很多,如测验法、问卷法、访谈法、、观察法、档案袋法①。

1. 测验法

测验法又称测试法,是运用各种测量工具(如教学测验、心理测验等试卷或量表等)测定评价对象的某些重要属性,收集有关信息的方法。测验法常用来收集学员认知发展、学习能力、人格特点、体能保持和提高等方面的信息。一个良好的教育测验应具有良好的信度、效度,较高的区分度,适宜的难度和较高的内容代表性。按照测试或回答的方式分类,测验可分为书面测验、口试测验和操作(表演)测验。书面测验采用文字(或符号)材料,要求被试者以书面方式回答,实施方便、效率高,但易受被测试者书面表达能力的影响。口试测验是指面试,这种方法灵活机动,可以考察被测试者实际水平和应变能力,但常受被测试者口头表达能力的影响,花费时间和精力较多。操作(表演)测验要进行实际操作,能直接而真实地反映被测试者的实践技能与技巧,但不能同时测试众多对象,而且评分比较困难。

测验法通常用来检查学员通过一段课程学习后所产生的结果,是教学结果评价的一种方法。考虑到老年人的身体功能和受教育水平,老年教育教学效果评价宜少用书面测验,多用口试或操作测验。有些老年人眼睛视力下降很快,看不清书面测验的题目,加上手精细运动功能的下降,对书面答题也造成很大困难。受我国国情所限,有些老年人受教育年限较少,所认识的书面文字很少,甚至有些根本就不认识字,这也使得书面测验难以实施。

---

① 周永凯,田红艳,王文博. 现代大学教学评价理论与实务[M]. 北京:中国轻工业出版社,2010:55-59.

2.问卷法

问卷法是指通过被调查者回答精心设计的调查问题的方式,收集评价信息的方法。这种方法也是教育教学评价中常用的、便捷的收集评价信息的方法之一,具有效率高、便于定量分析等特点。问卷法既可以掌握评价对象的客观情况,也可以了解其态度、动机、兴趣、需要、观点等主观方面的情况。

根据回答问卷的方式,问卷法可分为封闭式问卷法和开放式问卷法。封闭式问卷的基本形式是在列出调查问题时,提供若干可选择的答案供被调查者选择或为之排序。开放式问卷则只提出问题,由被调查者自由作答。在进行教育教学评价时,常将两者结合起来,以封闭式问卷为主,以开放式问题为辅,以获得更全面、更完整的评价信息。

封闭式问卷项目主要用于对被评价对象的预期反应能够比较准确把握的场合。其问题可归纳为选择式和排列式。选择式项目要求被调查者从备选答案中选择符合其想法的一项。备选答案可以是两项,也可以是多项。例如对课程安排的满意程度,备选答案可以是"满意/不满意",也可以是"5 非常满意,4 部分满意,3一般,2 部分不满意,1 非常不满意"。排列式项目要求被调查者按照一定的标准(如重要程度或时间先后等),对问卷的备选答案排出顺序。例如,你对下列课程的兴趣如何?请按照兴趣大小排出顺序:旅游文化、英语口语、电脑网络知识、太极拳、舞蹈、书法、摄影、瑜伽、绘画、插花、声乐、急救知识。

开放式问卷项目适用于答案不易收集或不易深入、广泛了解的场合。其问题可归纳为填空式和自由回答式两类。填空式问题要求被调查者在有关栏目后填上实际情况或看法。例如,你觉得受益最大的课程是_____。自由回答式问题在于让被调查者自由发表意见,能畅所欲言。例如,你认为目前的教学管理有哪些地方需要改进?

开放式问卷的回收率较低,老年教育教学评价应多采用封闭式问卷项目。

3.访谈法

访谈法又称谈话法,是向评价对象或调查对象直接提问,了解情况,获得相关信息的方法。它获得的信息是评价对象或被调查者自己陈述的,一般可作为定性分析。座谈会属于访谈法的一种方式。

根据访谈提问和反应的结构方式,访谈法可以分为四种方式:提问和反应都无结构(无结构访谈)、提问有结构反应无结构(半结构访谈Ⅰ)、提问无结构反应有结构(半结构访谈Ⅱ)、提问和反应都有结构(结构性访谈)。这四种访谈方式的主要特点见表7-6。

表 7-6   四种访谈形式的主要特点

访谈方式	主要特点
无结构访谈	只有粗略的访谈范围,甚至可自由提问和做出回答。不做现场记录,事后整理获得的信息。可消除被访谈者的顾虑或防卫心理。实施程序灵活,访谈环境宽松、无压力,易于深入探讨,但对访谈者的能力要求较高,信息整理较难
半结构访谈 I	按照事先设定好的问题和问题顺序进行提问,问题的结构性较强,但对回答问题的方式没有要求,可自由发挥,甚至可以采用讨论的方式
半结构访谈 II	问题的结构性不强,提问方式和问题顺序可以随意调整,但对回答问题的方式有要求,不能过多地自由发挥
结构性访谈	根据统一的访谈表进行访谈和记录。被访谈者按问题要求做出反应。实施程序严格、规范,结果便于分析处理,且有可比性。但不够机动、灵活,无法处理非预期的情况

四种访谈方式各有长短,采用哪种访谈方式,应根据访谈的目的、对被访谈者的了解程度、访谈者的能力和其他情况而定。对那些身体功能和认知能力保持较好的老年学员,可采用结构性访谈和半结构性访谈 II,而对那些身体功能较差或认知能力衰退较快的老年学员,比较适宜采用无结构访谈和半结构访谈 I。根据实际情况也可以灵活地组合运用。

访谈法跟一般的自由聊天不同,是一项专业性很强的工作。首先,要编排好访谈的问题,由简易到复杂,由表面到核心本质。较为敏感的问题通常放在最后。其次,要控制访谈的过程节奏,把握好分寸,掌握询问的技巧。再次,要善于协调人际关系,消除访谈对象的各种疑虑,建立和谐融洽的访谈情境和氛围。最后,访谈记录一般采用现场速记,并突出重点,尽可能保持访谈的原貌,维持其客观性。有时,在征得访谈对象同意的情况下,可采用录音,访谈结束后再整理。

4. 观察法

观察法是指评价者在一定时间内,对评价对象在自然状态下的特定行为、活动、表现进行观察和分析,以获取评价信息的一种方法。观察法最适用于了解评价对象的行为表现、动作技能技巧、情感反应、态度、兴趣、个性、人际关系、活动情况等。它可采用行为描述、教学记录、检核表等方式来记录观察结果。随堂听课进行课堂教学评价就是一种观察法。

观察法按照观察的内容范畴可分为完全观察和取样观察。完全观察是对评价有关的活动进行全面的观察,收集的信息比较完整、详细、实际,适用于小样本或个案评价,但耗时费力。取样观察是抽取有代表性的样本进行观察,包括时间取样观察和事件取样观察两种形式。时间取样观察是对一定时间间隔中所出现的行为表现进行全面的观察和记录,可随机进行,也可按预先计划进行。为了获得跨时间的系统信息,可在活动开始、中期和结束时进行观察。督导或专家在期中教学检查期间进行的随堂听课便属于这种取样观察。事件取样观察指只对某种预定的行为表现进行观察和记录。

观察信息的记录要力求真实,标明时间、地点、事件发生的条件等。记录的方式主要有两种:行为或事件的描述和按记录表记录。前者包括日记记录、逸事记录等,听课笔记便属于这一种,所得信息一般可做定性分析。后者可详细记录事件或行为是否出现或者出现的次数,例如教学记录本关于学员出勤和完成作业情况的记录,所得信息常用作定量分析。随着多媒体技术的发展,也可采用录像来记录。录像可以减轻现场记录的负担,收集到更多的信息,并可以反复重现观察时的情境,利于深入客观地分析。

表现性评价是观察法的一种形式,它让被评价者亲自执行某一实际任务,通过其实际表现,对其行为和技能等各方面做出评价,因此也被称为实作评价或真实性评价。在被评价者执行任务时,评价者在旁边进行观察,根据预先设定的评价标准进行评价。这一评价方法比较适用于美术、音乐、体育等技能类或活动类的课程教学。表现性评价法强调任务的真实性、实际性,多以真实或虚拟的实际生活问题为任务,注重学员的个性,重视学员的实际操作能力和解决问题能力,强化学习中的沟通和合作学习的能力。

5. 档案袋法①

档案袋法是运用档案袋方式收集信息,对学员、教师的学习、教学等进行评价的一种方法。它是一种过程性评价方法,通过有目的地收集教师和学员在教学、学习过程中的各种作品,编制成档案袋,来对学员、教师的成就或成长过程进行记录并据此进行评价的方式。档案袋评价最初主要用于对学员的学习过程进行评价,例如学习档案或学员成长记录袋,后慢慢发展也用于教师评价。美国教育专业教学标准委员会就制定了教师教学档案袋的评价标准,以便对教师的教学过程和教学效果进行评价。

档案袋评价是一种定性评价方法,它关注学员、教师和教学整个过程的整体表现,它不是只对最后的结果进行评价,它更注重对过程的评价,评价的依据就是档案袋里收集到的所有材料。透过档案袋里的材料,教师能够更全面地了解学员:不仅看到学员技能方面的表现,也会了解学员在情感、态度、价值观等方面的表现;不仅看到学员学习的结果,还能了解学员的思维过程和学习过程。一般来讲,档案袋

---

① 蒋永华. 中职学生教学评价革新的理念与方法[J]. 新课程研究,2010(7):125-127.

的设计与制作要考虑四个因素：目的、读者、证据和反思。首先，在制作档案袋时，要有明确的目的。为什么要制作这个档案袋？这个档案袋要收集哪一方面的问题？这些问题都必须明确。其次，档案袋的读者不仅仅是评价者，学员和教师本人也是重要的读者，读档案袋的过程是一种学习和反思的过程。证据就是放置到档案袋中的内容，是收集的作品样本。教师档案袋的证据一般可以包括教学进度表、教案或讲义、学员学习情况和其他文件；学员档案袋的证据可以包括学员的作业、手工作品、读书笔记、实践调查报告等。证据在形式上不仅包括书面资料，音像制品等也都是重要形式。最后，档案袋的制作离不开制作者的反思。档案袋不仅仅是收集资料的途径，对档案袋中收集的各种形式的资料证据进行反思是制作档案袋和进行档案袋评价的重要一部分。

档案袋评价有许多优点。首先，它关注被评价者的个性，被评价者可以在评价标准认可的条件下选择可充分展示自己个性和优势的作品，而不是像传统评价方式那样要求有整齐划一的成果。其次，它真正体现了评价主体多元化的理念，被评价者在被评价的同时也可以作为评价主体进行自我评价。例如，教师在进行教学档案袋评价的过程中，也会对自己的教学进行不断反思，这有利于教师的专业发展，促进其成为反思型或研究型教师。档案袋有优点，但也存在一定的局限性。首先，这种评价方法需要投入很多的人力、物力，需要花费教师很多的时间和精力，这对于工作任务本身已经较重的教师来说有可能会成为一种负担。对学员来说，如何保持学员对档案袋制作的长期兴趣也是一个问题。其次，作为定性评价方式的一种，它存在标准化程度较低、效度难以保证等问题。

三、教学效果评价的内容和指标体系

我国老年教育还处于起步阶段，在老年教育教学效果评价这一块还几乎空白，没有经验可供参考。在借鉴高等教育、职业教育、成人教育等教学评价成果的基础上，从课程教学的角度出发，我们认为老年教育的教学效果评价主要内容涉及教学设计、教学过程和教学结果这三大块。

(一)教学设计

对教学设计的评价主要涉及教学目标、教学内容、教学媒体、教学策略这四个方面。教学目标的评价主要考察教学目标是否明确、具体，是否符合教学大纲的要求，是否切合老年人的实际情况；各知识点的学习目标是否层次合理、分类准确；是否结合了课程特点设立老年人情感目标。教学内容评价的指标主要有：教学内容的选择是否符合课程标准要求，符合老年人特点；选择的教材或讲义是否体现了当前的新技术、新知识、新成果，是否适应老年人的当前需求；重点、难点的确定是否符合老年学员的当前水平，解决措施是否有力、切实可行；各知识点布局是否合理，衔接是否自然。教学媒体评价的主要指标有:教学媒体的选择是否恰当,是否具有较高的功效价格比;所选媒体是否适合表现教学内容,对理解教学内容能起到辅助和拓宽作用;教学媒体的使用标准是否明确,使用方式是否有助于老年学员的学习;板书或 PPT 设计是否规范合理,有一定的艺术性。教学策略评价的主要指标有:是否根据课程特点、教学内容和老年人特点选择了合适的教学模式;是否遵照老年人认知规律选择教学方法,是否注意到多种教学方法的优化组合;各知识点的教学过程结构类型与所选的教学方法是否配套,整节课的教学过程结构是否自然流畅,组织是否合理。

(二)教学过程

对教学过程的评价包括目标实施、内容处理、结构流程、媒体运用、课堂调控和教师素养。目标实施评价的指标有:整节课是否围绕着教学目标进行教学;在教学过程中,各知识点的学习目标是否达到。内容处理评价的指标有:在课堂教学中,各个环节、各知识点占用的时间分配是否合理,总体掌握是否准确;是否分清主次,重点突出;是否抓住关键,突破难点。结构流程评价的指标有:教学安排是否灵活机动,不呆板、机械;教学过程中是否注重启发、诱导,激发学员学习的主观能动性。媒体运用评价的指标有:在演示、应用媒体时,操作是否熟练、规范、正确,视听效果是否较好;媒体出示时机是否合适,使用方法是否得当,是否取得预期的效果;板书或 PPT 的字迹是否清楚,是否有错别字。课堂调控评价的指标有:是否注意师生的交流,是否能根据学员的反应及时调整教学进度和教学方法;是否有较强的组织能力,课堂教学秩序是否良好;时间掌握是否准确,是否能够妥善处理突发事件,教学效率高。教师素养评价的指标有:教师是否具备相应的专业水平和教育知识;教师是否仪表整洁、大方,教态是否端庄、自然、亲切;教师的语言表达是否形象生动,富于启发性和感染力;教师是否了解老年人的生理和心理特点,是否热爱老年教育,具有奉献精神。

(三)教学结果

对教学结果的评价,中小学教育、大学教育基本以学员的学业成绩为考核对象来进行,但对于老年教育来说,学员的学业成绩显然没有那么重要,所以我们主要从课堂反应和接受满意程度两个方面来评价老年教育的教学结果。课堂反应的评价指标包括:以教师为指导,以学员为主体的教育思想是否得以在课堂教学中充分体现;学员是否对所学内容感兴趣,是否注意力集中,是否学习积极主动;学员与教师是否配合默契、互动好,学习氛围是否愉悦。接受满意程度评价的指标主要有:教授的技能、知识是否为大部分(60%)学员所接受和掌握;学员是否把学到的知识、技能运用到日常生活中或社区活动中;老年学员对教学的满意程度如何;老年学员是否从教学中获益,生活满意感是否提高。

按照上面所提到的各评价要素和评价指标,设定权重和评分等级,从不同的评价主体角度,制成老年教育教学效果评价表,具体见表7-7和表7-8。

表中的评价要素和每项评价要素的权重都可以根据实际情况进行制定和调整。总评分数就是把各评价要素的得分相加,总分的等级划分与表7-4相同。

表7-7　教学效果评价表(督导、专家、同事、管理结构适用)

评价要素		评价标准	完全达到A	大部分达到B	基本达到C	部分达到D
一级	二级					
教学设计(0.2)	教学目标(0.2)	(1)教学目标明确、具体,符合教学大纲的要求,切合老年人的实际情况;(2)各知识点的学习目标层次合理、分类准确;(3)结合课程特点设立老年人情感目标	4	3.2	2.4	1.6
	教学内容(0.3)	(1)教学内容的选择符合课程标准要求,符合老年人特点;(2)选择的教材或讲义体现了当前的新技术、新知识、新成果,适应老年人的当前需求;(3)重点、难点的确定符合老年学员的当前水平,解决措施有力、切实可行;(4)各知识点布局合理,衔接自然	6	4.8	3.6	2.4
	教学媒体(0.2)	(1)教学媒体的选择恰当,具有较高的功效价格比;(2)所选媒体适合表现教学内容,对理解教学内容能起到辅助和拓宽作用;(3)教学媒体的使用标准明确,使用方式有助于老年学员的学习;(4)板书或PPT设计规范合理,有一定的艺术性	4	3.2	2.4	1.6
	教学策略(0.3)	(1)根据课程特点、教学内容和老年人特点选择合适的教学模式;(2)遵照老年人认知规律选择教学方法,注意到多种教学方法的优化组合;(3)各知识点的教学过程结构类型与所选的教学方法配套,整节课的教学过程结构自然流畅,组织合理	6	4.8	3.6	2.4

评价要素		评价标准	完全达到 A	大部分达到 B	基本达到 C	部分达到 D
一级	二级					
教学过程（0.4）	目标实施（0.1）	(1)整节课围绕着教学目标进行教学；(2)在教学过程中,达到各知识点的学习目标,特别是情感目标	4	3.2	2.4	1.6
	内容处理（0.2）	(1)在课堂教学中,对各个环节、各知识点占用的时间分配合理,总体掌握准确；(2)分清主次、重点突出；抓住关键,突破难点	8	6.4	4.8	3.2
	结构流程（0.2）	(1)教学安排灵活机动,不呆板、机械、不照本宣科；(2)教学过程中注重启发、诱导,激发学员学习的主观能动性	8	6.4	4.8	3.2
	媒体运用（0.1）	(1)演示、应用媒体时,操作熟练、规范、正确,视听效果较好；(2)媒体出示时机合适,使用方法得当,取得预期的效果；(3)板书或PPT的字迹清楚,没有错别字	4	3.2	2.4	1.6
	课堂调控（0.2）	(1)注意师生的交流,能根据学员的反应及时调整教学进度和教学方法；(2)有较强的组织能力,课堂教学秩序良好；(3)时间掌握准确,能够妥善处理突发事件,教学效率高	8	6.4	4.8	3.2
	教师素养（0.2）	(1)具备相应的专业水平和教育知识；(2)仪表整洁、大方,教态端庄、自然、亲切；(3)语言表达形象生动,富于启发性和感染力；(4)了解老年人的生理和心理特点,热爱老年教育,具有奉献精神	8	6.4	4.8	3.2

177

第七章 老年教育评价

续表

评价要素		评价标准	完全达到 A	大部分达到 B	基本达到 C	部分达到 D
一级	二级					
教学结果 (0.4)	课堂反应 (0.5)	(1)以教师为指导,以学员为主体的教育思想得以在课堂教学中充分体现;(2)学员对所学内容感兴趣,注意力集中,学习积极主动;(3)学员与教师配合默契、互动好,学习氛围愉悦	20	16	12	8
	接受满意程度 (0.5)	(1)教授的技能、知识为大部分(60%)学员所接受和掌握;(2)学员能够把学到的知识、技能运用到日常生活中或社区活动中;(3)老年学员到课率高,对教学的满意度较高;(4)老年学员能从教学中获益,生活满意感有所提高	20	16	12	8

表 7-8　教学效果评价表(学员适用)

一级因素	二级因素	权重	完全达到 A	大部分达到 B	基本达到 C	部分达到 D
教学思想和态度(0.2)	1. 备课充分,课堂内容饱满	0.2	4	3	2	1
	2. 耐心辅导答疑,组织课外活动	0.1	2	1.5	1	0.5
	3. 虚心接受学员建议,及时改进教学	0.2	4	3	2	1
	4. 关心尊重学员,对学员要求严格	0.1	2	1.5	1	0.5
	5. 不缺课、不迟到、不拖堂、不提前下课	0.1	2	1.5	1	0.5
	6. 热爱老年教育,有奉献精神	0.2	4	3	2	1
	7. 对生活有热情,为人师表	0.1	2	1.5	1	0.5
教学业务水平(0.3)	8. 教学内容定位准确,要求合理	0.3	9	6.75	4.5	2.25
	9. 概念准确,深浅难易适度	0.2	6	4.5	3	1.5
	10. 内容表述有启发性,注重有基本点、重点、难点	0.2	6	4.5	3	1.5
	11. 能正确解答学员提出的问题	0.3	9	6.75	4.5	2.25

一级因素	二级因素	权重	完全达到 A	大部分达到 B	基本达到 C	部分达到 D
教学方法(0.2)	12.教师与学员之间互动良好	0.3	6	4.5	3	1.5
	13.合理运用现代教学手段	0.1	2	1.5	1	0.5
	14.采用启发式教学方式,给学员留出思考空间	0.3	6	4.5	3	1.5
	15.课堂组织严谨,用语简单易懂	0.2	4	3	2	1
	16.板书或PPT规范,有艺术性	0.1	2	1.5	1	0.5
教学结果(0.3)	17.到课率高,有积极性,课堂秩序好	0.2	6	4.5	3	1.5
	18.分析问题和解决问题的能力有所提高	0.2	6	4.5	3	1.5
	19.对教学的满意度较高	0.3	9	6.75	4.5	2.25
	20.能从教学中获益,生活满意感有所提高	0.3	9	6.75	4.5	2.25

第三节 教学管理的评价

教学管理工作是学校正常运行的一个重要环节,是教学工作正常开展的重要保证。教学管理中存在的问题会严重制约教师工作的积极性及教学质量的提高。老年教育教学管理评价就是对老年教育机构的教学管理工作的质量和水平给予评判和估量,发现教学管理中的长处和不足,从而发扬优点,改进不足,使教学管理工作更好地促进老年教育的发展。

一、教学管理的模式内涵和评价原则

(一)教学管理的模式内涵

教学管理包括人事管理和事物管理两大方面。人事管理主要是指对在一切教学活动环节中涉及"人"这一因素的管理,而人事管理评价就是对这一管理过程的评价,如教师的招聘、教师考核、学员出勤考核等。事物管理主要是指对在教学活动中所涉及财、物的活动的程序等方面的管理,如财物使用是否合理有效,常规工作程序是否执行,效果如何等。人事管理与事物管理是统一于学校教学管理活动之中的,很难将两者分开,但两者有各自的特征含义和处理问题的方式。

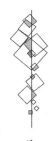

在教育过程中对于事物的管理是以最小消耗、获得最大收益为根本指导思想的。这里的消耗包括财、物和人的精力等多方面,而收益的内涵也相当广泛,不仅是直接的,还有间接的、长远的,不仅有物质方面的,还有精神方面的(如人与人之间的信任)。事物管理强调规范、程序,强调强力性原则。人事管理的目的是最大程度调动人活动的积极性,发挥其潜力,提高活动效率和效益。达此目标的手段、方式便是实施以人为本,人性化管理。人事管理对象是活生生的人,其特点是灵活、开放①。

(二)教学管理的评价原则

教学管理本身是一个由多种因素相互影响、发挥作用的复杂过程,并且这些因素发挥作用的程度和所呈现出的效果不尽相同。而我国老年教育起步较晚,不管是课程开发还是教育管理都处于摸索阶段,因此我们在对老年教育的教学管理进行评价时,必须充分考虑我国老年教育的实际情况,在设计评价指标时需遵循科学性、整体性、可行性、动态性原则②③。

1. 科学性原则

在设计老年教育教学管理的评价指标体系时要充分考虑教学管理的复杂性,要参照宏观实际来考量指标元素及指标结构整体的合理性,要抓住能从不同的侧面,同时又是最重要、最具代表性的、最本质的方面来设计指标体系。只有对客观实际抽象描述得越清楚、越简练、越符合实际的指标体系,其科学性才会越强。

2. 整体性原则

在对老年教育教学管理进行评价时,不能仅仅考虑其所包含的各种因素本身,还应该研究教学管理在老年教育发展及老年教育办学水平方面所起的作用。只有采用系统设计和整体评估的方法,才能最终得到一个全面、合理、系统和客观的教学管理评价体系。

3. 可行性原则

老年教育管理评价指标体系的建立,首先要立足于中国老年教育的基本现状,不能过高地超越现实条件,否则就会使指标成为有名无实的"摆设",不仅不能达到评价目的,甚至会起到误导作用。同时,要充分考虑该指标体系对今后老年教育教学管理工作的指导作用。在构建评价指标体系时,可在一定程度上参考国外老年教育管理评价或中国高校教育教学管理评价的经验,使评价指标能反映老年教育

①许红梅,宋远航. 教学管理评价模式研究[J]. 佳木斯大学社会科学学报,2004,22(5):88-90.

②汪剑鲲. 高校教学管理评价体系设计研究[J]. 黑龙江高教研究,2015(3):44-46.

③刘军跃,徐刚,黄伟九. 高等教育信息化评价指标体系探讨[J]. 高教探索:2004(3):47-49.

教学管理的未来发展趋势。

4. 动态性原则

不管是人事管理还是事物管理,其管理程序和制度都要经历一个从不完善到完善的过程。一种程序、制度在建立之初是具有实验性质的,它具有灵活、开放的特点。在实验期间,它要依据实际情况而随时调整,以期获得最佳效果,在调整过程中,程序、制度会日趋合理并逐步完善,此时若教育教学系统内外情况变化不大,程序规范相对稳定,执行起来也会高效,当系统内外情况发生变动时,程序规范又要重新调整(这种调整有两种方向:自下而上和自上而下)。系统的程序化、规范化的发展经历了调整—相对稳定执行—调整的循环,由此可以看出程序规范是动态的,其稳定都是相对的。因此,评价指标要与之相对应而又有动态性。一方面,随着教学管理的完善和深入,指标体系也需要不断调整和修正。另一方面,由于我国老年教育尚处于起步阶段,无论在理论上,还是在实践上,都在不断地发展变化着,建立老年教育教学管理评价体系所依托的背景也会发生变化,因此老年教育教学管理评价体系的设计,不仅在时间上应延续,而且在内容上也应及时更新,以适应形势发展变化的需要,保证其科学性。

二、常规教学管理的评价

在借鉴高校教学管理评价的基础上,结合老年教育的特点,教学管理评价包括管理规章制度、业务管理基础、组织机构与管理人员队伍、信息化管理和特色管理这五个方面[①]。随着互联网技术的发展,信息化管理必定成为今后教育管理的一个趋势,在教学管理中起重大作用,因此我们在后面会对信息化管理建设单独进行评价,在此只讨论其他四个方面的评价指标。

(一)管理规章制度

管理规章制度的评价指标包括:教学管理制度是否健全,是否具有《教学管理制度汇编》,是否具有各种教学管理制度实施细则;是否具备科学化的督导抽查制度和质量控制制度;是否具备各管理环节责任制度和具体操作规程;教学管理的各种规章制度是否严格执行,是否取得相应效果。《教学管理制度汇编》应包括教师管理制度、教师基本职责、教师聘任制度、学员守则、学员社团组织管理制度、学员学籍管理制度等。

(二)业务管理基础

业务管理基础的评价指标主要包括:教学管理的范围及分类是否明确;教学日常运行管理状况;考务管理状况,考务人员和考务时间安排等状况;教学研究管理

第七章 老年教育评价

---

①汪剑锟.高校教学管理评价体系设计研究[J].黑龙江高教研究,2015(3):44-46.

状况,是否获得一定数量的研究实践成果等;教学监督管理状况;学籍管理状况;教学经费管理状况,各教学和实践活动的经费预算和运用是否合理;活动室建设管理状况,活动室的利用情况等。

(三)组织机构与管理人员队伍

组织机构与管理人员队伍的评价指标主要包括:管理岗位设置是否合理、精简,岗位职责是否明确;管理人员队伍建设状况,管理队伍是否稳定,管理人员是否具有高素质和强烈的服务意识;管理机构设置是否合理,机构职权是否独立、明确,机构运行是否高效,被管理者对此机构的满意程度。

(四)特色管理

每个老年教育机构在教学管理方面都会有自己的特色,我们主要从理念创新、制度创新、管理方式创新三个指标上来进行评价。

根据以上四个评价要素的评价指标,制成老年教育教学管理评价表,具体见表7-9。

表7-9中的评价要素和每项评价要素的权重都可以根据实际情况进行制定和调整。总评分数就是把各评价要素的得分相加,总分的等级划分与表7-4相同。

表7-9　教学管理评价表

一级因素	二级因素	权重	完全达到A	大部分达到B	基本达到C	少数达到D
管理规章制度(0.3)	1.教学管理制度健全,具有《教学管理制度汇编》,具有各种教学管理制度实施细则	0.3	9	6.75	4.5	2.25
	2.具备科学化的督导抽查制度和质量控制制度	0.2	6	4.5	3	1.5
	3.具备各管理环节责任制度和具体操作规程	0.2	6	4.5	3	1.5
	4.教学管理的各种规章制度严格执行,取得相应效果	0.3	9	6.75	4.5	2.25

一级因素	二级因素	权重	完全达到 A	大部分达到 B	基本达到 C	少数达到 D
业务管理基础(0.3)	5.教学管理的范围及分类明确	0.1	3	2.25	1.5	0.75
	6.教学日常运行管理状况良好,无差错	0.2	6	4.5	3	1.5
	7.考务管理状况良好,考务人员和考务时间安排合理,无差错	0.1	3	2.25	1.5	0.75
	8.教学研究管理状况良好,获得一定数量的研究实践成果	0.2	6	4.5	3	1.5
	9.教学监督管理状况良好,无差错	0.1	3	2.25	1.5	0.75
	10.学籍管理状况良好,无差错	0.1	3	2.25	1.5	0.75
	11.教学经费管理状况良好,各教学和实践活动的经费预算和运用合理	0.1	3	2.25	1.5	0.75
	12.活动室建设管理状况良好,活动室的利用率高	0.1	3	2.25	1.5	0.75
组织机构与管理人员队伍(0.2)	13.管理岗位设置合理、精简,岗位职责明确	0.3	6	4.5	3	1.5
	14.管理人员结构合理,队伍稳定,管理人员具有高素质和强烈的服务意识	0.3	6	4.5	3	1.5
	15.管理机构设置合理,机构职权独立、明确,机构运行高效,服务对象对机构的整体满意程度高	0.4	8	6	4	2
特色管理(0.2)	16.理念创新	0.4	8	6	4	2
	17.制度创新	0.3	6	4.5	3	1.5
	18.管理方式创新	0.3	6	4.5	3	1.5

三、信息化管理的评价

近年来,我国许多学校为了适应时代发展的需要,逐步采用新的理念来加强教学管理,并在管理过程中逐步加强信息技术的应用。学校信息化管理的发展,是提升教育现代化,促进教育全面改革,推动其发展的重要方式,是一种使现代信息技术全方位深层次发挥作用,推进信息资源开发、整合、利用的方式。许多老年教育机构或老年大学为了跟上时代的发展,也都实施了信息化管理。为了使老年教育发展战略以及政策的制定更加科学、有效,就要评析不同的老年教育机构或老年大学的信息化管理水平,根据不同组织的老年教育机构信息化水平制定相关评价指标体系与评价方法。

(一)老年教育信息化管理评价的社会背景

20世纪90年代以后,我国的信息化建设进入了有组织、有计划、有步骤的全面推进时期。许多研究者对国家和地区信息化、企业信息化等的评价指标体系展开了研究,取得了许多研究成果。2001年7月29日,我国信息产业部会同有关部委共同研究提出了《国家信息化指标构成方案》。该指标体系是在提出国家信息化的六个基本要素——信息资源、国家信息网络、信息技术应用、信息技术与产业、信息化人才、信息化政策法规和标准基础上,根据我国国情,选择出最能反映各个要素水平的20项指标构成。这是我国第一次明确提出的信息化评价指标。2002年10月9日,国家信息化测评中心在京举行了中国企业信息化指标体系论坛,推出了我国第一个面向效益的信息化指标体系——中国企业信息化指标体系。该指标体系由基本指标、效能指标和评议指标三部分组成,其中基本指标包括战略地位、基础建设、应用状况、人力资源、安全、效益指数六个方面。

在国家、地区和企业推进信息化的同时,许多学校(特别是高校)也进行了信息化建设,实现了信息化管理。学校信息化是社会信息化的一部分,是指利用先进的计算机技术、网络技术、多媒体技术实现校园网络化、管理科学信息化、信息资源数字化,以达到教学和科研的现代化。信息化管理成为教育面向信息社会的必然选择,是实现教育现代化的必由之路。在借鉴中国企业信息化指标体系的基础上,许多学者开始了中国教育信息化评价体系的研究。研究者刘军跃、徐刚、黄伟九(2004)借鉴中国企业信息化指标体系,提出了高等教育信息化评价体系。该体系从战略地位、基本设施建设、信息化人才、信息化应用、组织机构和管理六个要素对中国高校信息化建设进行评价。研究者贾金英、贾浩杰(2009)也在中国企业信息化指标体系的基础上提出了高校信息化管理评价指标体系。他们认为,就高校而言,信息化管理的评价对象主要包括信息化基础设施建设、人员素质建设、信息资源的利用和日常管理工作的信息化水平这四个方面。信息化基础设施建设主要包括各种信息化设备的拥有水平。人员素质建设主要包括学员和教职员工对信息化技术的掌握水平和信息化专业人才队伍建设情况。信息资源的利用主要包括教学资源的建设和应用、教学过程的信息化支持应用、科研信息共享水平、校园网建设与应用水平等。日常管理工作的信息化水平主要包括各种信息管理软件(如办公自动化系统、教务管理系统、学员管理系统、科研信息系统等)的建设与应用水平,对于学员和教职员工的基本信息管理,校园网络的安全维护等。研究者蒋琪、蒋勃(2015)提出的高校信息化管理评价指标体系与贾金英、贾浩杰的较为一致,包括信息化基础设施建设、人员素质建设、信息资源的利用和工作管理信息化水平四个方面。

(二)老年教育信息化管理评价体系

借鉴国家信息化测评中心颁布的中国企业信息化指标体系和中国高校信息化管理评价指标体系的研究成果,我们认为老年教育信息化管理评价体系包括五个方面的内容:基本设施建设、信息资源、信息化人才、信息化应用、组织机构和规范。

1.基本设施建设

这是衡量学校教育信息化发展水平的主要指标,因为信息化建设投入量的多少,在某种程度上代表了一个学校的教育信息化发展水平。基础设施建设主要考核硬件设施的建设水平。这一指标包括以下五个二级指标:供学员使用的计算机台数、计算机联网率、多媒体教室比例、校园网建设水平、出口带宽。

2.信息资源

老年教育信息化建设的主要目的是利用现代信息技术,大力开发信息资源,服务于老年人的课程学习和日常生活,为他们提供便利和娱乐。因此,信息资源的开发利用情况是衡量老年教育信息化建设成果的核心指标之一。这一指标包括教学课件拥有率、教学软件拥有率、教学管理软件自主开发率、电子图书拥有量、光盘数据库拥有量、网上数据库拥有量、http 和 ftp 资源拥有量、电子档案建设情况。

3.信息化人才

应用主体的信息化技能水平对应用效果有决定性的作用。信息化人才是教育信息化建设的重要组成部分,无论是信息系统的建设,还是信息系统的运行,都离不开专业的信息技术人才和管理人才。另外,老年学员也参与了老年教育的各项活动,同样也是各项信息化应用的主体,所以我们对信息化人才的考察,不仅包括教师、职工,还应有老年学员这一应用主体。这样,信息技术专业人员比例、信息管理专业人员比例、信息技术教师比例、教师信息化技能普及率、职工信息化技能普及率、学员信息化技能普及率六个指标就构成了该一级指标下的二级指标。

4.信息化应用

该项指标是衡量老年教育信息化发展水平的又一核心指标,因为信息技术是信息化建设的核心技术,信息技术的应用状况,在一定程度上反映了学校开发和管理信息的能力。测定指标主要包括以下六个二级指标:教学方式信息化水平、教学办公自动化系统应用水平、图书室管理系统信息化水平、远程教育的开办情况、MOOC 的开发和应用案例数、网络、系统安全的日常维护情况。

5.组织机构和规范

信息化组织机构和规范是信息化建设顺利开展、实现信息化战略目标必不可少的保障。这一指标包括:信息化部门的建设水平、信息化标准和规范的制定与执行情况、信息化管理制度的制定与执行及信息化安全措施的制定与执行。

根据以上五个评价要素的评价指标,制成老年教育信息化管理评价表,具体见表7-10。

表中的评价要素和每项评价要素的权重都可以根据实际情况进行制定和调整。总评分数就是把各评价要素的得分相加,总分的等级划分与表7-4相同。

表7-10 信息化管理评价表

一级因素	二级因素	权重	完全达到A	大部分达到B	基本达到C	少数达到D
基本设施建设(0.3)	1.供学员使用的计算机台数	0.2	6	4.5	3	1.5
	2.计算机联网率	0.2	6	4.5	3	1.5
	3.多媒体教室比例	0.2	6	4.5	3	1.5
	4.校园网建设水平	0.2	6	4.5	3	1.5
	5.出口带宽	0.2	6	4.5	3	1.5
信息资源(0.2)	6.教学课件拥有率	0.2	4	3	2	1
	7.教学软件拥有率	0.1	2	1.5	1	0.5
	8.教学管理软件自主开发率	0.1	2	1.5	1	0.5
	9.电子图书拥有量	0.1	2	1.5	1	0.5
	10.光盘数据库拥有量	0.1	2	1.5	1	0.5
	11.网上数据库拥有量	0.1	2	1.5	1	0.5
	12.http和ftp资源拥有量	0.1	2	1.5	1	0.5
	13.电子档案建设情况	0.2	4	3	2	1
信息化人才(0.1)	14.信息技术专业人员比例	0.1	1	0.75	0.5	0.25
	15.信息管理专业人员比例	0.1	1	0.75	0.5	0.25
	16.信息技术教师比例	0.2	2	1.5	1	0.5
	17.教师信息化技能普及率	0.2	2	1.5	1	0.5
	18.职工信息化技能普及率	0.2	2	1.5	1	0.5
	19.学员信息化技能普及率	0.2	2	1.5	1	0.5

一级因素	二级因素	权重	完全达到 A	大部分达到 B	基本达到 C	少数达到 D
信息化应用(0.3)	20.教学方式信息化水。	0.2	6	4.5	3	1.5
	21.教学办公自动化系统应用水平	0.2	6	4.5	3	1.5
	22.图书室管理系统信息化水平	0.2	6	4.5	3	1.5
	23.远程教育的开办情况	0.1	3	2.25	1.5	0.75
	24.MOOC的开发和应用案例数	0.1	3	2.25	1.5	0.75
	25.网络、系统安全的日常维护情况	0.2	6	4.5	3	1.5
组织结构和规范(0.1)	26.信息化部门的建设水平	0.2	2	1.5	1	0.5
	27.信息化标准和规范的制定与执行情况	0.3	3	2.25	1.5	0.75
	28.信息化管理制度的制定与执行	0.3	3	2.25	1.5	0.75
	29.信息化安全措施的制定与执行	0.2	2	1.5	1	0.5

187

第七章 老年教育评价

第八章 老年教育的未来发展趋势

21 世纪是人口老龄化的时代。目前,世界上所有发达国家都已经进入老龄社会,许多发展中国家正在或即将进入老龄社会。1999 年,中国进入老龄社会。我国不仅是世界上较早进入老龄社会的发展中国家之一,也是世界上老年人口最多的国家,截至 2006 年年底,60 岁以上的老年人口为 1.49 亿,占总人口的 11.3%。据预测,到 2020 年,我国老年人口将达 2.48 亿,占总人口的 17.17%,2050 年将超过 4 亿,占总人口的 30%以上[①]。

人口老龄化是社会经济发展、人民生活水平普遍提高、医疗卫生条件改善和科学技术进步的结果,但随着人口老龄化程度的不断加深,也给社会经济发展和人民生活等各个领域带来广泛而深刻的影响。因此大力发展老年教育,在很大程度上可以降低由于人口老龄化带来的各种消极影响,减轻社会、家庭和个人的压力,更有利于国家和社会的发展。

老年教育的价值日益得到社会各界的认可,因而老年教育事业也将得到各方面的大力支持。在这样的前提下,老年教育未来将会有以下几方面的发展趋势。

第一节 政府部门日益重视老年教育

正是因为老年教育在国家发展、社会稳定等方面表现出的积极意义,使得老年教育进入政府有关部门的视野,逐渐认识到老年教育的重要性。

一、老年教育的价值

第一,老年教育的开展有利于国家全面建成小康社会。党的十六大就曾提出全面建设小康社会的奋斗目标。要在 21 世纪头 20 年,集中力量,全面建设惠及十几亿人口的更高水平的小康社会,使经济更加发展、民主更加健全、科教更加进步、文化更加繁荣、社会更加和谐、人民生活更加殷实。因此,我国要建设的小康社会

---

①丁志宏.发达国家的老年教育发展及其对我国的启示[J].教师教育论坛,2008,22(9):15-17.

是面向全民的小康社会,这自然包括老年全体。老年人曾为国家的小康社会建设做出了重要贡献,他们在日常的工作、生活中积累了大量的经验和智慧。未来小康社会的全面建设仍然需要依靠老年人进一步发挥其力量。开展老年教育从某种程度上可以更新和优化老年人的智能结构,挖掘与开发老年人身上的巨大潜能,更可以将老年人多年积累的知识、技能、经验得以转化和传播。而且老年人相对于其他年龄的群体,有更多的时间可以对自己多年来的工作学习生活进行系统的梳理,整理出丰富的有借鉴意义的智慧结晶。因而,开展老年教育是推动小康社会全面建设的一支不可忽视的重要力量。

第二,开展老年教育有助于营造终身学习的良好社会氛围。社会的快速发展,需要社会成员们不断学习。江泽民同志在党的十六大报告中就曾指出要"形成全民学习、终身学习的学习型社会,促进人的全面发展"。在这样的社会中,教育活动无处不在,学习活动无处不在。任何一个公民都享有在任何时候任何情况下自由取得学习、提高自己、完善自己的权利。学习对公民来说不再是一种义务,更是一种责任。学习化社会倡导全民学习,呼吁全社会成员积极行动起来,享受受教育的权利,也履行终身接受教育的义务和职责。开展老年教育就能为老年人进一步学习提供平台,保障老年人继续受教育的权利,也能满足老年人继续学习的愿望与要求。因此,大力开展老年教育有助于营造良好的学习氛围,真正实现终身学习,为其他年龄的群体树立良好的学习榜样,从而推动与促进学习型社会的形成。

第三,老年教育有助于提升老年人晚年的生活质量和生命质量。随着现代生活物质水平的不断提高,人们对生活的要求也相应提高,除了要求提升生活质量外,还希望能在精神上有更好的追求。老年人也同样如此,尤其是那些老年知识分子和老年干部不仅仅满足于物质生活条件的改善,而是越来越重视自己的文化生活和精神追求,需要健康、长寿、知识、幸福,需要得到精神慰藉,多方位地享受自己的退休生活。简单的下棋、打牌这样的文化生活已无法满足许多老年人的需求。老年教育正是以科学合理的教育目的、丰富多彩的课程内容、灵活弹性的学习方式、自由平等的人际交往满足老年人在生活质量方面提出的各种要求,让他们在退休后能更加积极主动地投入到自由学习的活动中。此外,老年人也通过老年教育这个平台积极投入社会,为社会做贡献。老年人在不断服务社会过程中实现自己的人生价值,实现积极老龄化。因而,通过老年教育,一方面充实了老年人的生活,也有助于他们提升生活的质量,体验到学习新知识、掌握新技能的巨大成就感,进而提升其生命质量。

第四,老年教育有助于老年人融入社会,实现再社会化。个体刚出生就需要不断地社会化,不断适应社会,融入社会中。幼儿、儿童通过接受学校教育、与同伴交往等方式实现社会化。成年人通过工作、学习、交友等方式不断社会化。老年人退休后,尽管无须工作,但仍有基本的交往需要,仍需要得到认可,仍需要适应快速发展的社会节奏。因而个体社会化的过程伴随人的一生,直到生命终止。老年期的社会化是个体社会化的最后阶段。退休后,老年人的社会角色就会发生很大的变化。他们需要重新适应新的生活,适应新的生活秩序。很多老年人尤其是老干部从工作岗位上退下来之后,其扮演的社会角色随之发生重大变化,很多人对此未能表现出很好的心理适应能力,表现出不同程度的失落、空虚、孤独、抑郁、无所事事甚至绝望的心理,更严重的还会患上抑郁症等心理疾病。此时,如果没能很好地处理和调整,老年人就会容易走向封闭,开始逃避社会。而老年教育通过有计划地组织教学,通过有针对性的教育活动,满足老年人的许多需求,为他们学习、交流提供了很好的平台。老年人通过学习活动,不断了解社会发展的现实状况,接受新的社会变革,更好地理解年轻人的所思所想。学习新的技能,从而养成以科学理性和乐观向上的态度认识社会、参与社会,继续融入社会发展中。老年人通过学习,也能与自己的子女有更多交流的话题,营造良好的家庭氛围,有助于实现和谐的代际关系。

随着终身教育观念的不断深入人心,社会的快速发展,技术更新的日新月异,"活到老,学到老"的理念也逐渐为老年人真正接受。在这样的前提下,对老年教育的呼声越来越强烈,政府各部门会越来越认识到发展老年教育的重要性,会在法律法规、管理体制、资金支持等方面加强支持力度,建立完善的老年教育体系,促进老年教育的健康发展,具体构想见图8-1。

二、老年教育的构想

(一)终身教育理念深入人心

终身教育思想是对传统教育思想"年轻学习,成年工作,老年休息"观念的否定,终身教育观认为教育应该贯穿人生的始末,人的一生都应该不断接受教育。这种观念在世界上很多发达国家已存在很长时间,在我国,也有"活到老,学到老"的古老格言。孔子就曾提出"非生而知之",庄子也曾提出"吾生也有涯,而知也无涯"的观点,古代先贤们都认识到了终身学习的必要性。目前,世界各国学者的意见也都趋于一致。

很多老年人不参加学习的原因之一是学习信心不足,怀疑自己的学习能力,认为自己年龄增大,各种能力不断衰退,无法跟上学习进度。美国著名心理社会发展论者埃里克森(E. H. Erikson)提出,人到老年,往往会处于自我完善与自我绝望两端之间。因而,在未来推进老年教育事业的发展过程中,首先要解决老年人的这一

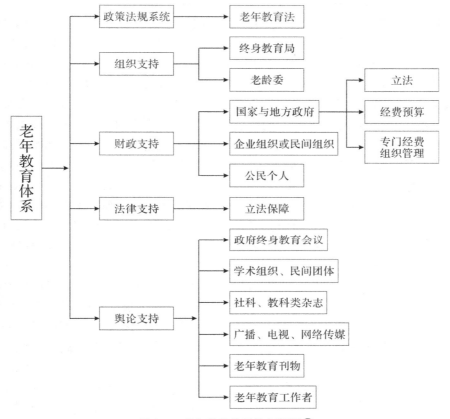

图 8-1　老年教育体系构想框架①

误解。通过各种途径帮助老年人树立终身学习的教育理念,重视人生最后阶段的自我完善教育,以提高老年人的生命意义,帮助他们实现"老有所学、老有所为、老有所乐"。在终身教育理念的推动下,通过挖掘老年人的潜能,重塑老年人参与学习的信心和积极性。社会各界树立人本理念,肯定老年人的主体地位和作用。全社会都来关注老年人的学习和生活,突出老年人在社会发展中的自我价值和社会价值,让老年人体会到人与人之间的相互尊重、自由、平等。在人文关怀的前提下,考虑老年人的情感自由,考虑老年人的学习需要,让老年人体验到学习的成就感,认识到不断更新自己知识和技能的重要性,从而积极主动地投入到各种学习活动中去。

①姚玉婷.老龄化背景下老年教育发展现状及推进策略研究:以武钢集团社区为例[D].杨凌:西北农林科技大学,2013.

(二)政府全面认识老年教育,完善老年教育的法律法规体系

随着老年教育的不断发展,老年人对接受教育的呼声越来越强烈,同时老年人退休后的不断学习促使其积极参与社会主义建设,并为社会发展做出越来越多的贡献。此外,由于国内外医疗技术的不断更新,医疗水平的快速提高,人的寿命也不断延长,健康状况得到极大的改善,老年人有足够的精力和体力继续学习和为社会服务。政府部门认识到了老年教育对于老年个体和社会发展的价值与意义,提倡老有所学、老有所乐、老有所为的养老观念;将老年教育纳入终身教育体系中,并认识到老年教育是终身教育体系的重要组成部分,也是人力资源开发的重要途径,更是推动社会发展、提升民主政治水平的重要阵地。近年来,在建立学习型社会的热潮中,终身教育体系的构建成为一项迫切课题,社会各界都极为关注。在众多构建终身教育体系的方案中,老年教育被赫然列在纸上。不管何种教育模式,均能看到老年教育的影子,这是令人欣慰和鼓舞的。老年教育事业的健康发展,是时代的需要,是全面建成小康社会的需要,是建设学习型社会的需要,是终身教育体系构建的迫切需要,这必将成为社会各界的共识。

国家、政府在大力发展老年教育过程中,会逐渐通过立法等方式,推进老年教育有计划、有步骤地向前发展,这是发展老年教育事业的根本保证和措施。在我国现有的法律中,可以说,对老年教育已经提供了若干法律保障,如《中华人民共和国宪法》《中华人民共和国教育法》《中华人民共和国老年人权益保障法》都对老年人的受教育权利有所规定。同时,国务院在《中国老龄事业发展"十五"计划纲要(2001—2005年)》中对老年教育提出了具体发展意见;中央五部委《关于做好老年教育工作的通知》中,就老年大学的有关工作也做出了具体规定①。虽然这些法律法规对老年人接受教育以及发展老年教育事业给予了基本的法律保障,但仍然缺乏有针对性的法律法规。近年来,业内关于老年教育单独立法的呼声也逐年高涨,有一种观点认为,既然国家提倡终身教育,那么将会出台终身教育方面的法规,也会关注老年教育。但放弃老年教育法的制定并不可取,具有独立性特点的老年教育法的制定对于老年教育的发展至关重要,终身教育法将会成为老年教育法的上位法规,两者共同组成完整的终身教育法体系。令人欣慰的是,有些地方已经出台了有关法规,如天津制定了《天津市老年人教育条例》。这是我国第一部专门关于老年教育的地方性法规。"星星之火,可以燎原",我们有理由相信,在全社会热切关注老年教育事业的当下,各级政府部门将会相继出台具有地方特色的适用于老年教育和老年大学的法律、法规或规章,以此推动国家立法的进程,从而促进我国老年教育事业的稳步发展。

---

①岳瑛.终身教育体系构建中老年教育的合理定位及发展任务[J].天津市教科院学报,2011(2):33-35.

(三)形成规范的老年教育管理体制

社会各界一致认为老年教育属于教育范畴,既是成人教育的一种形式,又是终身教育不可缺少的组成部分。因而,老年教育理应属于教育的一种形式,应该归属于国家教育行政部门统筹管理。但从现状来看,老年教育的管理体制较为混乱,有的归教育部门管理,还有的直接由地方党委或政府领导,有的成立了老年教育委员会或领导小组及其办公室等。而且受传统观念的影响,加之我国当前教育发展的重点在基础教育和高等教育,对老年教育的教学质量等缺乏有效、合理的管理,现在举办的老年大学的办学质量也难以保证。这样混乱的管理必然不利于老年教育事业的发展,多部门的管理方式不能形成统一的管理机制,很多很好的措施无法得到执行,不能整合各方资源,无法为老年教育的健康发展提供有利的条件。而且由于老年教育受众群体的特殊性,考虑到老年人的身体健康状况、认知能力的特点等因素,往往在课程选择、规范管理等方面不做严格要求,这样的管理体制在某种程度上为老年教育提供因需施教的巨大发展空间。但在具体实施过程中,由于没有统一教材、教学大纲,对于办学经费的来源、专业设置、教师配备等都不做统一规定,这种无序的管理必然不利于老年教育的长远发展。

社会各界已认识到管理体制的不完善会阻碍老年教育事业的快速发展。为促进老年教育事业健康有序发展,业内人士及其他关注老年教育的部门或老年人自己都会意识到规范的管理体制的重要性。因而,各级政府会逐渐成立专门的老年教育管理机构,负责老年教育计划的制订和实施。也就是说,在不同的省、市、县、乡建立熟悉老年人状况的专门管理队伍,对本地区的老年教育实施专门管理,使老年教育的开展规范化、法制化,理顺老年教育的管理体系,形成一套行之有效的管理体制,从而保障老年教育的有序发展。此外,为促进老年教育事业发展的不断创新,政府管理机构中会成立专门的研究机构从事老年教育的理论研究与实地调查工作。

(四)整合各方资源,政府加强对老年教育的投入

随着世界经济的不断发展和全球人口老龄化趋势的加剧,老年教育的需求也在不断提高。尽管社会与国家已认识到了老年教育的重要性,但经费投入相对不足成为制约老年教育发展的主要瓶颈。当前,大家较为关注的是教育经费在九年义务教育和高等教育上的投入,对继续教育和成人教育经费的投入相对较少,因而老年教育所获得国家教育经费的投入更是捉襟见肘。这极大地阻碍了老年教育事业的蓬勃发展,如教育硬件设施设备滞后、师资力量短缺、规模不足等。当然究其原因,还跟老年教育无明确的立法保障和规定,也没有明确的教育管理体制等有关,政府财政拨款无统一标准,且在不同区域之间差异极大。幸运的是,随着终身教育观念的不断深入人心,民间团体也将投资眼光转向老年教育事业。比如国内著名的绿城集团专门成立

了绿城颐乐学院,首先在绿城集团开发小区的物业服务中提供老年教育服务,通过8年的努力探索和实践,集房产营造、物业服务、文化教育、医疗护理等领域的18年经验与优势,不断研究探索促进社会和谐、提升人类幸福感的全新养老模式。近几年来,更是在乌镇开发了专门面向老年人养老学习创业的房产项目,将"辟第二人生,过高品质生活"作为老年教育的主要目标,形成并不断完善一套完整的"学院式养老"理论体系及管理体系,并积累了丰富实践经验。在毕生发展观、成功老龄化、多元智力理论的基础上,提出"老有所乐、老有所为、老有所学"的新型养老理念。绿城颐乐学院在养老服务领域进行的积极探索进一步加快了我国老年教育事业的发展,其积累的成功经验在绿城的物业服务中不断得到应用和推广。诸如此类的民间企业的成功经验可以为政府部门全面投入和开展老年教育事业提供很好的借鉴,从而促进政府加强对老年教育的人力、物力和财力的投入。

法国是世界上第一个老年人口数量超过10%的国家,老年大学已经发展成为其社会福利之一,老年人可以随意选择上正规大学,也可以选择参加老年闲暇教育。同样,在瑞典,为使老年人得到更好的教育,并充分利用社会资源,将老年教育和正规成人教育融为一体,全国所有大学均对老年人开放;瑞典的国家电视台和广播台均开设老年教育节目,以便老年人及时了解社会,掌握外界信息。德国的老年教育业类似瑞典,国家大学对老年人开放,老年人可以同年轻人在同一教室听课。此外,日本的老年教育也是国家投资开设,老年大学较为正规,有固定教学地点、教学老师,学校根据老年人的兴趣爱好开设相关课程。当然,发达国家在老年教育的筹资上,也并非全都由政府买单,既有政府的资助,也有民间团体捐赠,还有少量的收费等多种形式相结合。比如,对世界老年教育产生重大影响的英国第三年龄大学,其经费大部分来自社会力量的捐赠,在活动经费上自给自足,不依赖政府,学员只需缴纳极少的会员费就可参加学校组织的各类活动。美国老人服务的财政来源,主要通过立法来实现。美国完备的老年教育法律为老年教育发展提供了重要的资金保障[1]。这些先进国家的老年教育经验及政府在老年教育中发挥的作用,无不给我们开展老年教育提供了良好的思路。

老年教育是非营利性社会福利事业,缺乏足够的市场价值,因而在市场经费投入方面往往缺乏足够的吸引力,但老年教育关系到国家的长治久安以及国民素质,尤其在中国,由于特殊的国情导致很多儿童在成长过程中老年人也承担着非常重要的教育功能。综观当前中国发展的现状,大多数父母都需要外出工作以维持家庭开支,母亲也承担着极大的工作压力,隔代教养在中国家庭中极为普

---

① 丁志宏.发达国家的老年教育发展及其对我国的启示[J].教师教育论坛,2008,22(9):15-17.

遍,因而老年人的素养及养育观念也会影响中国下一代儿童的健康成长。在开展老年教育过程中,政府和各界人士已逐渐认识到加大投入对发展老年教育的重要性,且各界人士的呼吁及老年人自身的需求也会不断向政府部门提出要求。因而,不管是基于开发老年人的资源,发挥老年人的余热,实现老年人的自身价值为社会服务,还是丰富老年人的退休生活,提升他们的生活质量、生命质量,抑或是维持社会的和谐稳定,政府部门都必然会整合各方面的资源,加大对老年教育的投入,将学校等各方面开支列入政府财政预算。由各级政府及其主管部门进行认真动员和组织,制定有效的鼓励措施,寻求教育机构、工会、慈善团体、社会福利机构及民间团体的大力支持,有效统筹各种社会力量(如社区、企业、成人学校、高等学校、中小学及社会团体或组织等),充分利用各种教育资源(如免费开放各级各类图书馆、博物馆、文化馆、体育馆等),积极思考,寻求对策,实现长足的发展。

当然,在政府加大投入的基础上,也将逐渐开办营利组织,逐步推进老年教育的社会化和市场化,从而满足老年人多样化的学习需求。同时还需积极宣传老年教育,让社会各界都能积极关注老年教育,吸引各种民间团体的捐赠,而政府部门则需加强监督和管理。总之,以政府主导为主,市场营利组织为辅,互相合作,互相竞争,共同发展,从而保证老年教育市场的有序、健康发展。

第二节 老年教育的内涵式发展逐渐深入

由于医疗技术水平的不断提高,人们物质文化水平的日益丰富,各种养生观念、营养保健意识的不断深入,人们的寿命会不断延长。可以预见的是,未来社会中,老年人尤其是高龄老年人的比例会逐年增长,因而,高龄老年人将不可避免地成为未来发达国家人口的重要组成部分。因而在开展老年教育过程中,必将纳入高龄人群,同时也会积极开发高龄老年人的人力资源,让他们为自己的教育事业添砖加瓦。

一、教学对象的年龄和区域扩展

老年教育,顾名思义,是针对老年人开展的教育活动。以往大家都认为,退休后生活空闲且身体健康有一定学习能力的人才是老年教育的教学对象,因此年龄跨度基本确定为 60~70 岁;但随着老年教育的快速发展,不同年龄阶段的老年人对教育的不同诉求、老年教育内容的不断深化使得老年教育对象的年龄跨度也在不断扩展。

法国是世界上第一个老年型国家,学员年龄在 55 岁到 90 岁之间,平均年龄为

65 岁。老龄化迫使英国很早就开始关注老年人教育。相关资料显示,在开放大学里,每 5 个学员中就有 1 人是年龄在 50 岁及以上的高龄学习者。"二战"后 20 年间,美国历史上出现了一个生育高峰,1946—1966 年,美国人口出生率激增,共有约 7700 万人在这期间降生,他们被称为"婴儿潮"一代。目前"婴儿潮"中最早出生的一批人已近花甲之年,他们普遍比较富有,在政治、经济领域影响较大,随着这批人陆续加入老龄人口的队伍,美国社会的老龄化问题日益突出,老年教育问题越来越受到社会的重视。在美国,不同年龄段的老年人有不同的发展与教育主题。美国的老年教育大致可分为退休准备教育、退休后的教育和对待衰老与死亡的教育。退休准备教育是美国实行退休制度的大企业为了让即将退休的员工从心理上接受并适应退休,专门实施退休准备教育计划,通过该计划,使即将离开工作岗位的老年人提前适应退休,学会设计退休以后的生活,顺利迎接老年时代的到来。这类活动一般在员工临退休前 3～5 年开始进行,而在退休前的 1 年半内则主要进行退休生活设计指导。退休后教育是对正式进入退休生活的老年人实施的教育,帮助老年人避免离开单位后产生失落感和寂寞感,通过学习找到精神支柱。对待衰老与死亡的教育主要通过组织研讨会讨论生死问题以帮助老年人正确对待衰老和死亡,对有关周围环境、人际关系、人生观、价值观形成新的理解和认知。

我国目前的老年教育只是针对退休后,有一定认知能力、体力支持的老年人开展各种符合其兴趣的教育活动。但从欧美老年教育发展较为成功的国家来看,老年教育并不仅仅针对退休后身体健康的老年人。发达国家老年教育的对象从其临退休前的 3～5 年就开始进行,这样的教育和指导非常有针对性,可以引导老年人在心理上为即将到来的退休生活做好准备,同时引导老年人设计自己的退休生活,也可让老年人坦然接受甚至期盼自己的退休生活,从而降低其真正从工作岗位上退下来后的失落感,避免产生各种情绪困扰和心理问题,减少家庭矛盾的发生,让老年人迅速适应自己的退休生活。对衰老和死亡教育的开展在东方文化中相对比较忌讳,但这又是人生发展过程中必然要接受的。在很多国家尤其是中国,老年人到了一定年龄后,由于受到其认知能力、体力等各方面的限制,大多数的老年人往往常年在家,无法外出,甚至由于疾病等原因,只能待在医院的病床上。对很多老年人来说,生命最后几年往往在恐惧死亡和饱受疾病的折磨中度过,这样的老年生活其生活质量和生命质量都无从保证。家人和朋友亲戚尽管都尽心尽力地照顾,但可能更关注的是其生命的长度,忌讳谈及死亡,认为是不吉利的话题。有时这样的照顾未必能满足老年人在生命最后几年的心理需求,因而针对这些老年人组织一些有关衰老与生死的讨论,直面生死,可以引导老年人更好地面对生与死,也能更好地享受生活,从而提高其生命质量。

经济合作与发展组织在 1998 年就曾指出:"几乎所有国家都需要为希望参与

终身学习的成人提供机会,使他们都可以或在正规教育的场所,或在工作、社区等非正规的场所学习。"而且终身教育体系的构建、全民教育的实施要求每一个人都平等享有终身受教育的权利。老年教育的对象自然而然面向所有老年人,而现实情况是老年教育对象主要集中在城镇中的老年人,接受教育的大多数是干部、知识分子,广大农村中的老年人接受老年教育的机会比较少,并且他们的文化素质也比较低,生活质量相对较低,学习欲望不够迫切。而我国目前农村老年人的比例也逐渐上升,随着社会经济生活的不断改善,科技发展的日新月异,农业生产的现代化,农民逐渐从农村走向城市。而农村老年人由于年龄、生活习惯等原因,往往更愿意留在农村安度晚年,但长期与子女分离,孤独生活给农村老年人带来很多危机。近年来,农村独居老年人自杀的案例并不少见,因而农村老年人的心理需求也越来越得到社会各界的重视。随着社会福利的提高,国家的养老保险、医疗保险等已逐渐涵盖农村老年人,使得农村老年人的生活质量有所提高,但对农村老年人的心理需求,还缺乏有效的措施。因此,在适当扩大城镇老年教育普及率的同时,也会逐渐将眼光投向农村这片老年教育正待开发的广袤天地,把终身教育的思想与价值传播到农村,把平等受教育权普及到农村,把丰富多彩的教育内容传递给农村老年人,为改善他们的文化状况和生活健康状况提供智力服务与支持。如此,才能真正开辟这片老年教育本应开辟的空间,才能使终身教育和全民教育的理念得以真正落实,也才能真正满足农村老年人的心理需求,提高农村老年人的生命质量,使社会和谐发展①。

因此,在老年教育的未来发展中,教学对象的年龄跨度必然会逐步扩展,往下会扩展到临退休人员,帮助他们正确对待退休,规划好自己的退休生活,坦然接受和适应自己的退休生活,往上会扩展到邻近生命终结的老年人,帮助他们正确对待衰老和死亡,接受自己各方面能力的不断下滑,对死亡形成正确的认知,学会享受生命。在受教育对象的范围上,也会逐渐从城市扩展到农村,从东部发达地区扩展到西部不发达地区。将全国的老年人都纳入老年教育中,使他们平等地享有受教育的权利,落实终身教育的理念,营造全民学习的良好氛围,促进学习型社会的创建。在提高其文化素养的同时,帮助他们真正实现老有所学,老有所乐,老有所为,实现自身价值。

二、老年人在老年教育中的主体地位越来越突出

"教育必须按照每一个人的需要和方便在他的一生中进行。所以我们必须知道他把教育(包括亲身学习、自我教学、自我训练)的真正宗旨记在心里,从一开始

①王未.论老年教育的价值及发展策略[J].继续教育研究,2005(2):74-76.

起直到各个阶段上给他指明方向。"①因而老年教育绝不仅仅是为老年人提供养老的场所，也绝不仅仅是组织老年人开展一些无多大意义的公益活动。如果老年教育不讲教育的质量和效益，就抹杀了教育的价值，叛离了教育的目的。作为终身教育的一种形式，尽管其教育对象在体力、精力方面有局限性，但也不能毫无要求，否则往往让实施老年教育的主体丧失动力，长此以往，就会缺乏活力和积极性，从而阻碍老年教育的健康发展。

老年教育在某种程度上不属于正规教育的范畴，但老年人的教育和学习却有其自身的特点。因而在未来老年教育的发展中，必然会以老年人为主体，根据老年人的兴趣和需求实施管理、开展教学和设置课程。我国是一个多民族的国家，全国各地在文化、习俗等方面存在很大的差异。因而在不同区域开展老年教育，针对不同文化层次的老年人开展老年教育，都需提前做好调研工作，在课程设置上以老年人的兴趣和选择为主，在注重他们心理需求的前提下开展老年教育，能够满足老年人增长知识、增添快乐、陶冶性情、健全人格、学以致用、服务社会的需要，使他们成为健康上进适应社会发展需要的人。如此，才能逐步推进老年教育的顺利开展，也才能调动老年人的积极性，提高他们接受教育的主动性。

此外，老年教育是针对老年人开展的教育活动，老年人比其他任何年龄的人都了解老年人，因此在组织开展老年教育过程中，老年人的主体地位越发突出，他们越有可能成为老年教育的组织者、决策者。美国历史悠久的志愿者服务传统、老年教育机构对于老年人专业技术的利用需求以及老年人自身退休后从事兼职工作的积极愿望和态度，将使老年人摆脱单纯的学习者的角色，成为老年教育机构的领导者、组织者、决策者。老年人在经历了长时间的工作生活后，往往会积累大量的社会经验，他们会利用自己的专业技术、人生经历和闲暇时间，在课程设置、教学组织、教学内容以及老年机构的日常管理方面扮演积极的角色，帮助这些教育机构能够符合老年人的学习需求并顺利运行。

因此，未来老年教育发展中，将逐渐凸显老年人的主体地位，在课程设置、活动安排、活动内容、场地选择等方面会以老年人的需求为前提，针对不同区域、不同年龄、不同文化水平的老年人开展不同的教育活动。在老年教育活动中，也将充分利用老年人的专业技能、生活阅历等，让他们积极参与到老年教育活动的组织、领导和决策中。一方面能使得老年教育真正做到因需而行，更灵活、更有效；另一方面，也能充分调动老年人的积极性，实现其价值。让老年人既成为老年教育的受众，也成为老年教育的实施者，增强其归属感和价值观，也能使老年人从具体的事务中体会到老有所为的乐趣。

---

① 王未. 论老年教育的价值及发展策略[J]. 继续教育研究, 2005(2): 74-76.

第三节 老年教育模式不断创新

随着年龄的增长，老年人确实存在各方面能力上的衰退，此外，老年人由于其多年不同的工作经历、生活阅历等，导致老年人在能力发展上存在极大的类型差异。同时，由于其生活经历的不同，导致其人格特征上也存在极大的差异，且较为稳定，不易改变。此外，不同区域的老年人在各方面发展上（如能力类型、知识基础、个人需求）均存在不同的诉求。因而老年教育要不断推进，需在教育目的、组织形式、教学形式、教学内容、教学手段等方面不断推陈出新，满足各个阶层老年人的学习要求，促进老年教育的不断发展。

一、老年教育目的多元化，策略性老年人力资源亟待开发

发达国家老年教育的模式大致分为以下三类：①补偿教育，主要满足那些年轻时因各种原因没能接受高等教育的老年人的需求，为他们提供进入大学学习和取得相应文凭的机会；②继续教育，主要使那些到了退休年龄但体力、精力尚好的老年人继续学习，以便就业或开辟新的事业领域；③闲暇教育，是在人们闲暇时间内提供的一种不以升学、谋职为目的的完全个性化、有充分自由度的教育类型，这种教育可以满足那些为了自身全面发展的老年人的需要，发展个人爱好、天赋和潜能，提高生命质量①。我国目前的老年教育主要是闲暇教育和保健教育，目的是满足老年人的兴趣爱好，丰富老年人的生活，增加保健知识，提高身体素质。然而，这样的教育目的显然越来越不能满足老年人多样化的养老需求。随着社会的不断发展，老年教育的目的应该包含更广泛的内容，其中更好的社会化和再就业培训将成为不可缺少的两个重要的教育目的。老年教育的重要目的是通过教育促使老年人了解社会发展的新动态、新科技、新观念，尽可能缩短老年人与年轻人之间的思想差距，消除由于思想观念不一致而产生的代沟所导致的家庭成员之间的矛盾冲突，适应不断变化的社会生活，最终使老年人更好地社会化，使老年人即使脱离了工作岗位也不至于脱离社会，思念观念随着社会的变化而不断更新。

以往"人力资源"的概念仅仅是指处于特定年龄（15～60 或 65 岁）阶段的劳动年龄人口，但随着人口迅速老龄化，人力资源的概念将会更新，一切具有劳动能力因而具有劳动力和竞争力的人口也包含在人力资源概念中，其中当然也包括越来越多的健康老年人。近年来，我国人口老龄化进程加速，老年人力资源的重要性正

①岳瑛.终身教育体系构建中老年教育的合理定位及发展任务[J].天津市教科院学报,2011(2):33-35.

日趋增长。利用老年人的职业技能、职业经验、生活智慧，有计划、有策略地开发老年人的人力资源也将成为老年教育的重要目的之一。我国在 20 世纪 80 年代开始就重视老年劳动力资源。如 1988 年，北京市就建立了离退休人才开发中心，通过直接推荐和举办老年人才交流会等形式向用人单位推荐各类人才，大大促进了我国老年资源有效利用，促进社会的可持续发展。

俗话说"家有一老，如有一宝"，这句话不仅是指在家庭生活中，老年人可以为年轻人在生活上提供极大的帮助，如家务、抚养下一代等方面，更重要的是，老年人有着极为丰富的生活经历和生活经验，可以在很多问题上给出非常成熟而有效的建议。在社会发展中，老年人的智慧同样可以做出巨大的贡献。随着生活水平的提高，人们的身体素质不断加强，有继续参加工作愿望的老年人会进一步增加，且随着国家对老年人退休后社会福利的重视，老年人退休后的生活有了更多的保障，没有生活的压力。因此，老年人的工作目的相比于年轻人而言，往往更为纯粹，没有太多的功利性，没有太多对回报的渴望。在很大程度上，老年人工作的动机更为单纯，就是要发挥自己的余热，实现自身价值，这样的工作动机使得很多老年人能静下心来，不浮躁，不冒进，真正体会到工作的乐趣，创造社会价值。因而，在老年教育发展中，开展职业教育，进一步有策略地开发老年人的人力资源会成为未来重要的发展趋势。

当然，我们也必须承认，有劳动能力的老年劳动力相对年轻劳动力而言，在知识更新方面确实存在因循守旧、思想观念方面存在僵化的现象，尤其是现代社会各个领域都在运用高科技，老年人想要继续留在职场，就必须进行相关的职业学习。因此，对那些有丰富工作经验、高超职业技能的老年人，开展有针对性的高科技培训，比如计算机课程的学习等，将他们的工作经验与现代化高科技技术相结合，必然能进一步提高老年人的工作积极性和工作效能感，在他们熟悉的工作领域进一步提升他们的工作绩效，发挥其阅历、经验的优势。而对某些想开拓新领域的老年人可开展职业兴趣的评估，进行有针对性的职业技术教育，提供菜单式的职业培训，帮助他们学习新的知识技能，开拓新的职业领域，实现年轻时由于种种压力而被迫放弃的职业兴趣，甚至进行创业活动。对某些身体健康又渴望重回职场，却无一技之长的老年人，可以根据其兴趣开设技能水平相对较低的职业教育，让老年人在学习过程中获得学业的成就感，也能帮助其实现重回职场的愿望。

总之，在未来的老年教育中，必然会重视老年人自身的不同需求，开展不同教育目的的老年教育，帮助老年人实现不同的养老愿望。逐渐重视老年人的人力资源，通过开展各种各样有计划、有策略、有针对性的职业教育，帮助老年人更新知识技能，掌握新的技术。

二、借鉴国外经验，老年教育办学主体多元化

发达国家的老年教育在组织形式上较为灵活，高等教育机构办学、政府办学和自主自治办学共同发展，形成了多元化的办学格局。多元化的办学主体，广泛参与到老年教育当中，能满足老年人不同的、多样化的学习需求。发达国家老年教育的模式较为稳定的主要有以下几种：

1. 政府投资型模式

这种模式主要由国家投资开办，老年学校的各项开支列入政府财政预算。法国、瑞典、日本、西班牙、德国等国家均主要采用这种模式。老年人可以自由选择上正规大学，也可以选择参加老年闲暇教育。

2. 自治自主型模式

这种模式主要由老年人自发组织成立老年大学，所有有专长的老年人都可以执教，如英国、澳大利亚等主要采用这种模式。办学经费均来自慈善彩票事业的捐赠，学员只要缴纳少量的费用就可以参加学校组织的任何白天的学习和活动。老年人也可以通过网上老年大学接受老年教育，参与老年活动。

3. 社区型模式

这种模式主要依托社区，成员进行自我管理。美国、加拿大等国家主要采用该种模式。老年教育中心属于非营利的社会福利性组织，与普通大学及学院有密切联系。其经费大部分依靠私立和公立大学及个人慈善捐款，同时向学员收取少量的资料费用。学员自行承担大部分甚至是全部课程的授课任务，有时也聘请行政助理协助实施教学计划。

我国老年人分布范围较广，人员组成也较为复杂，各地风俗、学员基础、需求等均有极大的差异，因而，我国的老年教育不可能采用一种教学组织模式，必定是根据不同区域的具体情况、老年人的具体需求，借鉴国外发达国家成功的老年教育组织模式，采用多样化的办学组织形式。比如在边远地区，老年人的各方面基础相对薄弱，由学员承担授课任务、管理任务相对较为困难，因此将更多采用政府主办的形式，主要依靠政府的力量开展老年教育。而对于东部发达地区，老年人的经济状况、知识文化水平等方面均相对较高，因此可采用自治自主模式，充分调动老年人的积极性，发挥他们的潜能，提高老年教育的教学质量和教学水平。而对于中部或农村地区，各方面发展水平一般，充分调动社区的力量，由政府积极整合各方面的资源，开展多样化的老年教育。因而，我国未来的老年教育必将形成多元化的办学格局，各地依据自己的地域特色，充分发挥自己的优势，形成老年教育多样化发展的良好态势。

三、基于老年人的不同需求,教育内容多元化

老年教育是一种完善人、升华人、提高老年群体素质的教育,它融教育、教学、活动于一体,其目的是满足老年人求知、求乐、求健、求为的需求。我国目前老年教育内容主要以养生保健、休闲娱乐为主,如老年医学、老年护理学、中国书法、绘画、诗词、太极、舞蹈、声乐等课程,以充实老年人的精神生活,娱乐老年人的身心,集趣味性和娱乐性于一体。但这样的课程设置相对比较程式化,无法满足老年人多样化的学习需求。西方发达国家的老年教育课程设置呈现多样化趋势,以满足老年人不同的教育需求和兴趣。同时,民间的营利或非营利性的老年教育组织根据老年人的学习需要开展形式多样的特色老年教育。美国的老年教育根据不同阶段,选择不同的教学内容。退休前的教育内容涉及经济、法律问题,社会保障、保险、生活习惯、兴趣及将来的行动等。临退休的一年半进行生活设计指导。通过这种教育活动,使即将退休的人明白退休后他们会遇到什么困难,如收入将会怎么样,怎样分析自己的处境等。退休后的教育除了在大学和社区学院学习外,通过和年轻的学员一起学习或者做旁听生,取得学位证书外,还可以参加一些民间组织举办的学习活动。如退休者学习协会的学习计划分为两部分,第一部分相当于大学的必修课程,会员至少在大学旁听学习一年的课程,也可以依据自己的愿望把旁听改为取得学位的学习。会员可以选择的科目有艺术、历史、社会学。英国从 1973 年开始,其成人教育课程侧重职业技术训练。英国地方教育当局开设的老年课程主要包括艺术工艺、工商管理、信息科技、哲学、文学、语言学等。第二部分为协会独自举办的学习活动。就会员感兴趣的课题划分几个学科,并从会员中选择指导者。值得一提的是,美国的老年教育比较重视死亡教育。教育内容涉及对待死亡、自己周围的环境、人与人的关系、关于对这个世界的价值和理念的理解与认识等,以帮助老年人减轻对死亡的不安,通过学习获得积极的应对态度。然后不同机构开展的老年教育其教学内容往往涉及各个领域,如老年大学的教学内容从人文历史、绘画、写作、音乐、哲学,到计算机应用、经济、法律、理财等非常全面。老人游学营的内容则以人文学科为主,辅以自然科学,包括艺术、文学、历史、社会、物理、生物、科学、自然环境等。第三年龄大学在课程设置方面依据会员学习兴趣而不同,注重课程的本土化以及学习者的享受性,内容相当多元活泼,范围极广,如教育、旅游、美术、文学、电脑、游泳等。典型的第三年龄大学课程通常是组织一系列兴趣小组活动,从语言学习到考古和哲学研究,从工艺制作到音乐欣赏和创造性写作,应有尽有,以满足不同老年群体的需要。

因而,未来老年教育将会基于老年人的生活和社会实际,借鉴发达国家老年教育内容的设置设计老年教育的课程内容。老年教育目的的多元化,必将导致老年

教育的内容多元化。老年人还需不断更新自己的知识技能，提高社会适应能力，以达到适应快速发展的现代社会的目的，防止被社会淘汰；此外，绝大部分老年人即使已从工作岗位上退休，但仍然具备较强的工作能力，无论是精力和体力都足以支持他们继续参加劳动，为社会发展做贡献。未来老年教育的课程设置必将考虑老年人社会适应与再就业这两个重要的教育目的。

为使老年人及时跟上时代的步伐，适应当前社会的快速发展，老年教育的教学内容将会把现代语言、信息技术、营养保健、艺术欣赏等课程作为教学内容，不断更新老年人的知识结构，学会通过新的渠道获取信息，防止其落后于社会发展。此外，外语、计算机、网络知识、法律、投资理财基本原理、时事政治等，也将成为主要的教学内容。这些教学内容的开设能保障老年人的思想发展和知识结构与时俱进，了解时代发展的特征，体现时代的要求，将会极大地调动老年人的学习和参与活动的积极性。

现代独生子女家庭越来越多，"四二一"的家庭结构使得老年人在培养后代方面起着举足轻重的作用，且老年人退休后，也有足够的时间和精力帮助子女抚养下一代。有调查发现有47％的老年人肩负着教育未成年人的任务①。因而开设营养学、教育学、心理学、儿童发展心理学等方面的课程将对他们更好地抚养未成年人有着极大的现实意义，有助于促进老年人科学抚养未成年人，也有助于老年人更好地理解未成年人，促进彼此之间的交流，在满足未成年人物质需求的同时，更能关注其心理需求，使未成年人健康快乐地成长。

此外，为满足老年人再就业的需求，一个重要的课程设置方向便是增加职业课程的培训。一方面鼓励老年人参与到正规大学的学习中，另一方面也可为这部分老年人量身打造一些符合老年人身心发展特点的职业教育课程，比如新技术的培训、新仪器的使用、自动化技术的运用等。同时还可帮助老年人开阔视野，明确职业兴趣，鼓励有能力、有资本的老年人积极创业，真正实现老有所为。

众所周知，我国老年人人口比例大，在知识基础、职业能力、学习需求、兴趣爱好等方面有着极大的差异。因而，老年教育的课程设置也应分层。比如在儿童教育方面，对于知识储备较少、理解能力较弱的老年人，可能只需通过开设讲座等方式能让他们了解如何处理儿童发展中的问题。而对于知识储备较多、理解能力良好的老年人，则可通过系列课程让他们了解儿童发展过程中的心理变化规律，通过交流分享探讨儿童教育的方法、策略等。比如，对于没有太多社会活动的老年人，将定期开展团体活动，增加其与外界的交流，让其尽可能融入社会生活，满足其交往的需求。而对于那些社会活动较多、希望寻求进一步提高自身素养的老年人而

①王文超.美国老年教育发展及启示［D］.新乡：河南师范大学,2011.

言,通过老年教育帮助他们进一步提升自身的能力将是课程设置的重要方向。

总之,老年教育必将越来越规范,越来越成规模,这种规范、成规模的教育必然会形成系统的管理模式、系统的课程设置。但老年教育与其他教育形式最大的不同之处就在于其教育目的的多元化。正是这种多元化的教育目的,使得老年教育的教育内容也将日益丰富,朝着多样化、灵活性方向快速发展。

四、根据实际需要,教学形式多样化

当前,我国的老年教育形式比较单一,绝大多数老年教育还是采取开办老年大学、老年学校的形式,除此之外的老年教育形式很少。随着我国老年教育的快速发展,必将学习发达国家的教学形式,以满足老年人的实际需要。很多发达国家的老年教育都不局限于传统的课堂教学,而是采取灵活多样的教学形式,充分发挥各种教学方式的作用,针对老年人的需求和特点,为老年人接受教育提供方便。比如美国的老年教育中自主教育形式受到普遍关注。老年自主教育是在教与学相互作用背景下,通过各种自主性活动,培养老年学习者自主精神和自主能力的教育形式。在这种教育形式中,老年人是学习活动的真正主人,通过对自主教育的亲身实践,逐渐将自己培养成具有自主学习能力、自主创新能力的自主型人才,如老人游学营的课程实施方式为实地考察和课外活动,如远足、自行车旅行、出海、文化游览、家访等,这些课程为老年人提供丰富的社会交流机会。还有一部分课程为国际性课程,让学员有机会出国考察不同的文化、民情和历史。此外,远程教育得到广泛重视。伴随着信息技术与网络技术的飞速发展,美国的老年教育充分利用闭路电视和因特网等现代化设备,满足不同居住区域和文化层次老年人对于学习的需求。又如,英国的第三年龄大学是一种非正规的自助学习,在教学过程中,强调学习过程的分享、讨论和参与,强调小组学习和实践,鼓励在不同专业领域具有专业知识或技能的学员在学习小组或活动小组内与其他学员分享知识。远程教育在英国的老年教育中也得到广泛重视,其开放大学是现代远程教育的典范,通过开发"课程网络""课程网络学习日""虚拟学习小组"等专门为老年人服务的网络,满足不同居住区域和不同文化层次老年人的学习需求。

我国老年教育也将实现教育形式的多元化,首先发挥各级各类学校现有的教育教学资源,利用图书馆、博物馆、青少年宫、社区活动中心、成人教育学院等社会教育资源,多样化、灵活地开展老年教育。我国的很多老年人采取居家养老的方式,所以与居住地的社区存在着密切的联系。因而,以后老年教育的教育形式中重点将发展社区化老年教育,将把社区作为老年教育基层办学地点,以方便老年人就近入学,让老年人不用出远门就可以接受教育,真正做到想老年人之所想、谋老年人之所利、帮老年人之所需、办老年人之所学。此外,还会越来越重视老年社团的

教育功能,以休闲游乐的形式组成游学团,利用社区,开办社区乐龄社团,如读书会、茶话会、展览会等推动老年人自主学习的社团。这类组织形态促进老年人相互交流、相互学习。鼓励民间社团组织开设各种社区老年人娱乐休闲场所,让老年人参与到其中来协助管理,发挥老年人在这些社团组织中的作用,体现个人在群体中的价值,这样不仅能让更多老年人在社区享受到参与机会,同时也能激发老年人参与学习的热情。此外,随着国家经济实力的增强和科技的进步,越来越多的现代化教学手段会被引入老年教育领域。因此,未来的老年教育形式中,远程教育将越来越受重视,通过网络学习、线下讨论交流的教学形式会越来越受到老年人的欢迎。这种教学形式可以最大限度地为老年人解决学习条件的问题,方便老年人的自主学习,这对那些足不出户的老年人或由于各种原因无法独立外出的老年人都具有极为重要的意义。同时对于教育资源不足、财力有限的区域,远程教育的教学形式也将成为普及老年教育的重要形式。

第四节　形成有中国特色的老年教育

我国还处于社会主义初级阶段,无论是经济建设还是技术发展水平与发达国家仍有一定的差距,但我国的老年人比例却接近发达国家的老年人比例,且该比例正在逐渐增长。因而中国的老年教育既要借鉴西方发达国家老年教育的发展经验,同时也要结合中国的实际国情,探索有中国特色的老年教育发展之路。

我国是社会主义国家,相对于西方资本主义国家,在尊重民主的前提下,很多政策和法律法规更容易得到贯彻,也更容易得到有效执行。当前,我国的老年教育事业已作为党的事业和政府的职责,列入国家老龄工作和教育事业发展规划,并在相关法律和政策上有了保障。老年教育已经由创办初期面向离休干部,延伸到面向全社会的老人;在地域上,也由大城市、大系统延伸到农村和基层,呈现出面向全社会城乡老年人的特色。尽管中国老年教育起步晚,但仍具有公办多、面向社会、规模大、起点高、发展快、影响大等特征。

一、教育理念的不断融合

中国的老年教育,通过20多年的逐步积累,无论是理论研究还是社会实践正在形成中国特色。国外许多先进的理念相继被中国老年教育界所接纳,如"全纳教育""主体教育""完善教育""自主教育""休闲教育""成功老龄化""终身教育"等。结合中国的实际国情,张文范提出,老年教育是"和谐文化教育",推进"健康、参与、保障"积极老龄化的科学理念。随着我国老年教育事业的快速发展,我国未来老年教育在理论研究和实践研究方面,将逐步形成独立的老年教育理念体系,对发展中国特色老年教育发挥积极的推动作用。

二、独特的教育体系

从教育体系看,中国的老年教育已经形成特有的、独立的具有中国特色的网络体系。20多年来,我国已逐步形成由省(区、市)、地(市)、县(市、区)、乡(镇、街)、村(社区)五级老年大学(学校)组成的相对独立的老年教育网络体系,老年远程教育和老年社区教育网络也正在建立。由于老年教育不仅属于大教育范畴(这是基本的或主要的),同时也属于大文化、大体育、大卫生和老干部及老龄工作范围,因此中国老年教育具有对口部门多,提供的载体、平台多,共享的社会资源多和社会的支撑面、影响面广等特征①。基于中国老年人多样化的特点,我国必将逐步形成符合中国老年人多样化的发展特点、多样化需求的老年教育体系。

三、独立的管理模式

从管理模式来看,我国的老年教育是党政主导并已形成独立的网络体系,有相对统一的办学目标和宗旨。更容易形成较为全面的管理制度和教学大纲、计划、教材等,教学内容也将结合中国本土的优秀传统文化,更符合中国老年人的发展需要。在办学经费方面,既有较为稳定的财政拨款作为办学基础,也有公派的管理干部、聘用的工作人员。因而,相对于西方发达国家,我国的老年教育在管理模式方面将更为集中,更为有效,在教学管理等方面将更为健全,更为规范。

四、重视老年人的人力资源开发

从人力资源开发方面看,借鉴国外先进经验,我国将更加重视老年人的人力资源开发,将老年教育作为开发老年人力资源的重要途径,让老年人从"包袱"变为"财富"。通过职业教育等方式让老年人发现自己的潜力,重新融入社会,为社会培训一大批能适应社会发展,继续服务社会的老年骨干,为社会提供众多劳动者,为社会发展做贡献。同时让老年人在退休后,体力、精力逐年下降时还能发挥所长、老有所为。

总之,我国未来的老年教育将逐渐形成党政主导,面向全社会,将颐养与有为相结合,以提高综合素质为目标,建立独立的网络体系和理论体系,形成健全规范的教育、教学管理体系,有特色的老年人力资源开发体系,使我国老年人真正做到老有所学、老有所乐、老有所为。

---

①杨启村.中国特色老年教育的主要特征及其积极意义[J].福建老年大学杂志,2010(2):10-14.

参考文献

著作类:

[1] 柏格森. 创造进化论[M]. 肖聿, 译. 北京: 华夏出版社, 2000.

[2] 陈可冀. 老龄化中国: 问题与对策[M]. 北京: 中国协和医科大学出版社, 2002.

[3] 大学经营国际论坛编委会. 大学品牌与经营: 第二届大学经营国际论坛文集[M]. 北京: 华文出版社, 2008.

[4] 董之鹰. 老年教育学[M]. 北京: 中国社会出版社, 2009.

[5] 杜威. 杜威全集·早期著作(1882—1898): 第 2 卷 1887[M]. 熊哲宏, 张勇, 蒋柯, 译. 上海: 华东师范大学出版社, 2010.

[6] 杜威. 杜威全集·早期著作(1882—1898): 第 3 卷 1889—1892[M]. 吴新文, 邵强进, 译. 上海: 华东师范大学出版社, 2010.

[7] 冯建军. 教育学基础[M]. 北京: 中国人民大学出版社, 2012.

[8] 高兆明. 伦理学理论与方法[M]. 北京: 人民出版社, 2005.

[9] 郭忠华, 刘训练. 公民身份与社会阶级[M]. 南京: 江苏人民出版社, 2007.

[10] 黑格尔. 法哲学原理[M]. 范扬, 张企泰, 译. 北京: 商务印书馆, 1982.

[11] 胡梦鲸. 新加坡乐龄学习: 组织与实务[M]. 高雄: 丽文文化事业机构, 2011.

[12] 贾岩. 简明老年学辞典[M]. 北京: 中国商业出版社. 1990.

[13] 金德琅. 老年教育经济学[M]. 上海: 同济大学出版社, 2014.

[14] K. W. 夏埃, S. L. 威里斯. 成人发展与老龄化[M]. 5 版. 乐国安, 译. 上海: 华东师范大学出版社, 2003.

[15] 康德. 道德形而上学原理[M]. 苗力田, 译. 上海: 上海人民出版社, 2005.

[16] 雷雳. 发展心理学[M]. 2 版. 北京: 中国人民大学出版社, 2013.

[17] 李菲菲. 居家养老之心理健康[M]. 北京: 北京科学技术出版社, 2016: 82-83.

[18] 马克思, 恩格斯. 马克思恩格斯选集: 第一卷[M]. 2 版. 北京: 人民出版社, 1995.

［19］麦金太尔.追寻美德［M］.宋继杰,译.南京:译林出版社,2003.

［20］齐伟钧.海外教育［M］.上海:同济大学出版社,2014.

［21］世界卫生组织.积极老龄化政策框架［M］.中国老龄协会,译.北京:华龄出版社,2003.

［22］斯塔斯.批评的希腊哲学史［M］.庆彭泽,译.上海:商务印书馆,1931.

［23］孙建国.中国老年教育探索与实践［M］.北京:科学出版社,2011.

［24］田中耕治.教育评价［M］.高峡,田辉,项纯,译.北京:北京师范大学出版社,2011.

［25］王伟.最美不过夕阳红:老年人心理健康自助指南［M］.北京:机械工业出版社,2011:139-140.

［26］魏惠娟.台湾乐龄学习［M］.台北:五南图书出版有限公司,2012.

［27］沃林.政治与构想:西方政治思想的延续与创新(扩充版)［M］.辛亨复,译.上海:上海人民出版社,2009.

［28］吴江.神经病学［M］.3 版.北京:人民卫生出版社,2015.

［29］吴兰花.空巢老人心理调适手册［M］.杭州:浙江工商大学出版社,2014:68.

［30］西塞罗.西塞罗三论:老年·友谊·责任［M］.徐奕春,译.北京:商务印书馆,1998.

［31］熊必俊,郑亚丽.老年学与老龄问题［M］.北京:科学技术文献出版社,1990.

［32］徐丽君,蔡文辉.老年社会学［M］.台北:台湾巨流图书公司,1985.

［33］许淑莲,申继亮.成人发展心理学［M］.北京:人民教育出版社,2006.

［34］亚里士多德.尼各马可伦理学［M］.廖申白,译.北京:商务印书馆,2003.

［35］杨庆芳.我国老年教育发展探究:基于积极老龄化的视角［M］.北京:知识产权出版社,2014.

［36］叶中海.老年教育学通论［M］.上海:同济大学出版社,2014.

［37］余运英.应用老年心理学［M］.北京:中国社会出版社,2012.

［38］袁方.老年学导论［M］.北京:社会科学文献出版社,1995.

［39］张东平.老年教育社会学［M］.上海:同济大学出版社,2014.

［40］张少波.老年教育管理学［M］.上海:同济大学出版社,2014.

［41］张伟新,王港,刘颂.老年心理学概论［M］.南京:南京大学出版社,2015:146.

［42］张肇丰,徐士强.教育评价的 30 种新探索［M］.上海:华东师范大学出版社,2014.

[43] 张钟汝,张悦. 老年心理保健[M]. 北京:高等教育出版社,2013:93-94.

[44] 郑令德. 和谐社会与老年教育[M]. 上海:上海教育出版社,2007.

[45] 周永凯,田红艳,王文博. 现代大学教学评价理论与实务[M]. 北京:中国轻工业出版社,2010.

[46] 朱芬郁. 高龄教育概念、方案与趋势[M]. 台北:五南图书出版有限公司,2011.

论文类:

[1] Anderson T W, Rochard C. Cold snaps, snowfall, and sudden death from ischemic heart disease[J]. Canadian Medical Association Journal,1979,121(2):1580-1583.

[2] Baltes P,Willis S L. Plasticity and enhancement of intellectual functioning in old age[J]. Aging and Cognitive Processes,1982,8(1):353-389.

[3] Bergman C A. An airplane performance control system:a flight experiment [J]. Human Factors,1976,18(2):173-181.

[4] Hiemstra R. The contributions of Howard Yale McClusky to an evolving discipline of educational gerontology[J]. Educational Gerontology:An International Quarterly,1981,6(2-3):209-226.

[5] McAdams D, Aubin E. A theory of generativity and its assessment through self-report, behavioral acts, and narrative themes in autobiography[J]. Journal of Personality and Social Psychology,1992,62(6):1003-1015.

[6] Sivak M,Olson P L. Pastalan L A. Effect of driver's age on nighttime legibility of highway signs[J]. Human Factors,1982,23(1):59-64.

[7] Willis S L,Schaie K W. Training the elderly on the ability factors of spatial orientation and inductive reasoning[J]. Psychology and Aging,1986,1(3):239-247.

[8] Wu A S, Tang C K, Yan E W. Post-retirement voluntary work and psychological functioning among older Chinese in Hong Kong. Journal of Cross-Cultural Gerontology,2005,20(1):27-45.

[9] 陈立新,姚远. 社会支持对老年人心理健康影响的研究[J]. 人口研究,2005,29(4):73-78.

[10] 陈亚峰. 高职院校教学质量评价体系优化研究[J]. 职业教育研究,2015(6):31-35.

[11] 陈振,郑玉娟. 成人教育课程评价模式的构建[J]. 河南职业技术师范学院学报(职业教育版),2008(4):105-106.

[12] 邓凤. CIPP 评价模式在实践教学评价中的应用探讨[J]. 中国科技信息,

2011(24):171.

　　[13] 丁志宏. 发达国家的老年教育发展及其对我国的启示[J]. 教师教育论坛,2008,22(9):15-17.

　　[14] 董之鹰. 试析我国改革开放以来老年教育的发展历程[J]. 社会科学管理与评论,2009(1):77-82.

　　[15] 杜娟,王宁. 生态视野下基础教育信息化评价模型的构建研究[J]. 中国电化教育,2014(7):63-69.

　　[16] 杜作润. 普通高校如何正视老年教育?[J]. 复旦教育论坛,2013,11(2):15.

　　[17] 高志宏. 复杂性思维与成人教育课程评价[J]. 成人教育,2011(7):54-55.

　　[18] 龚淑荣. 因材施教,注重教育公平性:论老年大学"以人为本"的创新式教学管理方式[J]. 学术前沿,2012(5):6.

　　[19] 谷岈,张晓霏. 终身教育视野下日本老年人福祉政策评析[J]. 现代教育管理,2010(11):115-117.

　　[20] 关键. 终身学习时代的成人教育课程开发研究[J]. 科技风,2008(8):129-129.

　　[21] 胡振京. 功能主义教育功能观评析[J]. 天津市教科院学报,2008(6):8-11.

　　[22] 黄爱萍. 论学校课程管理及其运行[D]. 武汉:华中师范大学,2005:29-30.

　　[23] 贾金英,贾浩杰. 高校信息化管理评价指标体系设计研究[J]. 科技信息,2009(26):38-38.

　　[24] 姜红艳. 21世纪初期我国老年大学教育目标研究[D]. 武汉:华中科技大学,2004.

　　[25] 蒋琪,蒋勃. 高效信息化管理评价指标体系设计研究[J]. 信息系统工程,2015(4):109-109.

　　[26] 蒋永华. 中职学生教学评价革新的理念与方法[J]. 新课程研究,2010(7):125-127.

　　[27] 栗继祖. 应当重视老年人格健康问题的研究[J]. 山西高等学校社会科学学报,1999,11(6):40-41.

　　[28] 课题组. 课程评价模式研究综述[J]. 天中学刊,2006,21(4):18-20.

　　[29] 李德明,陈天勇. 认知年老化和老年心理健康[J]. 心理科学进展,2006,14(4):560-564.

　　[30] 李慧清. 浅谈情境教学法在越剧唱腔教学中的运用[J]. 群文天地,2013

（10）：157.

　　[31] 李洁. 老年教育理论的反思与重构：基于西方现代老龄化理论视野[J].
开放教育研究,2015,21(3):113-120.

　　[32] 李靖,韩凯,赵双全,等. 高职院校教学管理评价体系的构建[J]. 科技创
新与应用,2013(1):283-284.

　　[33] 李学书. 中外老年教育发展和研究的反思与借鉴[J]. 比较教育研究,
2014(11):56-59.

　　[34] 刘冰. 情景参与体验式教学模式初探[J]. 中国成人教育,2009(16):
96-97.

　　[35] 刘静. 韩国老年教育的特点及其对中国的启示[J]. 成人教育,2015
(35):86.

　　[36] 刘东进,季爱君. 基于生命的成人教育课程设计策略研究[J]. 中国成人
教育,2015(14):162-164.

　　[37] 刘军跃,徐刚,黄伟九. 高等教育信息化评价指标体系探讨[J]. 高教探
索,2004(3):47-49.

　　[38] 刘黎明. 生命之于教育的启示[J]. 当代教育论坛,2006(9)上半月刊:
24-26.

　　[39] 刘丽霞. 成人教育课堂教学效果评价研究[J]. 继续教育,2015(1):17-19.

　　[40] 刘媛媛,马自忠. 城市老年人学习需求及对策研究:以安徽省合肥市为例
[J]. 山东农业工程学院学报,2014,31(3):106-107.

　　[41] 刘志军. 课程评价的现状、问题与展望[J]. 课程·教材·教法,2007,
27(1):3-12.

　　[42] 鲁洁. 回归生活:"品德与生活""品德与社会"课程与教材探寻[J]. 课程·教
材·教法,2003(9):2-9.

　　[43] 马丽. "泰勒原理"述评[J]. 甘肃高师学报,2015,20(1):113-116.

　　[44] 戎庭伟,马伟娜,周丽清. 挑战与机会:论我国老年教育的必要性与可能
性[J]. 成人教育,2015(10):20-25.

　　[45] 宋秋英. 我国老年教育体系中的缺位与补位之辨析[J]. 中国成人教育,
2011(5):5-7.

　　[46] 孙建国,薛承会,王琴. 从社会参与角度探讨"后职业发展"概念及其与老
年教育的关系[J]. 老龄科学研究,2015,3(2):14-19.

　　[47] 孙佩石,刘峰. 终身教育视野下的成人高等教育课程体系构建[J]. 成人
教育,2008(9):32-33.

　　[48] 谭咏风. 老年人日常活动对成功老龄化的影响[D]. 上海:华东师范大

211

参考文献

学,2011.

[49] 滕丽新,王国威,王健瑜,等.重庆老年人心理健康服务的需求[J].中国老年学杂志,2013,33(12):2855-2857.

[50] 汪剑鲲.高校教学管理评价体系设计研究[J].黑龙江高教研究,2015(3):44-46.

[51] 王浩.基于养教结合的老年教育策略研究[J].中国成人教育,2014(21):101-102.

[52] 王旭.美国 OLLI 老年大学课程设置及启示[J].成人教育,2013,33(6):126.

[53] 王旭.英国老年教育及其借鉴[J].成人教育,2011(12):122-124.

[54] 王国光,宋亦芳.社区教育社会评价问题探析[J].教育发展研究,2014(Z1):44-49.

[55] 王景英,梁红梅.后现代主义对教育评价研究的启示[J].东北师大学报(哲学社会科学版),2002(5):112-118.

[56] 王娟.美国老年教育及其对我国的启示[J].当代继续教育,2008,26(4):28-30.

[57] 王未.论老年教育的价值及发展策略[J].继续教育研究,2005(2):74-76.

[58] 王文超.美国老年教育发展及启示[D].新乡:河南师范大学,2011.

[59] 王旭.美国 OLLI 老年大学课程设置及启示[J].成人教育,2013,33(6):125-126.

[60] 吴东晖,蔡新霞.台湾老年教育发展理念、模式及其对大陆的启示[J].河南广播电视大学学报,2012,25(3):80-82.

[61] 吴振云.老年心理健康的内涵、评估和研究概况[J].中国老年学杂志,2003,23(12):799-801.

[62] 吴振云,孙长华,吴志平.记忆训练对改善少年、青年和老年人认知功能的作用[J].心理学报,1992,24(2):28-35.

[63] 肖庆顺.罗杰斯人本主义课程观概说[J].沈阳师范大学学报(社会科学版),2003,27(2):83-85.

[64] 许红梅,宋远航.教学管理评价模式研究[J].佳木斯大学社会科学学报,2004,22(5):88-90.

[65] 许淑莲.从心理学角度看老年人继续参与社会发展[J].中国老年学杂志,2000,20(4):249-251.

[66] 杨国权.关于老年教育的课程设置问题[J].中国老年学杂志,1992,12(2):65-67

[67] 杨佳,陈瑶.我国老年大学发展初探[J].成人教育,2007(7):73-74.

[68] 杨启村.中国特色老年教育的主要特征及其积极意义[J].福建老年大学杂志,2010(2):10-14.

[69] 姚玉婷.老龄化背景下老年教育发展现状及推进策略研究:以武钢集团社区为例[D].杨凌:西北农林科技大学,2013.

[70] 叶忠海.老年教育若干基本理论问题[J].现代远程教育研究,2013(6):11-16.

[71] 应方淦.美国老年教育:动力、现状与趋势[J].河北师范大学学报(教育科学版),2007,9(3):103-107.

[72] 玉兰.10条妙招教您保护好记忆[J].老同志之友,2009(18):50-51.

[73] 袁新立.学习贯彻十八大精神开创中国特色老年教育新局面:在中国老年大学协会第十次老年教育理论研讨会上的讲话[J].老年教育(老年大学),2012(12):7-9.

[74] 岳瑛.终身教育体系构建中老年教育的合理定位及发展任务[J].天津市教科院学报,2011(2):33-35.

[75] 岳瑛,暴桦.关于老年大学学员学习需求情况的调查报告[J].天津市教科院学报,2003(6):55-59.

[76] 岳瑛.老年大学课程设置的探讨[J].中国老年学杂志,2011,31(20):4077-4079.

[77] 岳瑛.英国的老年教育概况[J].中国老年学杂志,2009(15):1993-1995.

[78] 张亚苹.生命教育视阈下的老年大学课程设置[J].宁波广播电视大学学报,2013,10(4):98-100.

[79] 张妍.信息化时代的教育管理与信息化教育管理[J].中国成人教育,2015(10):35-37.

[80] 张永,王一凡.社区教育课程评价指标体系构建研究[J].中国成人教育,2013(1):10-14.

[81] 张振馨,陈霞,刘协和,等.北京、西安、上海、成都四地区痴呆患者卫生保健现状调查[J].中国医学科学院学报,2012,26(20):116-121.

[82] 赵大勇.教学管理评价模式研究[J].科技信息(学术研究),2007(24):296-296.

[83] 赵丽梅,洪明.英国第三年龄大学及其借鉴[J].成人教育,2007(8):95-96.

[84] 庄卓.翻转课堂优化老年大学计算机课堂探析[J].黑龙江科技信息,2014(32):212.

图书在版编目（CIP）数据

中国老年教育新论 / 马伟娜等编著. —杭州：浙
江大学出版社，2019.4（2023.8 重印）
ISBN 978-7-308-18807-4

Ⅰ.①中… Ⅱ.①马… Ⅲ.①老年教育—中国—教材
Ⅳ.①G777

中国版本图书馆 CIP 数据核字（2018）第 283368 号

中国老年教育新论

马伟娜　戎庭伟　等编著

责任编辑	阮海潮	
责任校对	赵　珏	
封面设计	杭州林智广告有限公司	
出版发行	浙江大学出版社	
	（杭州市天目山路 148 号　邮政编码 310007）	
	（网址：http://www.zjupress.com）	
排　　版	杭州青翊图文设计有限公司	
印　　刷	广东虎彩云印刷有限公司绍兴分公司	
开　　本	710mm×1000mm　1/16	
印　　张	13.75	
字　　数	269 千	
版 印 次	2019 年 4 月第 1 版　2023 年 8 月第 2 次印刷	
书　　号	ISBN 978-7-308-18807-4	
定　　价	49.00 元